ちくま学芸文庫

儀礼の過程

ヴィクター・W・ターナー
冨倉光雄 訳

筑摩書房

Authorised translation from the English language edition
published by Routledge, a member of the Taylor & Francis Group LLC.
Japanese translation rights arranged with Taylor & Francis Group, New York
through Tuttle-Mori Agency, Inc., Tokyo

いまは亡きホーンバーグの追憶に
敬意をこめて、本書を捧げる

はじめに

ルイス・ヘンリー・モルガン Lewis Henry Morgan（1818-1881）は、その創立以来、ロチェスター大学に関係していた。かれが亡くなったとき、同大学には、かれの未刊の原稿や蔵書、それに、女子学寮の創設のための資金が残された。現在の女子学生の寄宿寮には、かれを記念してその名が冠せられているが、その一翼以外には、同大学にはかれを記念するものはなかったのである。そういう情況のもとで、ルイス・ヘンリー・モルガン講座が開設されたのである。

この講座の存在は諸事情の好運な組合せに負うている。一九六一年に、ジョセフ・R・ウィルソン家とジョセフ・C・ウィルソン家から同大学に寄付がなされた。そして、その一部が社会科学のために利用されることになった。当時の人類学社会学科の主任であったベルナード・S・コーン教授が、講座を開設することは偉大なる人類学者にふさわしい記念事業であり、この寄付の一部をそれに当てることは当をえていると提案されたのである。この提案はマックレア・ハズレット学部長（のち副学長）、アーノルド・ラヴィン学部長、

R・L・カウフマン副学部長の支持をうけ、そして、この人たちの助力をもえた。講座の詳細は、コーン教授とかれの学部のスタッフによって定められた。

モルガン講座は、まず、一九六三年、一九六四年、一九六五年の三回の年度シリーズが計画され、事情が許すならば、それ以降も継続されることになった。各シリーズのそれぞれは、モルガンの業績のとくに意味深い側面のひとつずつに焦点をあわせたものが適当であると、当初には考えられた。それに即して、マイヤー・フォーテス教授の一九六三年度の講座は親族関係に焦点がおかれた。フレッド・エッガン教授はアメリカ・インディアンに注意を向け、ロバート・M・アダムズ教授は文明の発展の一側面を、とくに都市社会を中心に考察された。エッガン教授の講演とアダムズ教授のそれは一九六六年に出版され、フォーテス教授の講演は一九六九年に刊行されることになっている。

ターナー教授の講演は、モルガンが手がけただけに留めた領域を考察したものであるが、この改訂稿では、もとの講演でかれがおこなったところを、さらに超えて、探究が試みられている。かれがおこなった手順において、それは完璧な調査と刺激的な探究とをふたつながらに示すものだが、ターナー教授は、モルガンのアプローチのしかたに込められた精神、モルガン講座がそれを永遠ならしめるために捧げられる精神を、把握することに成功している。

何年か前のことだが、ターナー教授の訪問は、学部の教授スタッフや学生たちとの非公式な意見の交換のために多くの機会を与えてくれた。関係のあった人たちは、みな、その滞在期間を通じてターナー教授が学部に対してなした貢献を思い起こすことに喜びを感ずるであろう。本書の基礎となった講演は、ロチェスター大学で、一九六六年四月五日から四月十四日まで、おこなわれたものである。

ロチェスター大学　人類学部　アルフレッド・ハリス

まえがき

モルガン講座（レクチャー）の年々増える講師仲間は、ロチェスター大学に滞在した日々に、アルフレッド・ハリス教授夫妻やその寛大な同僚の方々から受けたもてなしや、若かりし日にはかくありたきものと願うような才気煥発な学生たちから受けた挑戦や（ときとしては）援護を思い出すとき、必ずや、心のうちに燃えあがるものを感ずるにちがいない。私は、なにより、学生たちや教授団に、私が本書に組み入れることにした多くの刺激的な提言をいただいたことを感謝する。

私は、モルガン講座でおこなった四つの講演のうち三つを、本書のはじめの三つの章にした。のこりの講演は、ンデンブ族の狩猟儀礼のシンボリズムに関するもので、これは一篇の独立論文とした方が適当と思われたので、別に刊行される予定である。その代わりに、本書には二つの章を加えることにした。この二章は、主として、本書の第三章で提起される〝リミナリティ〟liminality と〝コムニタス〟communitas の概念に関係するものである。

本書は、大きく二つの部分にわかれる。はじめの部分は、主として、ンデンブ族の儀礼の象徴の構造（ストラクチャー） structure と、その構造の意味論（セマンティックス）に関するものであり、あとの部分は、第三章の途中から始まるが、儀礼のリミナルな段階にあらわれる、象徴的というよりはむしろ社会的な諸特徴のいくつかの探究の試みである。特別な配慮が、〝コムニタス〟と私が名付けた社会的相互関係のひとつの様式、構造の〝外（エクストラ）の〟あるいは構造の〝背後（メタ）の〟様式〝extra-〟structural or〝meta-〟structural modality にはらわれている。私は、さらに、人類学の外側で——文学、政治哲学、複雑な〝普遍的（ユニヴァーサル）な〟諸宗教の修行法において——強調されているコムニタス、すなわち構造の局外者であること structural outsiderhood と、構造における劣位性 structural inferiority とのあいだの関連性を追究している。

私は、故アラン・ホーンバーグ教授に感謝の念を捧げる。同教授は、当時、コーネル大学の人類学部長で、私がモルガン講座の講演原稿を書いているとき、私の責任担当時間（ノルマ）を減らして下さった。また、私は、友人のバーンド・ランバートに謝意を表明する。かれは、その期間中、私のクラスの多くを担当してくれた。

モルガン講座の原稿の改訂と追加分の二章の執筆は、私がコーネル大学の人文科学協会 the Society for the Humanities の特別研究員であったときにおこなったものである。私は、同会会長のマックス・ブラック教授、および同会理事の方々に謝意を表明したい。この方々は私に、授業その他の学内雑務に煩わされずに、モルガン講座の最終回で手がかりをえた思想をいろいろの方向に発展させる機会を与えて下さった。ブラック教授のひらめきのある、しかも誠実な思考方式、そのセンスのよさ、親切な心遣い、そして人間的な魅力は、この特別研究員だった年の忘れえない恩恵であった。加うるに、そして、重要なことだが、この協会の援助をえて、私は、各学部の訓練も才能もいろいろな水準にある学生たちと、学際的なセミナーをもつことができた。私は、そこで、儀礼、神話、文学、政治、ユートピア思想やその実践にみられる〝敷居〔境界〕、移行、周辺〟という問題の多くを考えることをえた。このセミナーの成果のあるものは、本書の終わりの二つの章に影響を及ぼしている。ほかのものは、後日に結実をみるであろう。私は、心からなる謝意をこのセミナーの全メンバーに示したい。かれらは、批判的でしかも創造的な貢献をしてくれたからだ。

構想の諸段階を通しての献身的で有能な秘書としての助力に対し、私は、人類学部の事務室のキャロライン・フォール、ミクライン・カルヴァー、ヘレン・マットに、また、人文科学協会のオルガ・ヴラナ、ベティ・タミネンに感謝する。

いつものごとく、妻の協力と支持は、編集者として、激励者として、決定的であった。

ヴィクター・W・ターナー

一九六八年五月

目次

第三章　リミナリティとコムニタス

第四章　コムニタス——様式と過程（プロセス）

儀礼の過程

凡例

一、本書は Victor W. Turner, *The Ritual Process——Structure and Anti-Structure*, Aldine Publishing Company, Chicago, 1969 の全訳である。

一、原文でイタリックスの語句には邦訳で傍点を付した。

一、原文中の〝 〟は〃 〃をもって示した。ただし、引用文の前後の場合は「……」とした。

一、訳語には必要に応じてルビを付した。また、原語を訳語のあとに掲げた場合もある。

一、原文中の〔 〕( )はすべて、邦訳でもそのまま生かした。ダッシュの用い方も同然である。

一、訳注は必要最小限にとどめ、〔 〕内に号落として記した。

一、引用文献の指示は原著の方式にならい、引用文のあとに、著者、発行年、引用箇所の順で記した。読者は、巻末の「引用文献」と照合することができるであろう。

第一章　生と死の儀礼における分類の次元

モルガンと宗教

はじめにいっておくが、ルイス・ヘンリー・モルガンは、私にとって、多くの人の場合とおなじく、学生時代の道しるべとなる導きの星、いわば北極星のごとき存在のひとつであった。かれの著作のすべてからは、白熱して、しかも、澄みきった精神の輝きが発していたのである。だが、一九六六年度のモルガン講座を引き受けることになったとき、私はすぐ、自分が大へん不利な立場に立つことに気がつき、深刻になりほとんど気力をなくさんばかりであった。モルガンは数多くの宗教儀礼を忠実に記録しているが、宗教の研究には気乗りがしなかったようで、親族や政治に対して向けたあの鋭い注意力を、宗教には向けていないのである。しかも、宗教の信念や行事などが、私の講演の主題なのであった。モルガンの研究態度については、つぎにあげる二つの引用がとくによくその特徴を示してくれるであろう。その第一は、かれの古典的名著『古代社会』*Ancient Society*, 1877 の一節である――「宗教的観念の発達は、完全に満足のいく説明が不可能な固有の困難に取り囲まれている。宗教は空想的で情緒的な性質と広い範囲にわたって交渉をもち、結果的に不確実な知的要素とも関連をもっているので、すべての未開宗教はグロテスクであり、ある程度まで理解しがたいものである」(Morgan, 1877, p. 5)。その第二は、ハンサム・レイクの宗教に関するディアドルフの学問的研究の一節である。モルガンの著書『イロコワ族の同盟』*League of the Ho-dé-no-sau-nee or Iroquois*, 1851 におけるハンサム・レイクのシンクレティズム的福音(ゴスペル)についての報告は、若き日のエリー・パーカー(セネカ・インディアンの一人、のちにグラント将軍の軍事担当秘書となる)の一連のノート――ハンサム・レイクの孫ジミイ・ジョンソンがトナワンダで唱えた福音の本文とその翻訳から成る――をもとにしているが、ディアドルフによれば、「モルガンは、予言者の孫ジミイが唱えた福音を報告するに当たっては忠実にパーカーのノートに従っている。だが、その福音や福音唱出にともなっておこなわれた儀礼についてのパーカーの解説からは、大きくそれてしまった」(Deardorff, 1951, p. 98 および Fenton, 1941, pp. 151-157)。モルガンとパーカーとのあいだの往復書簡を読むと、モルガンがもっと注意深くパーカーのいうことを聞いていたなら、『イロコワ族の同盟』を読んだセネカ族の人たちのつぎのような批判は避けられたものと思われる。かれらは「モルガンのいうことは、実のところ、なにもまちがっていないが、また正しくもない。かれは、自分が何について語っているのかほんとうのところ、分かっていない」といっている。この奇妙な論評は、イロコワ族の文化の政治的側面よりはむしろ宗教的側面についてのモルガンの仕事に向けられていると思われるが、〝ほんとうのところ〟なにをいいたかったのだろうか。私には、それは、〝空想的で情緒的なもの〟に対するモルガンの不信感、宗教にも重要な合理的側面があることをかれが認めなかったこと、さらに、十九世紀の一学者の高度に〝進んだ〟意識にとって〝グロテスク〟に見えるものは、事実そのもの(イプソ・ファクト)により、〝理解しえないもの〟だとするかれの信念を指摘しているように思われる。この論評はまた、イロコワ族の宗教生活の本格的な研究、ホケットが異質文化の〝内側の情景〟the inside view と称したものを把え説明しようとする試み——それは異質の文化の一見奇怪な構成要素や相互関係の多くを理解しうるものにするであろう——に、モルガンが、無能ではなかったにしても、その意志をもたなかったことをも示している。バッハオーフェン Bachofen, J. J. はある書簡でモルガンに言及し、「ドイツの学者たちは、古代を現代人の観念に即して判断することにより、理解可能なものにしようとしている。かれらはただ、過去の創造において、自分たち自身を見るだけなのだ。われわれの精神とは異なる精神の構造を洞察するのは勇敢な仕事である」といっている。モルガンがこのことばを読むことができたとしたら、その意味するところを深く考えたにちがいない。この批評について、最近、エヴァンス＝プリチャード教授は、「それは実際勇敢な仕事である。とくに未開の呪術や宗教のようなむずかしい対象を扱う場合には。そのような場合、より単純な民族の思考をわれわれの思考に翻訳するとすれば、われわれの思想をかれらの思想のなかに移植することになりがちで、それでは安易にすぎて事態を誤ることになる」（Evans-Pritchard, 1965b, p. 109）と注釈を加えている。私はここでは、但し書きとして、宗教に関しては、芸術の場合とおなじように、〝より単純な〟民族などといえるものはありえない、ただ若干の民族は、テクノロジーの点で、われわれよりも単純であるといえるだけだ、と付け加えておく。人間の〝空想的で〟また〝情緒的な〟生活は、いついかなるところでも、豊かで複雑である。部族的な宗教儀礼のシンボリズムがどんなに豊かで複雑であるかを示すことが、まさに私の仕事の重要部分なのである。また、〝われわれの精神構造とは異なる精神構造〟という表現も完全には正しくない。それは認識構造の相違の問題ではなく、同一の認識構造がきわめて多様性に富む文化的経験を表現するという問題なのである。

一方では、臨床的な深層心理学の発達があり、他方では、専門的な人類学のフィールド・ワーク〔現地調査〕の進歩があって、今日では、モルガンが〝空想的で情緒的な性質〟と称したものの所産は、尊重され注目されるようになり、また、科学的な厳密さで研究されるようになってきた。フロイト Freud, S. は神経症患者の幻想に、夢にあらわれるあいまいなイメージに、冗談や語呂合せに、また、精神病患者の謎めいたことばに、正常な精神構造を研究する手がかりを見出した。レヴィ＝ストロース Lévi-Strauss, C. は、無文字社会 preliterate societies の神話や儀礼の研究によって、その社会の基礎にある知的構造のうちに、いく人かの近代哲学者の体系にみられるものとよく似た特性を検出した、と断言している。合理主義の血統の流れにあるそのほかの多くの学者や科学者も、モルガンの時代よりのちは、その何十年にもおよぶ学問的生涯のすべてを宗教の研究に捧げることに価値がある、と考えるようになってきている。私は、タイラー Tylor, E.B.、ロバートソン＝スミス Robertson-Smith, W.、フレイザー Frazer, J.G.、ハーバート・スペンサー Spencer, H. を、デュルケム Durkheim, E.、モース Mauss, M.、レヴィ＝ブリュル Lévy-Bruhl, L.、ユベール Hubert, H.、エルツ Hertz, R. を、また、ヴァン・ジェネップ van Gennep, A.、ヴント Wundt, W.、マックス・ウェーバー Weber, M. を、例として挙げねばならない。人類学のフィールド・ワーカー〔現地調査者〕たち、ボアズ Boas, F. やロウィー Lowie, R.H.、マリノフスキー Malinowski, B. やラドクリフ＝ブラウン Radcliffe-Brown, A.R.、グリオール Griaule, M. やディテルラン Dieterlen, G. は、かれらの同時代の多くの学者や後継者たちとともに、無文字社会の宗教儀礼を仕事の場として研究に励んできている。かれらは細心の注意をはらって何百という宗教儀礼を正確に観察したり、現地の宗教的職能者たちと親しくなり、その人たちからその土地の神話や祈りのことばを聞き出して、その記録をとっている。

これら研究者たちの多くは、宗教現象を、千差万別の、そして、おたがいに矛盾しあってさえいる心理学的・社会学的な諸原因から生じたものとして説明したり、説明しつくそうとする。そして、それらの起源を人間性を超えたものに求めることを拒絶する研究態度を、暗々裡にとっている。かれらは、いわば、神ぬきの神学とでも称すべき立場をとっている。だが、宗教的信念や行動が、人間の社会構造や精神構造を維持していくためにも、また、それらを根本的に変革するためにも、きわめて重要なものであることは、だれも否定していないのである。私はここでその「神学」のリストに立ち入るつもりはない。私はできるかぎり、自分を宗教の諸相の経験主義的（エンピリカル）な研究に限定し、とくに、アフリカの宗教儀礼の特質のいくつかを抽き出すことに努力するつもりである。さらにいえば、私は、モルガンの偉大な学問や、われわれの学問分野において占めるかれの地位に敬意を表するが故に、おそるおそるではあるが、後輩たちに対するかれの不用意な挑戦を受けて立とう。そして、現代の人類学者は、現在では、自分たちに伝えられた概念的工具のうちの最上のものを用いて、無文字社会における宗教の神秘的な現象の多くを、理解可能なものとなしうるのだ、ということを明らかにするつもりである。

中央アフリカにおける儀礼の研究

私が二カ年半、フィールド・ワークの対象とした人たち、すなわち、ザンビア北西部のンデンブ族 the Ndembu がおこなっている儀礼の身近な観察から始めることにしよう。ンデンブ族は、モルガンが対象としたイロコワ族とおなじく、母系制 matrilineal で、農耕と狩猟をいとなみ、それに高い儀礼的な価値を付与している。ンデンブ族は西アフリカと中央アフリカの両方の文化に属し、木彫や塑像のすばらしい技術をもち、洗練された宗教儀礼のシンボリズムを発達させている。この地方の部族の多くは、複雑なイニシエイション initiation 儀礼をもっており、秘儀的伝承によって修練者 novice を訓練するために、長い期間にわたりかれらを森のなかに隔離する。その訓練にはしばしば仮面をつけた踊り手があらわれて、祖霊や神々の役を演ずることがある。ンデンブ族は、その北や西に隣り合わせているカタンガのルンダ族 the Lunda、ルヴァレ族 the Luvale、チョクウェ族 the Chokwe、ルチャズィ族 the Luchazi と同様に、儀礼に非常に重要な意味を与えている。その東隣りのカオンデ族 the Kaonde、ランバ族 the Lamba、イラ族 the Ila は、儀礼をやたらにおこなうわりには儀礼の種類がはっきりせず、シンボリズムも豊かでない。少年の割礼儀礼もないようである。また、そのさまざまな宗教的行動もばらばらで相互の結びつきも密接ではない。

私は、ンデンブ族のなかに入ってフィールド・ワークを始めたとき、北ローデシア（現在のザンビア）の首都ルサカにあるローズ＝リヴィングストン社会調査研究所の先輩たちによってつくられた伝統のなかで仕事をした。この研究所はイギリス領アフリカで最初に設立されたもので、創立は一九三八年、原住民と非原住民との間に恒久的で満足できる関係を樹立する問題を対象とする特殊研究のセンターというのがその設立の趣旨であった。ゴッドフレイ・ウィルソン Wilson, Godfrey とかマックス・グラックマン Gluckman, Max、のちにはエリザベス・コールソン Colson, Elizabeth やクライド・ミッチェル Mitchell, Clyde の指導の下に、この研究所の研究調査官たちは、部族の政治や法律の体系、結婚や家族関係、都市化や労働移民の諸問題、村落構造の比較、部族の生態的・経済的体系などの実態について、調査研究をおこなった。かれらはまた、大量の地図を作製したり、当時の北ローデシアのすべての部族を、出自系統 descent systems という観点から、六つのグループに分類した。ルーシイ・メアーが指摘しているように、ローズ＝リヴィングストン研究所の政策形成に対する貢献は、イギリス領アフリカの他の調査研究機関の場合とおなじく、「特殊な情況に適当な方策を記述すること」にではなく、「むしろ政策立案者が当面するいろいろな力を明確に見うるように情況を分析すること」にあった（Mair, Lucy, 1960, pp. 98–106）。

私がフィールド・ワークを始めたころは、これらの〝力〟のうち、宗教儀礼はあとまわしにされていた。たしかに、宗教儀礼に対する関心はローズ＝リヴィングストン研究所の研究員たちのあいだでは強くならなかった。アプソープ教授は、ここ三十年ぐらいのアフリカ人の生活の諸側面を取り上げた研究所の刊行物は、その頃までに九十九点を算（かぞ）えるが、そのうち宗教儀礼を研究対象にしたものは、わずかに三点であることを指摘している(Apthorpe, 1961, p. ix)。五年たった現在でさえ、ローズ=リヴィングストン論文 *the Rhodes-Livingston Papers* 三十一篇——中央アフリカの部族生活の諸相についての短いモノグラフだが——のうち、わずか四篇だけが宗教儀礼をテーマとするが、そのうちの二篇は私が書いたものである。明らかに、〝未開宗教〟に対するモルガンの姿勢は、四分の三世紀経っても、依然としてつづいていたのである。けれども、初代研究所長ゴッドフレイ・ウィルソンは、アフリカの宗教儀礼の研究に強い関心をもっていた。かれは夫人のモニカ・ウィルソン Wilson, Monica とともに、タンザニアのニヤキュサ族 the Nyakyusa の宗教の現地調査を集中的におこない、そして、モニカ夫人が単独で宗教儀礼のすぐれた研究を発表している。かの女は、そこで「宗教儀礼はかれらのいちばん深いレヴェルにある諸価値を表出する……人間は、儀礼のうちに、自分たちをいちばん強く動かすものを表現する。そして、その表現形式は慣習化され義務となっているが故に、表出されるものは集団のもつ諸価値なのである。私は儀礼の研究が、人間社会の本質的な構成を理解するための鍵であると考えている」(Wilson, M., 1954, p. 241)と書いているが、これは適切な指摘である。

もしウィルソンの見解が正しいならば、私はそう信ずるのだが、部族的儀礼の研究は、「原住民と非原住民とのあいだに恒久的で満足しうる関係を樹立する問題……を研究する」という研究所設立の根本精神の範囲内にあるはずである。〝満足しうる関係〟は深い相互理解を基礎とするからだ。ところが対照的に、宗教の研究は、東アフリカと西アフリカの研究機関の業績において、とくに政治的独立が達成される前後の時期のそれにおいて、めざましいものがあった。最近では、社会科学一般において、宗教的な信念や行動は経済的、政治的、社会的諸関係の〝グロテスク〟な反映、ないし、表現以上のなにものかであることが、広く認識されるようになってきている。さらにいえば、宗教的な信念や行動は、人々が、そのような諸関係について、また、かれらが働きかける自然環境や社会環境について、どのように考え、感じているかを理解するための決定的な鍵と見られるようになった、と私は思うのである。

ンデンブ族儀礼の予備調査

私は、おなじ世代の社会科学者たちが宗教研究ということでは、〝宗教音痴〟――マックス・ウェーバーが自分自身に適用したことばだが、かれにはこのことばはあてはまらない――であることを述べてきた。それは主として、宗教儀礼のデータ蒐集の際に感じるためらい、私も初めのうち感じたものだが、そのためらいを強調するためである。フィールド・ワークの最初の九カ月間、私は、親族、村落構造、結婚と離婚、家族や個人の生活費、部族と村落の政治、農事暦などについて莫大な量のデータを集めた。ノートにはいっぱいに家系図を記入し、村の住居分布図を何枚も作り、統計調査の資料を蒐集した。私は珍しい親族用語が不用意に洩らされるのを拾うために、そこらじゅうを渉って歩いた。それでもなお、自分はいつも外側からなかをのぞいているのにすぎないのではないか、という不安を感じていた。この不安感は、現地のことばに不自由を感じなくなったときにですら、消えなかったのである。自分のキャンプの近所では儀礼の太鼓がドコドコ鳴っている。私は絶えずそれを聞いている。しかも、知り合いになった人たちは私を放りっぱなしにして出かけて行く。こういうことがしょっちゅうあった。かれらは一度に数日間もかけてンクラ *Nkula*、ウーブワンウ *Wubwang'u*、ウービンダ *Wubinda* といった聞き慣れない名称の儀礼に参加している。とどのつまり、私は、ンデンブ族の文化の一部分についてすらも、それが実際にいかなるものであるかを知ろうとするならば、宗教儀礼についての自分の偏見を克服し、その調査を始めなければならないということを認めざるをえなかった。

たしかに、私は、ンデンブ族居住地に滞在することになった初めから、招かれて、頻繁におこなわれた娘たちの成女式（ンカンア *Nkang'a*）に出席し、自分が見聞したところをできるかぎり精密に記録しようとやってみた。だが、人が慣習化され様式化された身振りをおこない、儀礼の執行のための秘儀的な歌をうたうのを観察することと、その身振りや歌のことばがその人にとってもつ意味を正確に理解することは、まったくちがうことである。私は自分の蒙を啓くために、まずはじめに、『地方誌』*the District Notebook* を利用することにした。これは植民地政府の行政官たちが、かれらの興味をかき立てた出来事や習俗などについて、手当たりしだいに書き留めたメモ類を編集したものである。私はそこからンデンブ族の至高神や祖霊に対する信仰や、さまざまな儀礼についての短い報告を見つけ出した。そのいくつかは儀礼を直接に観察しての報告であったが、その大部分は、地方政府に雇われたンデンブ族の使い走りや事務員の報告にもとづくものであった。それらは私がまだ見ていなかったいく種類かの儀礼に関する予備的な情報は提供してくれたが、いずれにしても、私が見た長い、複雑な娘たちの成女式儀礼についての満足しうる説明は、ほとんど与えてくれなかった。

私がつぎに打った手は、イケレンゲ Ikelenge という称号をもつ首長と一連のインタヴューをすることだった。かれは例外的に有能な人で、英語もたしかであった。イケレンゲ首長は即座に私の望むことを察知した。そして、主要なンデンブ族儀礼の名称の目録（リスト）に、それぞれの儀礼の主な特徴についての短い説明をつけて、私にくれた。しばらくして、ンデンブ族は自分たちの儀礼体系に対して外来者が関心を示しても全然怒らないこと、また、自分たちの信仰に敬意を払う人ならどんな人間でも儀礼の場に入るのを認めてくれること、などがわかった。イケレンゲ首長は、ほどなく、ウーヤンア *Wuyang'a* という儀礼、つまり、猟銃狩猟者たちからなる祭祀集団の儀礼に私を招いてくれた。狩猟という一連の経済行動は、すくなくとも、狩猟にかかわる儀礼の特殊語法（イディオム）の把握なしには理解することがほとんど不可能なのではないか、と気がついたのは、この儀礼がおこなわれていたときである。私は狩りをする力や男らしさを直接に指し示す象徴（シンボル）を蒐集した。そしてそれにより、ンデンブ族の社会組織のいくつかの特徴について、とくに、社会構造が女性たちを通じて持続される母系社会において男系親族間の同時代的な結合の重要性が強調されていることについて、ある洞察をえることができたのである。私はここではこれ以上、両性の役割の儀礼化という問題にかかわることを望まない。ただ、たとえば村人たちの家系、調査統計、役職継承や財産相続の記録などという無数のデータの分析からえられるいくつかの規則性なるものも、儀礼執行の場で象徴に賦課され表現される諸価値に照らしてのみ、十分に理解が可能になったのだということを強調したいのである。

イケレンゲ首長が私に提供しうる助力には限界があった。第一に、かれの地位とそれにともなう多方面の役割のために、かれは自分の首邑から長い期間にわたって離れることができず、また、かれにとって政治的にも重要な意味がある地域伝道との諸関係からも、噂話がニュースを迅速に伝えるような情況下では、かれが数多くの異教の儀式に出席することは微妙な問題になるからである。さらに私自身の調査も、急速に、村落生活の現に進行しているプロセスについての微視的社会学の調査になりつつあった。私はキャンプを首長のいる首邑から、普通の村人たちの一群がいるところへ移動した。私の家族は、そこで、ちょうどよい具合に、地域社会のとにかく一員として受け容れられることができた。そして、ンデンブ族の生活にとって儀礼がもつ重要さに目を開かれた妻と私とは、以前には理論に気をとられて見そこなっていたンデンブ族文化の多くの側面を認識し始めたのである。ナデル Nadel, S. F. がいっているように、事実は理論とともに変化する。新しい事実が新しい理論をつくり出すのである。

ローズ＝リヴィングストン論文の第二号として刊行されるウィルソン夫妻共著の『アフリカ社会の研究』*The Study of African Society*, 1939 を読んだのはそのころである。そこには、儀礼が依然として現在の関心事となっている多くのアフリカの社会には、それに解釈を与えようとしている多くの宗教的職能者がいる、ということが書かれてあった。モニカ夫人はのちに「当該文化の人たちが用いている象徴の翻訳に基礎をおかない分析は、いかなるものでも、疑惑を招くものである」と書くことになる（Wilson, M., 1957, p. 6）。そこで私は、ンデンブ族の儀礼専門家を探しはじめた。私が観察した儀礼についてこの人たちから説明を聞き、そのテキストを記録するためである。私たちは、多くの人類学のフィールド・ワーカーたちのように、薬品を配ったり、怪我人の傷に包帯をしたり、そして妻の場合は、蛇に嚙まれた人たちに血清を注射したりした（彼女は医者の娘で、このようなことでは私よりも大胆であった）。私たちが儀礼の場に入ることを許されたり、かれらの注釈に接近できたのも、そうしたことに助けられてであったように思われる。ンデンブ族の儀礼集団のおこなう儀礼の多くは病人のためにおこなわれ、また、ヨーロッパの薬品はかれら自身がつくる薬類とおなじ種類の神秘的効力をもち、しかも実際の効能はよりすぐれていると考えられていたので、病気なおしの専門家たちは私たちを仲間とみなし、かれらのおこなう病気なおしの場に私たちが出席するのを歓迎するようになった。

私は、リヴィングストン博士が、患者の容態についてはどのようなときでも現地の呪医に相談することを自分に厳しく課したこと、また、そのことによりどんなにか好もしい関係を中央アフリカの住民の有力な部分とのあいだに成立させたかということを、博士の著作『伝道の旅』*Missionary Travels* で読んだことを思い出した。私たちは博士の実例にならった。そして、このことが、いくつかの儀礼の秘儀的な場面に立ち会うことを許され、そこに用いられた数多くの象徴についてのかなり信頼しうる解釈を聞かせてもらえた理由のひとつであったのだろうと思われる。〝信頼しうる〟ということばは、もちろん、それらの解釈のひとつひとつが、全体として、相互に首尾一貫しているということを意味している。それらの解釈は、個人個人の自由な連想とかエキセントリックな見解などではなく、事実、ンデンブ族の文化についての標準化された解釈学（ハーマニューティックス）を成り立たせるものといえるものである。私たちはまた、儀礼の専門家でないンデンブ族、あるいは、すくなくとも研究対象としている当面の儀礼については専門家でないンデンブ族の人たちからも、いろいろな解釈を蒐集した。ンデンブ族の人たちは、大部分、男も女も、すくなくともひとつの儀礼組織に属していた。だから、ひとつ以上の儀礼にかかわる秘密の知識という点で

〝エクスパート〟でない年長者を探し出すことはむずかしかった。このしかたで、私たちは、次第に、観察データと解釈のための注釈から成るひとつの総体を築いてゆき、そして、その分析をおこなっているうちに規則性がいくつか現われ始め、その規則性から、一組になった諸類型のセットという形で表現されるひとつの構造 structure を抽き出すことが可能になったのである。これら諸類型の特徴のあるものについては、あとで考察する。

この期間中ずっと、私たちは、ただ人類学上の利益だけのためにあるひとつの宗教儀礼をおこなってくれるように頼むことはしなかった。そのような作為的な芝居に対して弁護する義務は私たちにはない。また、実際問題として、自然に非作為的におこなわれる儀礼にはこと欠かなかった。むしろ、私たちが当面した大きな困難なことのひとつは、おなじ日におこなわれる二つ、あるいは、それ以上の儀礼のどれに出席するかを決めることで、私たちはいつもこのことに悩まされた。私たちが次第に村落生活に融け込んでゆくにつれて、儀礼をおこなう決定は、村の社会生活の危機と大いに関係があることがわかってきた。私はほかのところでやや詳しく、儀礼をおこなう社会的ダイナミックス〔力の関係〕を書いているので、この講座ではそのことに言及する以上の気持はない。ここではただ、ンデンブ族の場合、村落(ヴィレッジ)および〝ヴィシネージ〟vicinage(私は、この用語を、ひとまとまりの近隣村落群という意味でもって使う)のレヴェルでは、社会的葛藤と儀礼とのあいだには密接な関係があり、葛藤の情況が増大するのに対応して儀礼をおこなう頻度も高まることを指摘するにとどめる。

イソマ

この章のおもな目的は、ンデンブ族のイソマ *Isoma* という儀礼にかかわる象徴の意味を検討すること、観察データや現地人の解釈をデータとして、そのシンボリズムの意味構造の様式（モデル）を組み立てることである。この仕事の第一歩は、ンデンブ族がかれら自身の象徴をどう説明するか、その説明のしかたに細心の注意を払うことである。私は、特殊なものから始めて一般化へと進む手順をとる。この道順に沿うすべての段階で、私は、自分の考えを読者に明らかにすることにする。さて、私が三度の機会に観察し、象徴解釈のデータをかなりの量もっているイソマ儀礼を詳細にみることにしよう。私は、まず、ンデンブ族の用語を数多く登場させねばならない事情について読者の了承をえておきたい。象徴についてのンデンブ族の説明で重要な部分は、この部族なりの語源学（エティモロジー）を基礎にしているからだ。ンデンブ族の人たちは、ある象徴の意味を、かならずそうだというのではないが、しばしば、それに与えられている名称からたぐり出す。そして、その意味は、ある基本語ないし語根、しばしば動詞に結びつけられている。他のバントゥー社会 Bantu societies では、この種の作業は、多くの場合、共通の語源からの派生語ということではなく、音の類似だけを頼る虚構の語源探しのプロセスであることが、何人かの学者によって証明されている。それにもかかわらず、当の本人たち自身にとっては、このやり方は儀礼の象徴についての〝説明〟の重要部分になっているのである。だから、私たちは、ここで〝ンデンブ族の内側の情景〟、つまり、ンデンブ族自身が自分たちの儀礼についてどのように感じ、考えているかを、発見しようと試みる。

イソマをおこなう理由

イソマ *Isoma*（あるいはトゥブウィザ *Tubwiza*）儀礼は、ンデンブ族によれば〝女の儀礼〟あるいは〝出産の儀礼〟という分類項目（ムチディ *muchidi*）に入る。この項目はさらに、〝祖先の霊あるいは亡霊の儀礼〟の一項目（サブ・クラス）である――亡霊 shade というのはモニカ・ウィルソンの用語である。〝儀礼〟という意味のンデンブ族のことばはチディカ *chidika* であり、それには〝特別参加〟あるいは〝義務〟という意味もある。人間には祖先の亡霊を敬う義務があるという考え方と関連している。「それがおまえたちをこしらえ生んだのではないのか」とンデンブ族はいうのである。私がいま話をしている儀礼は、事実、個人あるいは組織集団がその義務を果たしそこなったためという理由でおこなわれるものである。ある個人は、自分自身の怠慢のため、あるいは、親族集団を代表して、亡霊に、ンデンブ族のいい方だと〝捕えられ〟、その人の性別や社会的役割にふさわしいと考えられている不幸に苦しめられる、と信じられている。女性に特有の不幸はかの女の生殖機能に対するある種の妨害（さしさわり）である。理念的には、仲間たちと平和に暮らし、亡くなった親族をなおざりにしない女性は、結婚し、〝元気で可愛い子供たち〟（ンデンブ族の表現を翻訳すれば）の母となるはずである。だが、自分みずからが争い好きであるか、争いごととかかわりをもつ集団の一員であり、同時に、自分の〔亡くなった母、あるいは母の母、ないしはほかの年上の亡くなった母系親族の女性の〕亡霊（かげ）を肝臓〔私たちなら〝心臓〟というところ〕から忘却してしまった女性は、怒った亡霊によってその生殖の力（ルセム） *lusemu* を〝停められる（ク・カシラ）〟 *ku-kasila* ことになる。

母系出自と夫方居住婚を併せおこなうンデンブ族は小さな移動性のある村落に住んでいる。そのことの結果として、子供たちの本来のリネージ lineage や居住地はその母親によって決まる。だが、一方、母親である女性たちは生殖可能の期間の多くを、自分の母系親族の村でではなく、夫の村で過ごしている。母系制のトロブリアンド島民のあいだには、この結婚様式で生活している女性たちの息子は、青年期に達すると、母親の男兄弟やそのほかの母方の親族がいる村へ行って住まねばならぬ、という規則がある。だが、ンデンブ族のあいだにはこのような規則はない。その結果のひとつとして、結婚によって子供ができた場合には、その子供の居住地の決定をめぐって、その母親の夫〔子供の父〕と、かの女の男兄弟〔子供の母方の伯叔父（オジ）〕やかの女の母〔子供の母方の祖母〕の男兄弟〔子供の母の母方の伯叔父」たちとのあいだには、表面には出ない争いが惹き起こされる。女親とその子供たちのあいだにも密接なつながりがあるので、ふつうは、ある期間――長短はさまざまだが――経つと、女たちは自分の子供たちについて自分の母系親族の村へゆく、ということになる。ンデンブ族の離婚件数を調べると、この部族の離婚率は中央アフリカのすべての母系社会のなかで――いずれの場合も離婚率は高いのだが――最高であることがわかった。このことについては信頼できる数字のデータがある。女性たちは離婚によって自分の母系親族のところへ――そして、さらに強き理由によりて（ア・フォルティオリ）自分の母系親族のなかで生活する子供たちのところへ――もどる。つまり、大へん現実的な意味で、女性たちを通して保持される母系制の村の継続性は、結婚の断絶、離婚に依存しているのである。しかし、女性が自分の幼い子供たちと夫のところに住み、女は夫の面倒をみなければならぬという正当な規範を守っているかぎり、かの女は子供たちを、自分の母系の村落の現在の構成メンバーに加えねばならぬという、おなじく正当な規範は守ることができないのである。

おもしろいことに、その生殖機能に変調をもたらし、一時的に不妊の状態におとしいれて女性を苦しめるものは、直接関係のあるかの女の母系親族の女性たち――母親、ないしは母親の母親〔母方の祖母〕――の亡霊であると考えられている。この犠牲者たちは、占いによって母系親族の亡霊にとり憑かれて不妊になっていると判定されるとき、大部分、かの女たちの夫と同居している。ンデンブ族はきまっていうのだが、女たちは、自分たちの直接の祖先である亡霊だけでなく、その母系親族の直系の始祖の亡霊をも〝忘れてしまった〟ために、とり憑かれたのである。これらの亡霊こそ夫の村とは異なる村落を形づくる中核であるからだ。イソマをはじめ、病気なおしの儀礼は、その社会的機能のひとつとして、ある地域に居住する母系集団の構成の紐帯であるこれらの亡霊を〝かの女たちに思い起こさせる〟という機能をもっている。女性が自分を悩ます亡霊を思い起こし、さらに、自分の母系親族に対する本来の義務に目覚めると、停められていたかの女の生殖の力は甦る。かの女は引き続き夫とともに住むことができるが、もうそのときはかの女やその子供たちの究極の忠誠心の対象がどこにあるのかということについては、深くその胆に銘じている。二つの規範のあいだのこの矛盾によってもたらされる危機は、シンボリズムの豊かな、深い意味のこめられた儀礼によって解消されるのである。

プロセスの形式

イソマは、ほかの女性の儀礼と共通する時間的展開の側面、プロセスの形式をもっている。いずれの場合でも、女性に婦人科的な変調が起こる。すると、かの女の夫か母系親族の男が占い師を探し出す。占い師は、亡霊が、ンデンブ族のいい方で、「墓から出て来てその女にとり憑いている」ために起こる苦しみの正確な様態を判定する。その様態に応じてかの女の夫か母系親族の男は呪医(チムブキ) *chimbuki* を雇う。呪医はとり憑いた亡霊を鎮めるための「薬を知っており」、また、そのための儀礼の手順を正確に心得ていて、儀礼をおこなうときにはそれを主宰する。この呪医は自分の手伝いをするほかの呪医たちを召集する。この呪医たちは、以前に同種の儀礼を体験し、それによって病気なおしの儀礼集団に仲間入りできた女性か、母系親族ないし姻戚関係に以前病気にとり憑かれた女性がいる男性である。病人(アエジ) *ayeji* はこの儀礼集団に仲間入りする〝志願者〟、呪医はその集団の〝熟練者〟とみなされている。とりつく亡霊(アキシ) *akishi* はかつては、その儀礼集団の熟練者であったと信じられている。儀礼集団の成員は、このように、村落やリネージの枠を超えて、病気の女性(儀礼集団への加入志願者とされる)が、現在、悩んでいるのとおなじ型の苦しみを〝悩む共同体(コミュニティ)〟、あるいは〝かつて悩んだものたちの共同体〟ということもできるものを、一時的に形成するのである。イソマのごとき病気なおしの儀礼集団の成員は部族の境界すらも越えている。文化や言語からみて近い関係にあるルヴァレ、チョクウェ、ルチャズィの諸部族の人たちも、ンデンブ族のイソマの儀礼に、熟練者として、儀礼の仕事をおこなうために出席している。儀礼集団の〝長老格の(ムクルンピ)〟 *mukulumpi*、あるいは〝すぐれた(ウェネニ)〟 *weneni* 熟練者は、イソマのような女性の儀礼の場合でさえも、通常は、男性である。多くの母系社会の場合とおなじように、社会の構成は女性を通してなされるけれど、権威は男たちの掌中に握られているのである。

この女性の儀礼は、ヴァン・ジェネップの著作〔『通過儀礼』〕によって有名になった三段階構造をもっている。その第一段階はイレンビ *Ilembi* とよばれ、志願者を世俗の世界から分離する。第二段階はクンクンカ *Kunkunka*（〝草の小屋にて〟の意）とよび、かの女を部分的に世俗の生活様式から引き離す。第三段階はク＝トゥンブカ *Ku-tumbuka* といわれ、祝いの踊りである。これは亡霊の妨害が除去されたことと、志願者が通常の生活へ復帰することとを祝うものである。イソマの場合、この踊りは、志願者が子を産み、よちよち歩きの段階まで育てるという振付けになっている。

現地の人たちの象徴解釈

イソマ儀礼の社会的・文化的な情況設定はこのくらいにしておく。私たちがこの儀礼にこめられている諸観念の内部構造を看破しようとするならば、ンデンブ族自身がこの儀礼の象徴をどう解釈するか、そのしかたを理解しなければならないのである。学者の多くは宇宙論（コスモロジー）を抽出することから始める。宇宙論は神話を集成したものにしばしば表現される。そしてつぎに、かれらが神話のなかに見つけ出した〝構造のモデル〟structural model を例証するもの、ないしは表現するものとして、特定の儀礼の説明にすすむという方法をとる。私の方法は、やむをえない事情があって、その逆である。ンデンブ族には神話がすくなく、宇宙やその開闢に関する物語も欠いている。したがって、やむをえず一般とは逆の方向から、儀礼を組み立てる基本となる積み木、儀礼の〝構成分子〟から始めることにする。これら構成分子を私は〝象徴〟とよぼう。そして、さし当たって今は、象徴 symbol、記号 sign、信号 signal という概念のちがいについての長い論議はさけることにする。準備的なアプローチは〝内側〟の眺望からであるから、むしろ、はじめにンデンブ族の慣例を調べることにする。

ンデンブ族の儀礼の文脈（コンテクスト）では、それに使われる品物のほとんど全部、ほとんどすべての身振り、歌や祈り、時間や空間の単位は、慣習的に、そのもの以上のなにかを意味している。それは私たちの想像以上であり、ときには、想像をはるかに超えるものである。ンデンブ族は、儀礼の諸要素が表現的ないし象徴的な働きをもつことに気づいている。儀礼の要素あるいは単位はチジキジル *chijikijilu* といわれている。この語は〝境界標〟ないし〝道標〟を意味する。その語根はク＝ジキジラ *ku-jikijila*、つまり〝道しるべをつけること〟――斧で木にしるしを刻んだり、木の枝を一本折ったりして――である。このことばは、もともと、狩猟の用語からくる。狩猟はンデンブ族の天職でもあり、多くの儀礼的な信念や行動がそれに関連している。チジキジルには〝目標〟という意味もある。あたりの風景のなかで目立つ特徴、たとえば蟻塚などである。ある者の土地を他の者の土地と区別したり、ある首長の領域を他の領域から区別する。つまりチジキジルは二つの重要な意味をもっている。⑴狩人の道しるべとして、既知の領域と未知の領域を結ぶ要素という意味。狩人が不慣れな森林から勝手知った村への帰り道をみつけるのはこの要素をたどることによってである。⑵道しるべと目じるしの両方として、構造をもたぬ無秩序（カオス）のものに対して、構造のある秩序づけられたものという観念を担っている。その儀礼的な用法はすでに比喩的なものである。それは感覚によって把えることのできる既知の現象世界と、未知の見ることのできない亡霊の世界を結合する。それは神秘的で危険でもあるものを理解可能にする。さらに、チジキジルは既知の構成要素と未知のそれをもっている。それは、ある点までは説明が可能である。そして、ンデンブ族に利用できる説明原理がいくつかある。それは名称（イジナ） *ijina* をもっており、そして外観（チンウェケシュ） *chimwekeshu* をもつ。この両者が解釈学（チャクルンブウィシュ） *chakulumbwishu* の出発点として利用される。

〝イソマ〟という名称

なによりもまずイソマという名称そのものが象徴的価値をもっている。私の情報提供者（インフォーマント）たちによると、この名称はク＝ソモカ *ku-somoka* 〝場所あるいは拘束から抜け出すこと〟から由来する。この意味内容はいろいろな場合にあてはめられる。第一に、それは儀礼によって消散させようとする特別な状態を指示する。〝イソマの状態にとり憑かれた〟女性とは、たいていの場合、流産や早産をくり返す女性のことで、生まれそこなった子供は生まれるときが来る前に〝抜け出した〟と考えられている。第二に、ク＝ソモカは〝自分の集団から去る〟ことを意味する。それには未成熟という観念も含まれているようだ。この主題（テーマ）は、自分が母系親族に帰属することを〝忘却している〟という考え方と関連があるようにみえる。イソマという語の意味を論じていたとき、何人かのインフォーマントが、病人のあり方を示すものとして、ルフウィシャ *lufwisha* ということばを口にした。ルフウィシャはク＝フワ *ku-fwa*〝死ぬ〟の派生語のク＝フウィシャ *ku-fwisha* から派生する抽象名詞である。ク＝フウィシャには一般的な意味と特殊的な意味がある。一般的には〝親類のものを死によって失う〟ことを意味し、特殊的には〝子供を失う〟ことを意味する。インフォーマントのひとりが「七人の子供がつぎつぎに死ぬ、それはルフウィシャだ」と教えてくれた。すなわち、イソマとは、女性に死産させたり、幼児たちにつぎつぎに死をもたらす亡霊の顕現なのである。

〝ムヴウェンイ〟の仮面

イソマに現われる亡霊はほかのしかたでも現われる。それは少年の割礼儀礼 *Mukanda* に登場する仮面をつけた連中のひとりのような恰好をして、病人の夢枕に立つと考えられている。この仮面をつけた連中がマキシ *makishi*（単数形イキシ *ikishi*）で、女性たちには昔の先祖たちの亡霊だと信じられている。そのひとりがムヴウェンイ *Mvweng'i* で、割礼のあとの隠遁中の修練者（ノヴィス）たちのように、樹皮のスカート *nkambi* をまとい、樹皮の繊維でつくった衣裳を身につけている。かれは、狩人たちが深い森の中でおたがいの連絡を保ったり、猟犬たちをよび集めたりするのに使う狩猟用の鈴 *mpwambu* をもっている。かれは〝祖父(じい)さん〟*nkaka* といわれ、少年たちの割礼の傷が癒えると現われ、女たちからは大へんに恐れられている。女性がムヴウェンイに触れると流産すると考えられている。この仮面をしたイキシが、はじめて森の中の修練者の隔離小屋の近くに現われると、つぎのような唄が伝統的にうたわれることになっている。

祖父さん、おお祖父さん、われらの祖父さんがやって来た、われらの祖父さん、首長さん。

チンポのさきっぽ、チンポのさきっぽは乾いてる、

精霊トゥレンバを追い散らす、チンポのさきっぽは乾いてる。

この唄は、ンデンブ族にとっては、男性的な力の集中を表わすものである。ンカカ〔祖父さん〕は〝奴隷の所有者〟という意味もある。〝首長〟は多くの奴隷を所有しているからだ。陰茎(ペニス)の先端を乾かすことは、割礼の儀礼ムカンダの目的のひとつ、めでたい成年男子の地位に達したことの象徴である。割礼を受けていない少年の陰茎は、その先端が包皮につつまれて湿っており、不潔で、したがって不吉なものとされている。精霊トゥレンバ *Tulemba* は、幼児たちを病気にし衰弱させる。この精霊は、他のタイプの儀礼で鎮めら

れ、祓い浄められる。ムヴウェンイが子供たちからこの精霊を追い払うのである。かれの樹皮の衣裳の繊維は、女性の生殖の力を〝締め上げる〟*ku-kasila*と信じられている。要するにムヴウェンイは、純粋な意味で、成熟した男らしさの象徴であり——かれが狩猟に関係あることもこのことを支持する——、そのかぎりで、女性のもっとも女性的な役割、つまり母親という役割からみて、かの女たちには危険な存在である。さて、亡霊がその犠牲者の病気の女性のところに出てくるのはムヴウェンイの恰好をしてである。しかし、この点で、解釈になにほどかの曖昧さがある。インフォーマントのあるものは、亡霊はムヴウェンイとおなじものだという。ほかのものは、亡霊*mukishi*と仮面をつけたもの*ikishi*がいっしょになって作用するのだという。後者によれば、亡霊はムヴウェンイを目覚めさせ、その力をかりて犠牲者を苦しめるのである。

亡霊がつねに亡くなった女性親族の霊であり、それに対して、ムヴウェンイが擬人化された男らしさであるのは興味深いことである。女性の証しである生殖機能に起こる変調をある型の男らしさに結びつけるモチーフは、ンデンブ族の儀礼では、ほかの場合にも見ることができる。私はそれを『象徴の森』*The Forest of Symbols*, 1967で、月経の変調を治癒する儀礼と関連づけてつぎのように論及した。「一体なぜ、女性の病人が男性の流血者〔殺害者〕と同一視されるのか。これらの行動の象徴的な目的とその行動の種類を、現地の〔社会的な〕文脈から考えると、月経の血を無為に流し、子供を産みそこなっている女性は、成熟した既婚女性としてのかの女に期待されている役割を積極的に放棄している。かの女は男性的殺害者〔狩人あるいは殺人者〕のように振る舞っているのであって、女性的養育者として振る舞っているのではないとンデンブ族は考えていると想像できる」(p. 42。ンクラ *Nkula* という治病儀礼についての分析は Turner, 1968, pp. 54-87 を参照)。イソマの場合も情況はおなじである。これらの儀礼では、いろいろなエピソードや象徴的表現（シンボリズム）をみると、被害者たちは、かの女たちを苦しめる亡霊と同一視されている。かの女たちは亡霊に投影された自分自身の一部、あるいは一側面によって苦しめられているのだ、といったらかなりよく筋が通るであろう。だから、イソマの場合、治癒した女性が死ぬと、こんどはかの女自身、苦しめる亡霊になる、とンデンブ族は考えているのである。そのかぎりにおいて、かの女は男性的な力であるムヴウェンイと同一視され、ないしはそれと密接に結合されるのであろう。

だが、イソマ儀礼に表出される信念に、ただ〝男の抗議〟の表現だけをみるのは誤りだ、と私は考える。この無意識的な態度はイソマよりもンクラの儀礼の場合に著しいものである。母系出自と夫方居住婚とのあいだの構造的な緊張は、イソマの儀礼の慣用語法（イディオム）を支配しているように思われる。女性の母系親族の死者がかの女の子を産む能力をそこなうのは、かの女が結婚において〝男の側〟に片寄りすぎたからである。かの女の出自と姻族とのあいだにあるべき正しい関係はひっくりかえされた。結婚が母系親族よりも重大なものとなってしまった。その女は男性的神聖性という危険な火によって焼かれたのである。私はここで、ンデンブ族の人たちが口にする比喩を使うことにする。もし女たちが少年たちの隔離小屋の焔を、割礼の儀礼のあとでその小屋が燃え落ちるときに見るならば、その女たちは癩病にかかって、ちょうどその焔によって焼かれたように、あるいはシマウマ *ng'ala* のように、縞をつけられるであろう。さもなければ発狂するか阿呆になる、と信じられている。

イソマの目的

以上のように、イソマの儀礼の目的には、暗々裡に、母系出自と婚姻との正しい関係の回復、妻と夫との婚姻関係の再建、そして、その女性に、したがって、その婚姻やリネージに子供が恵まれるようにすること、などが含まれている。ンデンブ族が説明するこの儀礼の目的は、かれらがチサク *chisaku* とよぶものの影響力を消し去ることである。チサクは、広くは、〝祖先の亡霊の意をそこねたりタブーを破ったために起こる不幸ないし病気〟を意味している。より明確にいえば、それは、生きている人間が亡霊をよび起こすために唱える呪いをも意味し、また、敵を害するために調合される薬という意味も含んでいる。イソマの場合のチサクは特殊な部類に属している。犠牲になる女性の母系親族のだれかが、かの女の母系親族の村落の近くにある小川の水源（カスル） *kasulu* のところへ行き、かの女に対し

て呪い *kumushing'ana* を唱えたのだ、と考えられている。この呪いの効果は、かつてイソマの儀礼集団の一員であった亡霊を〝よび起こすこと〟*ku-tonisha* であった。インフォーマントのひとりはつぎのようにいっている（私は逐語訳を試みる）。「イソマでは、人々は赤い牡鶏の首を刎ねる。これはそれによって人が死ぬというチサク、ないし、不幸を表わしている。それは去らねばならない *chisaku chafwang'a antu, chifumi*。チサクは死である。それは病気の女の身にふりかかってはならない。それは病気 *musong'u* である。かの女のところへ来てはならない。それは苦悩 *ku-kabakana* である。そして、この苦悩は妖術師 *muloji* (witch) の怨み *chitela* から由来する。他人が死ぬように呪う人はチサクを帯びている。チサクは川の水源のところで唱えられる。だれかがそこを通りかかり、そこに足を踏み入れる *ku-dyata* か、あるいは、そこを横切る *ku-badyaka* と、悪運 *malwa* か不成功 *ku-halwa* かが、どこへでもかの女についてまわるだろう。かの女はその場所、小川の水源のところでそれにかかったのだ。だから、かの女はそこで治療 *ku-uka* されねばならない。イソマの亡霊はその呪いの結果、出て来たのであり、ムヴウェンイのようにやって来る」。

このインフォーマントのことばからは、妖術 witchcraft が強く連想されるであろう。ほかの女性の儀礼とはちがって、イソマは単一の亡霊を鎮めるためにだけおこなわれるのではない。それは、死者からも、また生きている人からも放射される有害で神秘的な働きを、祓い浄めることをも目的とする。ここでは妖術師、亡霊、イキシ・ムヴウェンイの恐るべき連合が対象とされている。儀礼には、これらすべての作用に対する象徴的なかかわり方が、含まれている。母系親族のものが、突如として苦悩の状態を惹起する原因、つまり、遠近二段階の祖霊、ムヴウェンイと女の亡霊をよび起こすもの、と考えられていることは意味深い。また、可能なときはいつでも、儀礼が、病気になった女性の母系親族が住んでいる村の近くでおこなわれることも、意味深いことである。さらに、かの女はそれ以後のかなり長い期間、隔離されてその村にだけ住み、かの女の夫は、その期間中、妻方居住婚のように、かの女とともにその村に居住しなければならないのである。突如として苦悩の状態を惹き起こす呪いに関するインフォーマントたちの報告には、いくぶんかの曖昧さがある。妖術らしいところもあり、したがって〝悪い〟ものであるという感じもあるが、同時に、病人が過去や現在の母系親族の絆をなおざりにしたということから、部分的には正しいとされてもいるようである。その儀礼には祓い浄めのエピソードもあるが、部分的には、目に見えるものと見えないものとの調和をもたらすためにおこなわれるものである。

聖地の準備

イソマ儀礼の基礎にある社会的背景や主要な信念についてはこのくらいにしておく。われわれは儀礼そのものにもどり、象徴の解釈のしかたを、登場する順に考えることにしよう。象徴の解釈のしかたは信念構造についてわれわれが描く画像を拡大してくれるだろう。ンデンブ族には、前に述べたように、きわめてわずかな神話しかない。だがその代わり、儀礼の項目ごとの解釈はたいへん豊富である。ンデンブ族の宗教の構造——レヴィ＝ストロースのいう意味での——に到達するには、神話や宇宙論を経てゆくような近道はない。現地の人たちの考え方を追ってゆこうとするならば、綿密に、ひとつずつ、〝道標〟から〝道標〟へ、〝目じるし〟から〝目じるし〟へと進んでゆくほかはない。私たちがふり返ってその終着にある考え方の形式を理解できるのは、未知のものから既知のものへと通じる象徴的な小径が完成されるときだけである。

ンデンブ族の儀礼のすべてに共通することであるが、各特殊ケースにおける進行の型は、病人の病苦について最初に相談を受けた占い師によって決められる。この占い師こそ、その女性が流産や幼年期の死という形で子供をつぎつぎに亡くしたこと——ルフウィシャ〔前出、四四頁参照〕という語に要約される不幸——を確証する人なのである。儀礼が、大ネズミ *chituba*〔アフリカオニネズミ〕かオオアリクイ *mfuji* のどちらかの巣穴、ないし、隠れ穴のところでおこなわれるべきだと判定するのはこの占い師である。かれは、何故にこの奇妙とも思える処方を出すのか。ンデンブ族はつぎのように説明する。この動物はどちらも、自分たちの隠れ穴を掘ったあとで、それを塞いでしまうからだ、と。つまり、そのいずれも、女性の生殖の力 *lusemu* を隠してしまったイソマの亡霊の出現を示すための象徴(目じるし *chijikijilu*)なのである。儀礼集団の熟練者の呪医は、この隠れ穴の塞がれた入口を開けて、それにより象徴的に、かの女に生殖の力を返してやり、かの女がその子を丈夫に育てられるようにしなければならない。占い師は個々の場合に、この動物のどちらが生殖の力を隠しているかを判定する。隠れ穴は呪いが唱出された小川の水源の近くにあるものでなければならない。呪いの唱出のときには、ふつう〝薬〟を埋める。薬は小さなカモシカの角に挿入される *ku-panda* ことが多い。ンデンブ族のほかの儀礼と照合すると、薬が小川の水源の近くに埋められるというのは大へん疑わしい。動物の隠れ穴は、聖地の空間的な構造を方向づけるよい目安となる。私がここで論じている儀礼は〝分離の儀礼〟で、ク＝レンベカ *ku-lembeka* あるいはイレンビ *ilembi* といわれている。このンデンブ族のことばは、物質的には、女性の儀礼のいくつかで目につく薬、ないし薬の容器の使い方に関連があり、語源的には、ク＝レンバ *ku-lemba*〝嘆願する、許しを乞う、罪を悔いる〟という語につながる語である。そこでは、なだめるという観念が目立っている。呪医たちが、病人に代わって、部分的には亡霊その他の超人間的存在に、かの女に母性を返すように弁護しているからである。

イレンビの儀礼の最初の段階に、儀礼集団の呪医たちが長老格の熟練者というか〝儀礼の主宰者〟に導かれて森のなかに入って行き、のちに病人の治療に使う薬を採集する行事がある。このエピソードはク=ランウラ *ku-lang'ula* あるいはク=フクラ・イツンブ *ku-hukula yitumbu* といわれている。イソマではこの行事が始まる前に病気の女性の夫が（もし現在かの女に夫がいるならば）、かの女が儀礼のあとの隔離期間中に使うために、十二ぐらいの小屋（ンデンブ族の一村を形づくる）の輪の外側に小さなまるい草の小屋を建てる。同じような小屋 *nkunka* は成女式儀礼のあとの隔離期間中の娘たちのためにもつくられる。イソマの小屋は、明らかにその小屋になぞらえることができる。病気の女は修練者（ノヴィス）のようなものである。思春期の修練者が〝成長して〟一人前の女になるのとまったくおなじに、イソマの志願者は子を産む力をもつ女にふたたび成長すべきである、というのがンデンブ族の考え方である。呪いによってもとに戻されたことは、正確にはおなじ方法によってではないにしても、もう一度やりなおされねばならない。人生の危機は逆転できないからだ。イソマの治病の儀礼は、成女式儀礼のアナロジーではあるが引き写しではない。

つぎに、儀礼集団の仲間たちは、かの女の夫の調達した赤い牡鶏と、かの女の母系親族の方で用意した白い牝の若鶏とを、一羽ずつ集める。そうしてから、かれらは、占い師が前もって呪いがかけられた場所と判定した小川の水源のところに出かけて行く。かれらは、そこで地面を注意深く調べ、大ネズミかオオアリクイの穴の跡を探す。それが見つかると、儀礼集団の長老が、その動物につぎのようによびかける。「大ネズミ（オオアリクイ）よ、汝が子供たちを殺したものなら、こんどはその女に子を産む力を与えなさい。かの女が子たちを丈夫に育てられるように」と。大ネズミなどは、ここでは、妖術師・亡霊・イキシという災いをなす力の〝三頭立て(トロイカ)〟を表象しているようにみえる。つぎの仕事は草の束を二つにまとめ、その一つを隠れ穴のふさがれた入口の上に、もう一つは動物が掘ったトンネルの上の入口から四フィートぐらい離れたところに、積み重ねることである。その下の土は鍬で取りのけられ、儀礼の主宰と、手伝いの儀礼仲間の頭株の男・副主宰が、一カ所ずつ担当して深い穴を掘り下げる。この二つの穴はマケラ *makela*(単数形はイケラ *ikela*)といわれる。この語は呪術＝宗教的な目的に役立つ穴ということを意味している。つぎに、両方の穴から十フィートぐらいのところに火が二つ焚かれる。火のひとつは、〝右手の側に〟(動物の穴から新しい穴に向かって)あり、儀礼集団の男たちが使うことになっている。もうひとつの火は、〝左手の側に〟焚かれ、その女たちがこれを使う。女たちの火の方が男たちの火よりも、穴には近い。それから、主宰が、動物の隠れ穴の入口のところを掘った穴の近くに、砕いたヒョウタンの切れはしをひと切れ置く。儀礼仲間の女たちは、そのなかに病人の母親がいる場合にはこの母親に導かれて、その穴の中に、自分たちの畠からとれたタピオカ芋やサツマ芋など食用のイモ類を入れる。儀礼の用語では、これらは病人の〝身体(ムジンバ)〟 *mujimba* を表わすものである。それらが女たち、とくに病人の母系親族の女たちによって調達されることは、重要である。つぎにかれらは鍬をほかの男の仲間儀礼の主宰とその副主宰の男がはじめに穴を掘る。

たちに手渡す。こんどはこの人たちが引き継いで、二つの穴が四から六フィートぐらいの深さになるまで掘り続ける。動物の隠れ穴の入口は〝大ネズミ（あるいは〝オオアリクイ〟）の穴〟、もう一つは〝新しい穴〟とよばれる。動物は〝妖術師（ムロジ）〟 muloji といわれ、隠れ穴の入口は〝熱い（タタ）〟 -tata とされる。もう一つの穴はク＝フォムウィシャ ku-fomuwisha あるいはク＝フォモナ ku-fomona といわれる。この両語は動詞的名詞で、それぞれ〝冷えること〟、〝飼育すること〟という意味をもつ。適当な深さまで達すると、こんどは、二つの穴の中間で出会うように向かい合って掘りすすみ、トンネル ikela dakuhanuka を完成させる。このトンネルは、なかを人間がひとり通り抜けられるくらい広くなければならない。儀礼仲間のほかの者たちは、儀礼の行事がおこなわれる舞台をかこむ大きな輪のなかにある樹木の枝を折ったり撓（たわ）めたりして、聖なる空間をつくり出し、かくて急速に準備は完了する。なにかを取り囲むということは、ンデンブ族の儀礼に一貫する主題である。それには、ふつう、鍬で空地 mukombela をつくるプロセスがともなっている。この方法で、秩序のある小さな領域が、森という混沌とした環境のなかにつくり出される。この輪はチパンウ chipang'u という。この語はまた、首長の住居やその薬小屋を取り巻く垣根の意味でも使われる。

薬の採集

儀礼の主宰と副主宰は、儀礼集団のほかのものたちが聖地の準備をしているときに、近くの森へ薬をさがしに行く。薬は、どれも、イソマの諸属性やいろいろな目的に対応する象徴的価値をもつ各種の樹木から採集される。ンデンブ族の儀礼では、おなじ種類の儀礼に使用される薬の組合せは、多くの場合おなじである。だが、私が出席したイソマの儀礼では、おこなわれる度ごとに、大きな変化があった。最初に、薬（イトウンブ） *yitumbu* が採集される樹木は、イシケヌ *ishikenu* として知られている。病苦をもたらす亡霊とその種類の木々に祈りが捧げられるのは、そこでである。この祈りのことばによってこの樹木の力 *ng'ovu* が〝よび起こされる〟*ku-tona* のである。私が出席したイソマの儀礼では、主宰はカプウィプ *kapwipu* の木（学名 *Swartzia madagascariensis*）のところへ行った。この木は材質が堅いという理由で使われる。堅さは病人に望まれる健康と体力 *wukolu* を意味するものであるからだ。主宰は、儀礼用の鍬でその木の根元の雑草を取りのけ、ついで、病人の身体を象徴するイモ類の刻んだものをきれいになった場所 *mukombela* において、つぎのようなことばをかけた。「この女が以前に妊んだとき、その唇、その眼、その手のひら、足の裏は黄色くなった〔貧血症の徴候である〕。かの女は、いままた妊んでいる。こんどは、元気な子を産めるように、その子が丈夫に育つように、かの女を丈夫にしなさい」と。

呪医でもあるこの主宰は、医薬用の斧で、おなじ種類のほかの木から樹皮を削りとり、それをヒョータンのかけらの容器のなかに入れた。そのあとで、かれは、さらに十六種の樹木(注)から、その樹皮を削りとるために、進んで行った。

ここでこの十六種の樹木のそれぞれの意味について論議することは長くなるからやめにする。ンデンブ族の多くは、一種類の木に一つの意味をもたせるのではなく、ある場合(たとえば、ムソリ *musoli*、ムセンウ *museng'u*、ムコンブコンブ *mukombukombu* の木の場合)には、多くの意味をつけている、とだけいえば十分であろう。ここにあげた十六種の樹木のうちいく種類かは、ほかの種類の儀礼にも、また、薬草採集の行事(この場合は、儀礼の場合の連想とは異なる型の連想がおこなわれている。それは、自然の性質や語源(エティモロ)

(注) 十六種の薬木の名はつぎのとおり。( )はラテン語学名。ムバンア *mubang'a* (*A frormosia angolensis*)、ムルンブルンブ *mulumbulumbu*、ムチャ *mucha* (*Parinari mobola*)、ムセシ・ウェハタ *musesi wehata* (*Erythrophloeum africanum*)、ムセシ・ウェゼンゼラ *musesi wezenzela* (*Burkea africana*)、ムサフワ *musafwa*、ムフンウ *mufung'u* (*Anissophyllea fruticulosa* または *boehmii*)、カタ・ウブワンウ *katawubwang'u*、ムソリ *musoli* (*Vangueriopsis lancifora*)、カイザ *kayiza* (*Strychnos stuhlmannii*)、ウンジンビ *wunjimbi*、ムセンウ *museng'u* (*Ochna pulchra*)、ウーペンビ *wupembi*、ムレンウ *muleng'u* (*Uapaca species*)、ムコンブコンブ *mukombukombu* (*Tricalysia angolensis*)、ムブル *mubulu*。

学よりも、味とか香りに依存する）にも使われる。あるもの（たとえばカプウィプ *kapwipu* やムバンア *mubang'a*）は丈夫な（したがって〝強くする〟）材質であるために使われ、他のもの（たとえば、ムチャ *mucha*、ムサフワ *musafwa*、ムフンウ *mufung'u*、ムセンウ *museng'u*、ムソリ *musoli*、ムブル *mubulu* などの木）は実生の木であるために使われる。それらは、病人をもう一度子を産めるようにしようとする儀礼の目的を象徴しているからである。しかし、どの場合でも、樹皮の繊維は切りとることができないという儀礼的に重要な特徴を共通にもっている。それは病人の子を産む能力を〝締め上げて〟しまうからだ。この意味で、これらの木はすべてムヴウェンイの解毒剤ということができる。ムヴウェンイの衣裳が大部分、樹皮の繊維でできており、女性の生殖機能には致命的なものであることは、前に書いた〔本稿四四—四六頁参照〕。

私は、別な機会におこなわれたイソマの儀礼における薬の組合せ（薬の種類はこの方がすくない）について、より詳細に述べないわけにはゆかないと思う。というのは、それらの薬についての現地の人たちの解釈は、その儀礼の基盤となっている観念の多くに解明の光を投げかけているからである。そこでは、主宰の呪医たちが最初に出向いて行ったのはチカンアンジャンバ *chikang'anjamba*、別名、チコリ *chikoli*（学名 *Strychnos spinosa*）の木のところであった。この木のことをかれらは薬のムクルンピ *mukulumpi*、つまり、〝最上のもの〟ないし〝長老格のもの〟と説明した。かれらは、その木に力をよび起こしてから、その根の一つと数枚の葉を採集した。チカンアンジャンバとは、その木のねばり強さや丈夫さのために(それを根こそぎにしようとして)〝象が失敗する〟という意味である。もうひとつのチコリという名は〝強い、健康である〟、あるいは〝堅い〟という意味のク＝コラ *ku-kola* という語からの派生語で、その木のもつ非常な丈夫さ、長持ちする性質に合う名称である。この木は割礼の儀礼のときの薬にもなる。その場合、それは修練者たちに比類なき男らしさを与えると考えられている。イソマにこの薬が使われることは、イソマの儀礼とムカンダ、つまり、割礼の儀礼とのあいだに結びつきがあることを示している。イソマの場合は病人の虚弱さ——多くの場合、貧血症——の特効薬でもあったのだ。私はイソマの儀礼の二つの例を紹介しているが、それぞれの場合に使われた主薬をくらべると、同一の原理や観念が、ちがった象徴によって表わされていることがわかる。最初のイソマの主薬はカプウィプであった。これも丈夫な木である。〝丈夫で男らしい男〟と考えられている狩人の亡霊の霊所を建てるとき、重要な要素となる二股の枝は、この木のものが使われる。霊所をつくる木は、皮をはがしても、シロアリその他の昆虫に対しては抵抗力が例外的に強い。カプウィプの葉や樹皮でつくった煎じ薬は媚薬としても使われる。

当面のイソマの儀礼で二番目に採集される薬は、ンデンブ族の儀礼のもうひとつの主題——病人の不吉な状態を示す主題——を示している。それはムレンディ *mulendi* の木である。この木の表面はつるつるしていて滑りやすく、この木に登るものは滑り落ちて *ku-*

ことになりやすかったのである。しかし、この木は〝つやがあること〟*ku-senena* で治療の面でも価値をもっている。その木がもつ意味のこの側面は、ほかの儀礼や病気なおしの場合に著しい。この木を使うと、〝病気〟*musong'u* を病人から滑り落とすことができるからである（Turner, 1967, pp. 325-326をも参照）。たしかに、ンデンブ族の象徴がそのシンボリズムのすべてのレヴェルで、めでたくもあり、同時に、不吉でもある状態を表現することは、よくあることである。例をあげれば、イソマという名称じたい、〝滑り出ること〟を意味するものだが、それは、病人たちの願わしくない状態と、それを治療する儀礼の両方を意味している。

ここでわれわれは、ンデンブ族の〝出現させる〟、ないし〝示させる〟という意味のことばク＝ソロラ *ku-solola* に表現されているもうひとつの儀礼の原理をみることにする。象徴 *chijikilu* という形で感覚的に把えることのできるものは、そのために、宗教的職能者の手を経て、社会的に対処されうるものになる。〝危険〟であり、〝有害な〟*chafwana* のは〝隠されたもの〟*chamusweka* である。だから、不吉な状態に名を付けることは、なかばその状態を消去することになる。妖術師や亡霊の目に見えない働きを、目に見える、ないしは、感覚で把握される象徴の形で具体的に表現することは、その働きの除去にむかう大きな第一歩なのである。これは、現代の深層心理学者のやり方にかなり接近している。

なにかが精神によって把えられ、それについて考えることができるようになると、それを処理したり克服したりすることができるようになる。大へん興味深いことだが、啓示の原理そのものが、ンデンブ族がイソマに使う薬の象徴に具現しているのである。それがムソリの木である（その名はインフォーマントによるとク＝ソロラから派生したものである）。このムソリの木から葉や樹皮を削ったものが採集され、ンデンブ族の儀礼の広い範囲に使われる。その名はその木の自然の性質に結びついている。それは小さなたくさんの実をつける。その実は地面に落ちて、隠れているいろいろの種類の食用になる動物をおびき出し、そのため狩人たちはその動物を仕止めることができる。それは、文字どおり〝それら動物たちを出現させる〟。狩猟の儀礼でそれを薬として採用するのは、それまで運の悪かった狩人の目に見えるところに動物たちが現われるようにする *ku-solola anyama* ためである。女性の儀礼では、産まず女のところに〝子供を出現させるために〟*ku-solola anyama* それは使われる。きわめて多くの場合にそうであるが、この象徴の解釈のしかたには生態学（エコロジー）と知恵の結合があり、その結果、ひとつの観念が具象化されるのである。

薬の採集に話を戻そう。呪医たちは、つぎに、チクワタ *chikwata* の木（学名 *Zizyphus mucronata*）から根と葉を採集する。この語の語源はこの木の自然の生物学的特徴を示すものだが、その特徴がまた、この木が治療のうえでもつ意味につながっている。チクワタには〝丈夫なトゲ〟があり、それで通りかかるものを〝捕え〟*ku-kwata* たり引き止めたりする。つまり、それは、〝強さ〟と、また、そのトゲで〝病気を突き刺すこと〟の二つの意味をもっている。時間が許すならば、数多くの象徴に表現されている〝捕える〟ないし〝ひっつかむ〟という儀礼の主題について詳しく説明できるのだが、ここでは、ひとことコメントするにとどめる。この主題は、予想されるように、狩猟のシンボリズムの表現のしかたにゆきわたっているが、また、〝出産する〟という意味での〝子供を捕える〟 *ku-kwata mwana* という文句にも例として示されている。つぎに、薬を採集するのは、ムソンアソンア *musong'asong'a*（学名 *Ximenia caffra*）の木である。これもまた材質の堅い木で、健康と強さを助長する。その名は現地の人たちの語源学（エティモロジー）によればク＝ソンア *ku-song'a* つまり〝実を結ぶようになる、ないし、実を成長させるにいたる〟という語から派生する。この語は比喩的には、ク＝ソンア・アニャナ *ku-song'a anyana*〔子供を出現させる〕の場合のように、子供を産むことという意味にも使われる。ムホトゥホトゥ *muhotuhotu* の木（学名 *Canthium venosum*）は〝その名ゆえに〟薬として使われる。ンデンブ族はこの語の語源はク＝ホトモカ *ku-hotomoka* すなわち、枝や実のように〝突然落ちる〟であるとする。この薬を用いることによって不吉な条件が突如として停止することが望まれている。つぎに、薬はムトゥンダ *mutunda* の木から採集される。この名の語源はク＝トゥンダ *ku-tunda* つまり、〝周囲のものよりも高い〟という意味の語である。イソマでは、それは子宮の中での胎児の順調な発育、および、生後の子供の元気に満ちた成長を意味している。

ムパパラ *mupapala*（学名 *Anthocleista species*）というのがそのつぎに採集される薬の木の名称である。ここにふたたび病人の不吉な状態についての表象がでてくる。ンデンブ族は、どこに自分がいるのかわからずに〝うろたえてさまよい歩く〟という意味のクパパンイラ *kupapang'ila* という語に、その木の名は由来するとしている。インフォーマントのひとりはこの語を使ってつぎのような言い方をした。「ひとりの女が、子供もなしに、こっちへ行きあっちへ行く。かの女はもうそんなことをすべきではない。われわれがムパパラの薬を切ったからだ」。この考え方の背後には、また、〝すべり出る〟という考え方の背後には、ものごとがその適切な場所にきちんとあり、また、人間がその人生の段階や社会における地位においてなすことが当をえているようなことをおこなうときは、それはよいことであり、適切なことなのだ、という観念がある。

ほかのイソマの儀礼では、主薬、ないし、〝支配的な象徴〟は、特定種類の木ではなく、根が地面にはっきりと出ている樹木ならその種類を問わなかった。こういう樹木のことをウヴンブ *wuvumbu* という。この名称は、ク＝ヴンブカ *ku-vumbuka* という動詞からの派生で、たとえば、狩り立てられた動物のように、〝穴から狩り出されること〟と〝隠れていたのが現われること〟を意味している。インフォーマントのひとりはつぎのようにその意味を具体化して説明する。「私たちは、すべてのものを表面に出すために、ウヴンブの木を使います。まったくおなじやり方で、イソマのすべても明らかにされ（*-lumbuluka*）

ねばなりません」。〝啓示〟のテーマのひとつの変形である。

熱い薬と冷たい薬——死の穴（イケラ）と生の穴（イケラ）

薬が倒れて枯れた木から採集されることも、ときどきある。このことは、もう一度、病人のムソンウ、病気で苦しむ状態を表象する。丈夫にする薬、子を生む能力をひき出す薬、浄めの薬、健康にし、それを増進させる薬など、ひと揃いの薬——そのあるものは、さらに病人の苦悩のあり方をも表象する——を身に付けて、儀礼集団の人たちは病気なおしがおこなわれる聖地に戻ってくる。かれらはここに諸準備を完了し、あの聖化された空間は目に見ることのできる構造を整える。薬用の木の葉や樹皮のきれはしは儀礼仲間の女性のひとりが、聖化されたひき臼で搗（つ）き砕く。つぎに、砕かれたものを水の中に入れてみず薬をつくり、それを二つに分ける。その一方は大きくて厚味のある樹皮の容れ物（イフンヴー *ifunvu*）か陶器の破片（チザンダ *chizanda*）に入れ、大ネズミかオオアリクイの隠れ穴の入口に掘った穴の外側のところに焚かれている火であたためる。もう一方は、冷たいままイザウ（*izawu* この語は粘土の壺ないし薬容れの刳鉢（くりばち）を意味する）か割ったヒョウタンの容器に入れて、〝新しい穴〟のそばに置く（写真1参照）。インフォーマントのひとりによると、この二つの穴は「墓（トゥルンア *tulung'a*）と子を産む力（ルセム *lusemu*）」——別なことばでいえば、墓（トゥーム） tomb と子宮（ウーム） womb——を意味している。おなじインフォー

写真1　イソマ　儀礼の情景。治療を受ける夫婦が、死から生への移行を表象するトンネルの“熱い”入口の穴のなかに坐っている。呪医のひとりが、かれらのうしろのところに薬を暖める火をつけようとしている。冷たい薬をいれるヒョウタンが“冷たい”穴の前におかれている。そこのところにトンネルの入口が見える。呪医たちは、そこで、病人たちが出て来るのを待つ。

マントは続けていう。「熱いイケラ *ikela*（穴）は死のイケラである。冷たいイケラは生のイケラだ。大ネズミのイケラは不幸や怨恨（チサク *chisaku*）のイケラである。新しいイケラは丈夫にしたり（クハンディシャ *kuhandisha*）病気を治すイケラだ。イケラのひとつは小川の水源のところかその近くにつくる。これはルセム *lusemu*、つまり、子孫をつくる能力を表わす。新しいイケラは病人（ムイェジ *muyeji*）から洗い流さねばならぬ。このやり方で悪いものはかの女から離れねばならぬ。枝を折った木々でつくられる輪はチパンウ *chipang'u* である〔この語は曖昧な語であるが、(1)かこい、(2)儀礼のかこい、(3)首長の住居やその薬小屋のまわりの垣根のある庭、(4)月をとりまく輪、を意味する〕。ルフウィシャ *lufwisha* にとり憑かれた女〔たとえば、三人ないし四人の子を死産したり、幼児期に亡くしたような女〕は、生の穴のなかに行き、トンネルをくぐって死の穴へ行かねばならない。儀礼の主宰の大先生がかの女に冷たい薬をふりそそぎ、助手の副主宰がかの女に熱い薬をふりかける」。

　われわれは、いま、空間の方向指示やさまざまな事物に象徴されているひとつの全体をなす一連の分類法の展開のしかたを、問題にしようとしている。それらは大部分、レヴィ＝ストロースならば〝二元論的区別〟と称するであろうようなもののセットに配列されている。だが、その型（パターン）の分析に入るにあたって、もうすこし、変数項（ヴァリアブル）をその体系に補足しておかねばならない。私が観察した何回かのイソマの儀礼では、病気の女の夫は、その病気の妻といっしょに〝冷たい〟イケラに入り、男たちの火に近い〝右手の側〟に立ち、一方、病気の妻は左側に立っていた。かの女は、冷たい薬と熱い薬をふりかけられてからトンネルに先に入り、夫はかの女のあとからついて行った。変形のひとつとして、儀礼の主宰（あるいは〝大先生〟）が妻と夫の両人に、冷たい薬と熱い薬をさっとふりかけるということがあった。おなじことを、主宰に引き継いで、しばらくのあいだ、その助手の副主宰がおこなっている。

白い鶏と赤い鶏

病気の妻が冷たいイケラに入ると、白い牝の若鶏がかの女に与えられる。かの女は儀礼が進行するあいだずっと、その牝鶏を自分の左の胸のところに抱きしめている。子供が抱かれるところである（写真2参照）。ついでにいうが、夫も妻も小さな腰布のほかはなにも身に付けていない。これは、ふたりが幼児であると同時に死体でもあることを象徴するものだ、といわれている。対照的に、儀礼集団のひとたちは衣服を身に付けている。熱いイケラの右側、つまり男たちの側に、成熟した赤い牡鶏が両脚をくくられて置かれている。儀礼の終わりにその首を刎ねて生贄に捧げるためである。この牡鶏の血と赤い羽毛を熱いイケラに注ぎこむのが儀礼の舞台でのラスト・シーンであるが、このことは儀礼開始のシーンで病気の女が白い牝鶏を渡されることのアンチ・テーゼになっている。白い若鶏は

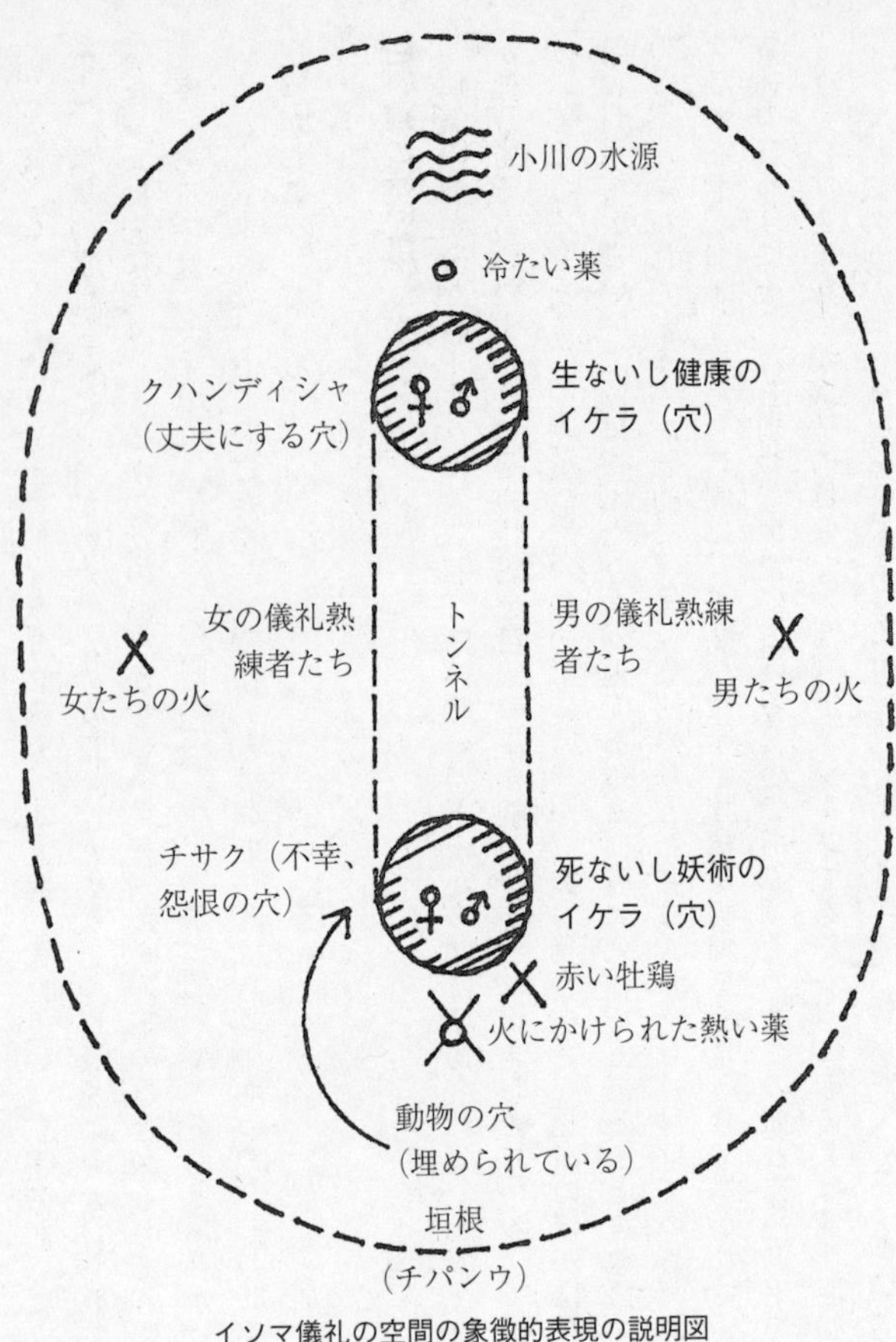

イソマ儀礼の空間の象徴的表現の説明図

ク＝コレカ *ku-koleka*（〝幸運ないし力〟）とク＝トオカ *ku-tooka*（〝白さ、純潔、吉兆〟）を象徴するとされる。一方、赤い牡鶏は、すでにみたように、女性のチサク、神秘的な不運、〝苦悩〟を表わしている。あるインフォーマントによると白い牝鶏はルセム、子を産む力をも意味している。「だから、それは女に与えられるのだ。かの女が、妊み、子を産むのだ。男は男であって、妊むことはできない。だが男は女に、見られることのできる子供、目で見ることのできる子供を産む力を与える。赤い牡鶏は男を意味する。怨恨は多分、〔男に対して〕そこにある」、「もし、儀礼のすんだあとになっても女が子供をもたないなら、怨恨は女の方にまといついているのだ〔その怨恨は、たとえば、かの女の結婚生活に関係があるのではなく、ほかの人間関係の組合せに起因するものである〕」と、このインフォーマントはいっている。終わりにひと言。かれらはいわないけれども、多分重要だと思われることがある。赤い牡鶏の方は、儀礼のあいだずっと縛られたままで動けないのに、白い牝の若鶏は、女性といっしょにトン

写真2　イソマ　女の病人が左胸のところに牝の若鶏を抱いている。養育という側面を表象している。

写真３　イソマ　ヒョウタンのそばにいる呪医が病人たちに薬をふりかけている。一方、男たちはトンネルの縦軸の右側に立ち“ゆすぶり”（クプンジラ *kupunjira*）の歌をうたっている。

ネルをくぐり、〝生〟から〝死〟へ移行し、そしてまた〝生〟へ戻ってくることである。ンデンブ族のほかの儀礼の文脈では、動は生を意味し、静は死を意味している。牡鶏は屠殺に捧げられるのである。

病気なおしのプロセス

マケラ〔二つの穴〕でおこなわれる儀礼は、ひとつのプロセスの型どおりに進行する。第一段階は、冷たいイケラから熱いイケラへの移行である。女が先に立ち、男があとからついていく。熱いイケラのところでは、呪医たちが、妖術師や呪いをかけたものにその敵意のある働きをやめさせる勧告を唱出し

写真4　イソマ　夫が妻のあとからトンネルをくぐろうとしている。

ながら、夫婦にふりかける薬を調合している。つぎに、夫婦が二人づれで、前とおなじ順序で冷たいイケラに戻り、そこでふたたび、薬をふりかけられる（写真3参照）。そうしてからもう一度、かれらはトンネルをくぐって熱いイケラへ行く。そこで短い休憩になる。その休憩のあいだに、夫はイケラの外に連れ出され、小さな布をとって来て、夫婦の顔や牝鶏のからだにかかった薬をぬぐいとる。かれは冷たいイケラに戻り、さらに薬の治療を受ける。そしてながい休憩に入る。この休憩のあいだに、発酵酒（ビール）が運ばれてきて、列席者と夫がそれを飲む。病気の妻は飲むことを禁じられている。そのあとで、また、ふたたび、冷たいイケラのところで薬のふりかけが始められる。こんどは夫が先に立って熱いイケラへ行く（写真4参照）。かれらはおなじ順序で冷たいイケラへ戻って来る。薬のふ

写真５　イソマ　牡鶏が火の上で首を刎ねられ、その血が“熱い”穴にまかれている。

りかけがすむと、もう一度、酒を飲むための休憩がある。そのあと、冷―熱―冷という式次第がつづく。こんどは妻が先に立つ。最後に、おなじ式次第があり、その終わりに赤い牡鶏の首が刎ねられて、その血は熱いイケラにそそがれる（写真5参照）。それから、夫婦はもう一度、熱い薬と冷たい薬の両方をふりかけられ、そして、冷水を頭からかけられる（写真6参照）。夫婦は、全部で二十回、薬をかけられる。そのうち十三回は冷たいイケラで、七回は熱いイケラで、その割合は、ほぼ二対一になっている。

薬のふりかけが続いているあいだ、儀礼集団の男たちは右側で、またその女たちは左側で、ンデンブ族のもつ儀礼の歌すなわちムカンダ、つまり少年の割礼儀礼、ムンオンイ *Mung'ong'i* つまり葬送儀礼、カヨンウ

写真6　イソマ　冷水が夫婦にそそがれている。

写真７　イソマ　妻と夫が新しく作られた隔離小屋のなかにしゃがんでいる。白い牝鶏も、最初の卵を産むまで、そこで飼育される。小屋は村の外側に設けられる。呪医が、牡鶏の首を刎ねるのに使ったナイフを右手にもっている。

Kayong'u つまり占い師仲間に入る加入礼、ンクラ *Nkula*、伝統的な女性たちの祭祀、ウーヤンア *Wuyang'a*、狩人たちの儀礼集団への加入礼など、大きな人生の危機やイニシエイションの儀礼の歌をうたう。また、かれらは、時期をきめてイソマの歌〝*mwanami yaya punjila*〟をうたう。これには、クプンジラ *kupunjila* という身体をゆすぶる踊りがともなっている。この踊りは、ムヴウェンイ・イキシ〔ムヴウェンイの仮面をつけたもの、四四―四六頁参照〕の踊りのスタイルを表わし、また、流産の苦しみを身ぶりで示すものである。

分類の構造――三分法

いままで見てきたところまでで、イソマ

の儀礼の構造を分析するためのデータは十分である。まず、三組の三分法 triad がえられる。第一は、目に見えない三分法——妖術師・亡霊・ムヴウェンイ——であり、第二にそれに対立するものとして、目に見える三分法——呪医・病人・病人の夫——がある。はじめの三分法では、妖術師が敵意や死の原因となるということで、生者と死者の仲介者である。二番目の三分法では、呪医が、鎮魂や生命を与えるということで、生者と死者の仲介者になっている。はじめの三分法では、亡霊は女性であり、イキシ〔ムヴウェンイの仮面をかぶる〕は男性であるが、妖術師はいずれの性でもありうる。あとの三分法では、病人は女性でその夫は男性である。呪医はこの両性を仲介し両方を治療する。事実、ンデンブ族の呪医は、ンデンブ族の文化体系では女性的だとみなされる多くの属性をもっている。呪医はひき臼で薬を搗き砕くが、この仕事は、通常、女性たちが担当する仕事である。呪医は女性たちの身体に手を触れて、かの女たちとプライベートな問題について話をするのだが、これは世俗の役割についている男たちには許されることではない。〝呪医〟を意味することばのひとつのチンバンダ *chimbanda* は、ンデンブ族によると〝女性〟を意味するムンバンダ *mumbanda* に関連がある。

ふたつの三分法を対比させると、対応項どうしには密接な関係がある。はじめの三分法の亡霊と妖術師は母系親族だと信じられている。あとの三分法の夫と妻とは婚姻によって結ばれている。はじめの組のペアー、すなわち、亡霊と妖術師は、あとの組のペアー、すなわち、夫と妻に、不幸をもたらして苦しめる。第三番目の対応項、すなわち、はじめの組のムヴウェンイは、その不幸の様式を表わして、あとの組の呪医は、それを除去する様式を象徴している。

三分法の第三は、冷たい薬をふりかける回数と熱い薬をふりかける回数との割合が、二対一であることに示される。このことは、さらに、死に対する生の究極的な勝利を象徴していると考えることもできよう。ここには、生から死を経て新しき再生へと移行する一種の弁証法が含まれている。おそらく、〝深層構造〟deep structure のレヴェルでは、トンネルのなかでの病人の移動と、かの女の実際の移動、すなわち、結婚による村から村へ、母系親族から配偶者の親族への移動、そして、配偶者の死ないし離婚による移動とを、結びつけることも可能であろう。

分類の構造——二分法

この儀礼の構造のうえでのもうひとつの特徴は、十字に交差する二元的な対立 criss-crossing binary oppositions ということばで表現されよう。まず第一に、儀礼の場と原生林という大きな対立がある。これは、大ざっぱにいえば、エリアーデ Eliade, M. のいう〝コスモス〟(秩序)と〝カオス〟(混沌)の対立とおなじである。そのほかの対立は、次頁の表のように、柱の形の三組に配列すると、うまく整理できる。ここには対立する価値が対（つい）になっており、そのいく対かずつが三つのセットに組み合わされている。これらのセットは儀礼の空間における異なる三つの次元、タテ・ヨコ・高サにそうものである。第一のセットはタテの次元のもので、空間的に〝生のイケラ〟と〝死のイケラ〟に分極する。第二のセットはヨコの次元のもので、空間的に、右側の男の火と左側の女の火とで境界がきめられる。第三のセットは高サの次元のもので、地面のおもてと、マケラ（二つの穴（イケラ））とそれを結ぶトンネルの底面に分けられる。このように価値を対立させるしかたは、ンデンブ族自身の解釈に、また行動に、あるいは、その両方にみられるものである。空間的次元からみて、主となる対立は、「動物がつくった穴—人間がつくった穴」、「左—右」、「下—上」のそれである。これらは、それぞれ、死—生、女—男、志願者—熟練者という対になった価値に対応している。しかし、諸価値のこのようなセットは、相互に交差しているので、それらをひとしいものとみなしてはならない。

　イソマの場合、ンデンブ族は、儀礼の象徴という言語にあらざることばで、死と女は、また、生と男は等価である、とはいってはいない。また、儀礼集団の加入志願者が、儀礼集団の熟練者との関係から、女性的な役割をもっているともいっていない（たしかに、かの女たちは受動的な役割をもってはいるが）。相当する価値は、各セット（ないし柱（コラム））の範囲内に求められるのであって、あるセットと別なセットとのあいだには求めることがで

タテ	ヨコ	高サ
動物の穴—新しい穴	左手の火—右手の火	表面下—表面上
墓—生殖の力	女—男	志願者—熟練者
死—生	病気の妻—病人の夫	動物—人間
神秘的不幸—治療	栽培された根—森林にある薬	裸—着衣
熱い薬—冷たい薬	白い牝の若鶏—赤い牡鶏	薬となる根—薬となる葉
火—火の欠如		亡霊—生者
血—水		白い牝の若鶏—赤い牡鶏
赤い牡鶏—白い牝の若鶏		

きないのである。たとえば、動物の巣穴の埋められた入口は、人間が埋葬された墓に、生を閉じこめている死に、幼児に死をもたらす神秘的な不幸に、火を燃やす妖術や怨恨を遠回しに表現する〝熱〟に、イソマにおいて〝妖術による血〟を意味する赤い色の牡鶏（ンデンブ族の妖術は死肉を食う。だから妖術を防ぐ儀礼では、赤は、妖術が死肉を食らうとき流れる血をあらわしている〔Turner, 1967, p. 70〕）にひとしいものとみなされる。そして、また、それは攻撃や危険を表わし、ある文脈では儀礼の不浄を表わす一般的な象徴としての〝血液〟にひとしいものとみなされている。他方、新しい穴は、川の水源の方角に掘られ、生殖力の源泉を象徴する。人間がつくったこの新しい穴は、生殖力、生命、治療方法およびその手順、涼しさないし冷たさ——これは妖術師や亡霊の攻撃からの自由、したがって〝健康〟*wukoleu* の同義語（シノニム）——と関連があり、〝火〟の欠如——この文脈では妖術の荒廃させる危険な力の象徴である——と関連があり、白く若い牝鶏——この儀礼では病気の女の生殖力を表わし、具体的に示しさえ

する。また、その色により〝善良さ、健康、丈夫さ、幸運、多産、食糧など〟（Turner, 1967, pp. 69–70）のような望ましい諸特質を象徴する——とも関連があり、そして、水——状態というよりプロセスということからではあるが、白さとおなじ意味範囲を十分にもっている——と関連があると考えられている。

右のような肯定的な、また否定的な諸特質は、男性のものか女性のものか、というような性の相違の問題を超えるものである。だから、私は、それらの特質を、あまりに偏狭に性の相違に結びつけることは、誤りであると考える。性の相違は、右手—左手という対立により密接に関連する。このセットについて〔前表のヨコのセットを参照〕病気の女、かの女の白い牝の若鶏、それに女たちが調達した栽培されたイモ類が、第一のセット〔前表のタテのセットを参照〕の墓・死・熱というシンボリズムに割り振られた不吉な意味を含んでいるとは、まずいうことができないのである。私がこのことに触れるのは、つぎのような事情があるからである。すなわち、たとえば、エルツ Hertz, R.、ニーダム Needham, R.、リグビイ Rigby, P.、バイデルマン Beidelman, T. O. などは、ほかの諸文化に関して、左—右、女—男、不吉—吉、不純—純潔などの組合せをおなじセットに入るものとして表示しようとする傾向にあり、つまりは、女性ということと不吉ということとの結合を、よくある——実に、ほとんど人類に普遍的な——分類の項目とみなしているからである。また、「下—上」という二分法 dichotomy も、ンデンブ族の文化体系では、性の区分と相関させてはならない。もう一度いうが、右の諸項に配列されることばの組合せは性別とは無関係である。たとえば、下に配分される志願者たちと、上に配分される儀礼集団の熟練者たちには、男性も女性も、つまり、両方の性の人間がいるのである。

情況と分類

ほかの類型（タイプ）の儀礼の文脈には、ほかの分類のしかたが当てはまる。たとえば、少年の割礼の儀礼では、女性や女性的な諸属性は、不吉で穢らわしいものとされる。だが、娘の成女式の儀礼では事情は逆になる。ンデンブ族に対する場合も、また、ほかのどんな文化に対する場合でも、実際に必要なのは、文化的に認知されステレオタイプ化された諸情況の類型学（タイポロジー）である。使われている象徴がその特殊な情況の最終的な構造に応じて分類されるのはこの類型学においてであるからだ。あらゆるタイプの情況に当てはまると考えられるような単一の分類体系などは存在しない。存在するのはいくつかの異なった分類次元である。これら分類次元は相互に交差しており、それら分類次元を構成するいくつかの二分法の組合せ（あるいは、三分法の組合せ）は、ただそのときだけ一時的に、連絡をもつのである。たとえばある情況では、赤―白の識別は男―女に対応するが、ほかの情況では、逆の女―男に対応することもある。さらに別の情況では性（セクス）の意味合いがまったくない食肉―粉類にも対応している。

分類の次元

だが、たしかに、一対の象徴が別個の分類次元を結ぶ連絡点を表わすこともありうる。イソマの場合の、赤い牡鶏―白い牝の若鶏という対立が三つの柱(コラム)のすべてに見られることに注目しよう〔前出の表参照〕。生―死の次元では、白い牝の若鶏は生命と生殖の力にひとしく、死と妖術にひとしい赤い牡鶏と対立している。右―左の次元では、牡鶏は男性、牝鶏は女性である。そして、上―下の次元では、牡鶏は、上から下へそそがれる〝薬〟(yitumbu)として用いられるものであるから上であり、牝鶏は、母親に対する子供のように、薬の治療をうけている病人にしっかりと結びついているため下である〔病人は下にいて上から薬をふりかけられる〕。右の事情から、私は、多くの象徴がもつ〝中途半端な性格〟ないし多義性(マルティヴォカリティ)という問題、すなわち、象徴が多くの意義を同時に表現するという事実に、導かれたのである。この事実の理由のひとつは、象徴には交錯する分類次元を〝連結する〟機能〝nodal〟function があるからだと考えられる。赤い牡鶏―白い牝の若鶏という二元論的な対立は、イソマにおいては、すくなくとも三つの分類セットにおいて意味をもっている。これら象徴のそれぞれを、お互いから切り離し、また象徴の広場〔現地の人たちの解釈学、ないし、象徴の文脈という意味〕から孤立させて、そのひとつひとつを眺めてみるときに、多義的な性格は象徴の特徴でいちばん目につくものとなるのである。反対に、象徴を、それらが現われる行事全体の意味体系を組み立てる分類のしかたによって、全体論的(ホリスティカリー)に見るならば、それら象徴に配分される意味は、それぞれ、単一の原理を例証するものとなるのである。各次元の二元論的対立の場では、象徴は、それぞれ、一つの意義をもつものとなっている。

儀礼のシンボリズムにおける認識と存在

私は、これまで見てきたことを『野生の思考』*La pensée sauvage* におけるレヴィ＝ストロースの立場につき合わせてみることで、この章をしめくくることにする。レヴィ＝ストロースが、野生の思考にも、高度に洗練された思考をも特徴づける諸特性、たとえば、相同・対立・相関・変換などが含まれていると強調するのは、まったく正しい。しかしながら、ンデンブ族の場合、かれらが用いる象徴をしらべてみると、右にあげた諸特性が、かれらの人生経験のうちに形づくられてきた物質的な外皮のなかに、包みこまれていることがわかる。対立を例にしよう。ンデンブ族にとって、対立は、それ自身抽象的には現われず、感覚的にとらえることのできる対象物のつき合わせとして、たとえばちがった空間関係にあり、ちがった運命のもとにある年齢や色彩の異なる牡鶏と牝鶏のつき合わせとして現われるのである。レヴィ＝ストロースは、儀礼や神話にでてくる象徴が感情や願望を煽動する役割をもつことに、いく分かの注意は向けているが、象徴が認識の諸要素としてもつ役割についてその研究を発展させたほどには、この方向に思考を展開させていない（私はこのことについて、別なところで多少、考察している。たとえば、Turner, 1967, pp. 28-30, 54-55）。イソマにみられる象徴とその諸関係は、ンデンブ族の世界を秩序づけるための認知的分類のしかたのセットであるばかりではない。それはまた、そして恐らく同じくらい重要なことだろうが、それらは、たとえば、憎しみ、恐れ、愛、苦悩という強力な情念を、喚び起こし、それに方向を与え、そして、手なずける喚起装置の一セットである。それらはまた、ある目的のもとに伝達され、〝意欲を刺激する〟側面ももっている。要するに、全人格が、ンデンブ族の〝精神〟ではなく、その人格全体が、実存的に、イソマが関係する生と死の問題に、関わり合っているのである。

最後に、イソマは、そのシンボリズムが馬鹿げており調和を欠くものだという意味で、〝グロテスク〟なのではないことをいっておく。象徴の項目立てのすべては、植物性の薬についてのかれらの解釈が明白に示しているように、経験についてのただ経験だけにたよる項目立てに対応している。二十世紀の科学の立場からすれば、ンデンブ族が、あるものを聖なる空間の輪の中にもちこめば、そのものといっしょに、そのものがもっていると経験的に思われている力や効能をもちこめると考え、また、そのものを定められたしかたで操作すれば、レイザー光線のように悪性の力を破壊するために、その力を配置したり集めたりできるのだ、とかれらが感じていることが、奇妙に思われるかもしれない。だが、ンデンブ族の文化に移植された自然の因果関係についての知識には限界がある。その限界ある知識をもってしたら、これらの薬類が、有利な情況のもとで使われるときに、著しい心理的効果を生むことは疑いえない事実である。不幸な個人のしあわせに対する集団の関心の象徴的な表現、それにともなってかの女のために動員される〝よき〟品物のひと揃い、そして、生と死の宇宙的秩序のプロセスの象徴と関連づけられた個人の運命——これらのことは、実際のところ、われわれにとってたんに〝理解しがたい〟なにかにすぎないものであろうか。

第二章　ンデンブの儀礼における双子のパラドックス

親族と生活とにおける双子の問題――アフリカの実例のいくつか

第一章で私はある生理的欠陥――たとえば、子を産み育てる女性の機能の一時的な喪失――を治すことを目的とするンデンブの儀礼の一種を分析した。ここでは別種の変調がその存在理由（レゾン・デートル）となっているンデンブの儀礼を考察したい。それはウブワンウ *Wubwang'u* 儀礼で、双子（アンパンバ *ampamba*）を産むと思われる女性、あるいは、すでに双子を産んだ女性を強くするためにおこなわれる。この場合、むずかしさは、不足というよりむしろ過度のもつそれ、能力不足というよりも能力過度のもつそれである。双子の出産は、ンデンブ族にとり、われわれならばパラドックスとよぶような事態――つまり、合理的で生起可能なものごとについて予め抱いている観念とは相容れない事態――を惹き起こす。双子という生理的事実には、ンデンブ族にとって、不条理なことがいくつかある。第一に、すでにみてきたごとく、生殖力（ルセム *lusemu*）には文化的に高い価値が与えられている。しかも、ここには、生理的な、また、経済的な問題を惹き起こす、満ちあふれる生殖の力がある。家畜を飼わず、山羊や羊の乳が人間の栄養になるという考えをもたない社会では、母親が母乳によって双子に必要な栄養を与えることは困難である。双子が生き延びるには、しばしば、ほかの母親がその子を亡くしたばかりで、乳が十分に利用でき、そして、双子のひとりの養育を承知するという偶然に頼らなければならない。また、たとえ双子が乳離れまで生きたとしても、両親だけで双子を育て続けることは困難であろう。この理由で、双子は、儀礼において、共同体の負担として、象徴的に表象される。

この表現方法のひとつは儀礼的舞踊で、双子の母親が、獣皮か布の前垂れのついた細長い樹皮だけを身につけ、平たく丸い箕（ルワル *lwalu*）を手に持って、近隣村落群の村々を一巡する。かの女は踊りながら前垂れをあげて、みなに、かの女の過度の出産のもとである局所を開示し、箕を見物人に回して、食物、衣類、金銭の贈与を請願する。この踊りはウブワンウ儀礼に特徴的ないくつかのモチーフを示している。ひとつは、貞淑という規則の停止で、これは平常では、ンデンブの女性たちに、厳しく課せられている。もうひとつは、弱み、ないし、弱さがもつ儀礼的な力である――このモチーフは第三章で詳しく追究する。ここではただ、双子の出生は祝福されることであると同時に不幸なことだと考えられていること、いずれにしても、村落より広い範囲の共同体社会が儀礼対象の幸福に関係していることを指摘しておく。

だが、ウブワンウは社会の次元で、別のパラドックスを示している。シャペラ教授（および他の学者たち）は、親族が構造的に意味があり、組織化した人間諸関係や社会的地位にひとつの枠組を与えている所ではどこでも、双子の誕生は分類上の問題を惹起している事実に注目している。というのは、アフリカなどでは広く、一度の出産で生まれた複数の子供は神秘的に同一であると考えられているからだ。しかも、親族体系に付随する帰属決定の規則では、家族構成や組織化された親族集団において、双子が占める座はただひとつである。人間は一度にただ一人の子を産む、その一人の子が誕生によって加入する血族関係のいろいろな集団で双子が占める座はひとつだけだという分類上の仮説がある。兄弟順はもうひとつの重要な要素である。兄は弟にある種の権利を行使し、場合によっては弟に先んじて政治的地位を継承することができる。そして、双子は、肉体的には二つであるものが構造的には単一であり、神秘的にはひとつのものが経験的にはふたつであるというパラドックスを提示するものである。

アフリカの社会はこの矛盾をいろいろな方法で解決している。双子の出生から生ずる構造上の矛盾に対処する方法のひとつは、双子を抹殺することである。このやり方はカラハリ砂漠のブッシュマン族が採用しており、ボーマンは、「嬰児殺しは困難な経済的条件のためにかなりおこなわれている。だが、双子殺し、あるいは、双子の一方を殺すことは、双子が不幸を背負っていると信じられているためにおこなわれるのである」と書いている

(Baumann and Westermann, 1962, pp. 100-101)。パラドックスは、この場合、双子の一方あるいは両方を抹殺することにより解決される。かれらは（神秘的な）不幸を担っていると信じられているからである。別な社会では、双子の抹殺はせず、かれらが生まれによって帰属するはずであった血縁組織から除外し、かれらに特別な社会的身分――しばしば神聖なる属性を帯びた――を与えている。アシャンティ族のあいだでは、ラトレイによれば、「双子が同性ならば首長のものとなるのが当然とされ、女ならば首長の未来の妻となり、男ならば宮廷における象の尻尾の鞭使いになる。双子が生まれるとすぐに、真鍮のたらいに入れて〝宮殿〟に連れて行き首長に見せねばならない。双子は公式の場ではふたりとも白い衣服をまとっている」(Rattray, 1923, p. 99)。

白は、アシャンティ族のあいだでは、なににもまして（インテル・アリア）、神性、〝霊的な〟もの、豊饒にする液体――水、精液、唾液――の象徴である。象も、少女の成女式に明らかなように、豊かな生殖の力に結びついている。成女式がおこなわれるあいだ、修練者の少女は、「三片の焙った象の耳に手を触れている。その際、『おまえが十人の子を産むことができるように、象がおまえにその子宮を授けてくれるように』ということばが、少女に語りかけられる」(1923, p. 73)。アシャンティの首長たちは〝神なる王〟（ディヴァイン・キング）の属性を多くもっており、そして、その領域内の地方的諸集団のあいだの断絶を超越するものと信じられている。かれらの領域の安寧と豊かさと、かれら自身のそれとは神秘的に同一視されている。かくして、双子は世俗の構造から高揚され、首長の神聖性と豊饒性にかかわり、それを象徴している。だが、王家に生まれた双子は抹殺される。そのような出来事は、アシャンティの王位の至高のしるしであり表現である黄金の座にとっては〝いまわしい〟こととされるからである。これは、恐らく、双子が王の母系家族の構造に矛盾をもちこみ、継承、相続、優先順位にかかわる問題を惹き起こすからであろう。

エヴァンス＝プリチャードによれば、スーダンのナイル川流域のヌエル族は、双子はひとりの人間であり、かれらは鳥である、といっている。「双子の単一の社会的な人格は、かれらの肉体的な二元性、つまり、感覚的には明白で、双子に関して語るときに使われる複数形や、日常の社会生活のあらゆる場での二人の全然別な個人としての取扱いによって示される二元性の上にあり、それを超えるなにものかである。双子の一体性が表現されるのは、一定の儀礼的状況においてのみ象徴的にであり、とくに、人格が変化を蒙る結婚や死に結びついた儀式においてである」(Evans-Pritchard, 1956, pp. 128-129)。この社会では、双子は社会構造から切り離されるのではなく、やはり、ひとつの儀礼的・象徴的な価値を付与されるのである。かれらは象徴的に鳥と同一視される。それは、「卵の複数孵化と鳥が二羽ずつ誕生すること」(p. 130) との類似のためばかりでなく、双子は、鳥のように、ヌエル族によって、〝天上の人たち〟や〝神の子〟に分類されるためである。「鳥は空を飛ぶから神の子であり、双子はその懐胎や出生のしかたによって神の子であるため天上に所属する」(p. 131)。ヌエル族はこのように、双子出生の矛盾を、かれらの単一の人格を聖なる次元に、その肉体的二元性を俗なる次元に関連させることで、解決している。二つの側面はそれぞれ、別個の文化的次元にあって働き、双子の概念が二つの次元のあいだに介在している。

多くの社会で双子は獣性と神性とを仲介する機能をもっている。双子は、同時に、人間以上でもあり、人間以下でもある。部族社会のほとんどいたるところで、双子は社会構造の理念的様式にぴたりとは当てはまらない。だが、双子のパラドックスのひとつは、ときに、その構造の基本的な原理を示す儀礼に結びついているということである。双子は、ゲシュタルト心理学における素地(グルント)の形(フィガー)に対する関係に類似した対比的な性格を担っている。たしかに、構造上の矛盾、不均斉、異常が神話、儀礼、象徴という上塗りによって鍍金(めっき)されているということが、人間の文化にはよくある。神話や儀礼や象徴は、それらがいちばん効力をもたないようにみえるそんな情況でもって、鍵となる構造上の諸原理の自明となっている価値を強調する。

バントゥー語を話す多くの部族のあいだでは、ンデンブ族を含めて、双子は死に追いやられることも、また、アシャンティ族の場合のように終生特別な身分を与えられることもない。しかし、出生、結婚、死という人生の危機においては特別な儀礼が執行される。かれらは、ほとんどつねに、潜在的な聖なる性格をもっており、それは双子出生にかかわるあらゆる儀礼において可視的になる。さらに、双子の両親や兄弟のあるもの、とくに出生順でかれらのすぐ下の兄弟は、この神聖性を半分だけもっている。たとえば、モニカ・ウィルソンはつぎのように書いている。

双子の出生はニヤキュサ族には恐ろしい出来事である。双子やその両親はアビパシャ(*abipasya* 恐ろしい人間)で、かれらの親類やすぐ隣りの人たち、また家畜動物にとっては、なにかのはずみで接触しようものなら下痢を起こしたり脚が腫れたりするので、大へん危険であると思われている。だから、両親は隔離され、儀礼が入念におこなわれ、それに広い範囲の親類や隣人、そして、家畜動物が参加する。子供は当然のことながら母親と一緒に隔離される。だが、強調されるのは、双子そのものからよりも両親からくる危険である。イリパサ *ilipasa* という語は、ふつう〝双子〟、〝双子出生〟を意味するが、〝異常出生〟と訳した方が適切である。この語は双子や三つ子など複数児の出生に使われるが、逆児(さかご)(ウンソロラ *unsolola*)についても使われるからだ。そして、どの型のイリパサの場合でも、同じ儀礼がおこなわれるのである(Wilson, M. 1957, p. 152)。

ニヤキュサ族の儀礼の目的は、双子やその両親から危険な伝染性を除去することである。両親は、以後の出産では一人の子が産めるように、また、不可解な病気を隣人たちに伝染させないように、薬や儀礼で治療を受けねばならない。ニヤキュサ族や、ヴァン・ジェネップが双子の儀礼について書いているコンゴのスク族（van Gennep, 1960）や、ウガンダのソガ族（Roscoe, 1924, p. 123）のような他のバントゥー社会のあいだでは、双子の儀礼は地域共同体の全体がかかわりをもっている。ヴァン・ジェネップは、双子が六年間世間との接触を禁じられる長い〝境界上の（リミナル）〟時期のあとでスク族がおこなう再統合の儀礼では、「全体社会に所属するテリトリーの儀礼的巡回と、村人たちの食物施与の行事」がおこなわれる事実に、注目している（van Gennep, 1960, p. 40）。私もすでに、ンデンブ族が双子を共同体全体の負担とみていることに言及した。このことは、規範の外にあるものを最大の範囲で認識される集団にとっての関心事にするか、あるいは、例外的な現象を破棄しようとする広くゆきわたった社会的傾向のもうひとつの実例として、考えることができる。前の場合では、異常なものが聖化されて神聖なものとみなされうる。東ヨーロッパの場合がそれで、そこでは白痴が生ける霊所、かれらの正気を破壊するある神聖なものが宿る容器とみなされたものである。この人たちは衣食をすべての人たちから当然のこととして受け取った。ここでは、異常なるもの、〝家造りらが棄てた石〟（マタイ・21-42）は、社会の構造的な次元から除去され、異質的な社会的地位の体系としてよりも同質的なものとして概念化された社会そのものの単純な統一を表象している。ンデンブのあいだでも、双子出産にかかわるすべての現象は神聖なものとされ、母親の親族だけの問題ではなくて、すべての人たちの問題とされている。よきことに恵まれすぎた母親の悩みは共同体の責任となる。それはまた、共同体が儀礼をおこなってその組織の重要な価値や原理のあるものを褒め称える機会にもなっている。（理論では）よいものが（実際には）悪いものというパラドックスは、集団全体の一体性を強調しその諸矛盾を克服する儀礼の人的動員のポイントになっている。

くり返すならば、双子の出産について親族社会がなしうることは二つある。キリンを初めて見て「僕にはこんなもの信じられない」という少年のように、その生理学的事実が社会に存在するのを否定するか、あるいは、その事実を受けいれてそれに対処することである。対処しようとするならば、できれば、その事実が文化のほかの部分と調和しているようにみせかけねばならない。たとえば、ある情況下では双子の二元性に、また別な情況の下ではその一体性に、焦点をしぼることが可能である。あるいは、本来二つの別個の、そして対立さえしている要素が融合して、新しく類のないあるものを形成する自然的プロセスや社会的プロセスを考えることができる。二が一になるプロセスが検討できる。あるいは、その逆、一が二になるプロセス、二分化のプロセスが検討できる。さらになお、二という数を一に対立する複数のあらゆる形の代表とみなすことができる。二は一に対立する多を表象する。一から分かれ、あるいは、ふたたび一に融合する多を代表する。

さらに、しばらく一を無視して、二に注目しよう。二は類似のものの一対、ゼウスの双子の息子のカストールとポルークスのような組合せ（ペア）か、イソマ儀礼の場合のような男と女、生と死といった対立するものの組合せのいずれかを含むと考えることができよう。ンデンブは、その双子儀礼の象徴的表現（イディオム）で、対立と補完の側面を強調する方を選んでいる。双子は、どこでも、多くの場合、同じ性（セクス）であり、とくに一卵性の双子はつねに同性であるが、ンデンブは、ウブワンウ儀礼で、二元性の、同等ではあるが対立する側面を強調している。この観察をさらに続けると、双子が二分法の構成要素を統一するプロセスを示すとき、かれらはこのプロセスを、対立物の統一として表象しているのであって、類似のものの倍加としてではない。性の象徴的表現（シンボリズム）がこのプロセスを生き生きと描写するのに用いられている。だが、それによって意図されているのは性交よりもはるかに重大なものであることを、私は示したい。性に関するイディオムは、強さはほぼひとしく、質的に対立する社会のいろいろな力が調和のうちに作用するものとして示されるプロセスを、表象するのに使われている。この章で私は、性の諸側面をも表象する象徴の社会的な対象に、主として関心を向けるであろう。複数の社会文化的な象徴対象と、複数の有機体的な象徴対象（性的な性格をもつそれらをも含めて）とを、信者たちが異常の力をそれに付与し、新しい性質の人間的コミュニケーションをもつあるひとつの表象に融合することが宗教的象徴のひとつの重要な特質である。文化的象徴対象の組合せか有機体的象徴の組合せのいずれかが〝基本的〟ないし〝第一義的〟であって、そうでない方はそれに還元できるなどといっていると、相互依存の形で提示されるいずれか一方の組合せとは質的にちがうものを見落とすことになる。

ンデンブ族の双子儀礼の筋書

一対の対立物を統一すること、それは男と女の相違を示す象徴に顕著に表現されるが、その対立と統一が、ウブワンウの儀礼的な〝筋書(プロット)〟となっている。私はその儀礼の二つの重要なエピソードを選び、そのおのおのを順ぐりに、それぞれのシンボリズムとの関連で検討するつもりである。ンデンブの除災のための儀礼集団の多くとおなじく、ウブワンウの儀礼集団は、ウブワンウの特徴である儀礼的治療を、以前に、自ら患者として経験した人たちで構成される。災厄をなす霊は、儀礼集団の仲間で故人となったものの霊と信じられている。熟練者たち、ないしは、呪医たちは、患者のために植物性の薬類を蒐集し、特別なしかたで自らを飾り、そうしてから、木の葉を搗(つ)き砕いた薬で病人を洗い浄め、かの女に薬を与え水にまぜて飲ませる。霊所が患者のためにかの女の小屋の入口近くに作られる。儀礼集団の仲間たちがその霊所に関係がある数多くの行事を執りおこなう。男たちも女たちも医者として行動できる。というのは、双子のひとりである男、双子の息子か父親かである男、あるいは、自分の妻か母親か姉妹かがウブワンウの治療を受けて首尾よく治癒している男は、ウブワンウの薬類や技術を修得する権利をもっているからだ。私の記録によると、災厄をもたらす霊はいつも必ず女の霊であり、しかも、ほとんどの場合、患者の母親の母親であると信じられている。

ウブワンウは双子を産んだ女性、あるいは、双子を産むと思われる女性のために執行される。たとえば自分の母親か、母親の母親、ないしは、その両者が双子を産んでいるような女性、あるいは、自分自身が双子のひとりである女性は、双子を産むと思われている。そのような女性が妊娠中に何らかの変調を経験した場合は、ウブワンウを占い師に相談しないでも、かの女のためにおこなうことができる。双子とは全然関係のない女性たちも、生殖機能の変調に苦しむときは、ウブワンウの患者となることができる。具合の悪い女性の親族が占い師にみてもらい、占い師が象徴的な崇拝対象に問うたうえで〝ウブワンウの形をした〟霊がかの女にとり憑いていると断定した場合である。女性的機能に関係のあるすべてのンデンブの儀礼には文化的に規定されたある特定の変調を明白に処置する特殊な面と、その他の種類の変調をも治療する一般的な側面とがある。たとえば、ンクラ *Nkula* の儀礼は、本来は月経不順のためのものだが、また、流産、不感症、不妊症のためにもおこなわれる。他方、イソマは流産や死産のための儀礼だが、月経不順をも処置する。同様に、ウブワンウも、一般的な治病儀礼としては、さまざまな女性的機能の変調に悩む女性たちのためのものと信じられている。しかし、主たる象徴的強調点がンクラの場合は月経過多症に、イソマの場合は流産にあったように、ウブワンウの場合は、主として双子の出生が象徴的に強調されている。

私が注目したい二つのエピソード（あとのものはさらに二つの側面に分けられる）とは、(1)川の水源の行事と、(2)男女の子孫繁栄コンテストをともなう、双子の霊所を作る行事である。第一のエピソードでは結婚による男女の合一が神秘として表象され、第二のそれでは、男女は区別され、対立するものとして表象される。

儀礼的象徴の諸属性

この二つのエピソードは、それぞれ象徴的な意味(シンボリズム)を担っている。(注)この場合の象徴は、全く異なる象徴対象の凝縮、一体化という性質と意味の分極作用という性質とを表現する。事実、ひとつの象徴は同時に多くの事物を表象する。それは多義的であって、一義的ではない。その対象物は、すべてが同じ論理的次元にあるものではなく、社会的経験や道徳的評価の多くの領域から引き出されている。最後に、その対象物は意味の両極に集中する傾

（注）宗教的象徴がもつ意味の主要な構成要素や諸特性を推論するために、私がデータだと考えているいく種類かの事物についての論議に関しては、Turner, 1967 を参照のこと。ここではその論証のすべてはくり返さないことにする。

向がある。一方の極では、対象は社会的なそして倫理的な事実に対し、他方の極では、心理学的事実に対している。たとえば、ムディの木（*mudyi*, 学名 *Diplorrhyncus condylocarpon*）は、少女の成女式儀礼の中心的な象徴であるが、これは同時に、母乳と母系親族を意味している。また、ムクラ（*mukula*, 学名 *Pterocarpus angolensis*）の木は、割礼の血と成熟した部族の人間の精神的共同体とを意味している。これらの象徴は、そのとき、有機体の次元を社会倫理の次元に結びつけ、この二つの次元のあいだにある、また、それらの内部にある葛藤のうえやそれを超えたところに、それらの究極的で宗教的な統一があることを示している。人間の生理機能、とくに生殖の生理機能に結びついている強力な衝動や情念は、儀礼の進行につれて、その反社会的な性質を剝奪され、規範の次元の諸構成要素に結びつけられて、借用された活力で後者を活気づけ、かくしてデュルケム学派のいう〝義務的なもの〟を願わしいものにする。象徴は、この過程の合成者であり、また、煽動者でもあり、そして、その諸特性をカプセルに包むものでもある。

川の水源の行事——薬類の蒐集

ウブワンウにおける川の水源の諸行事は前述の性質の多くを説明する。それらは、この双子の儀礼の第一段階を構成する一連の儀礼的行動の一部である。イソマや実にンデンブ

の他の除災儀礼におけるごとく、薬類の蒐集（ク＝フクラ・イトゥンブ *ku-hukula yitumbu* ――逐語訳すれば、〝薬をむしりとる、盗みとる〟――あるいは、ク＝ランウラ・イトゥンブ *ku-lang'ula yitumbu*）がその最初の行事である。この行事をおこなうのは熟練の呪医たちだが、かれらは、数多くの食物を、長老執行者の編んだ箕（ルワル *lwalu*）に入れて、茂みの中へ持ってゆく。その食物は、マスクメロンの根、豆類、落花生、一塊の岩塩、粒トウモロコシ、家畜動物や野生の豚の肉、その他である。また、トウモロコシないしはガマ類の実で作った白い酒の類も持ってゆく。この酒の類は白い色をしているために霊に供えるにふさわしい神酒なのである。霊は〝白い〟（ア＝トオカ a-tooka）存在として象徴されるからだ。かれらは、また、白い粘土を男根の形をしたヒョウタン（写真8参照）に入れ、粉にした赤土を、ンカラカラ *nkalakala* という貝の殻に入れて（写真17参照、一二四頁）、持ってゆく。インフォーマントたちの意

写真8　双子の儀礼　熟練者のひとりが儀礼用の編んだ箕を持ってゆく。その中には、白い酒の入ったヒョウタンと白い粘土がいっぱいつまった男根の形をしたヒョウタンがのせられている。かの女は薬の木の枝を受け取るところである。

見では、「食物は母親と子供たちの身体を丈夫にするために持ってゆき」、白い粘土は「子供たちを丈夫で清潔で幸せにするためのもの」である。インフォーマントの何人かは、赤土は「悪運（ク＝インダマ *ku-yindama*）、力の欠如（クブラ・クコレカ *kubula kukoleka*）、成功の欠如（ク＝ハルワ *ku-halwa*）」を意味するといった。しかし、以下一一九頁にみるごとく、このおなじ赤土が、川の水源の行事では〝母親の血〟を表象している。このことは、おなじ象徴が、異なる文脈では異なる意味をもつということの、ひとつの実例である。ウブワンウ儀礼のいろいろなエピソードにおいては、白―赤の二元的対立は、強―弱、幸運―悪運、健康―病気、心の清浄―妖術（ウイッチクラフト）の原因である悪意、精液―母親の血液、男―女、を表象している。

呪医たちの先頭には、男女おのおの一人の長老執行者が立って一隊を率いて行く。呪医たちのあとには、かれらの子供たちがついて行く。実際、ウブワンウは、子供たちが〝薬類〟（イトゥンブ *yitumbu*）――伝統的ではあるが、その植物性物質を示すのに完全には適切でない語を使うならば――の蒐集に参加を命じられる唯一のンデンブの儀礼である。子供はそれぞれ、めざした〝薬〟の木ないし灌木から葉のついた枝を一本とってくる。卑猥な歌が、健康に〝病人をするために〟薬を蒐集するあいだずっと歌われ、呪医の長が二つひと組の狩りの鈴（ムプワンブ *mpwambu*）を鳴らす。その目的は、「生まれてくる子供たちが、自分たちが双子であることが分かるように、その耳を開くこと」である。歌を歌い鈴を鳴らすのは、また「霊を目覚めさせること」（ク＝トニシャ・アキシ *ku-tonisha akishi*）でもある。呪医には、それぞれ、以前はウブワンウの儀礼仲間であった守護霊がついているからである。さらに、歌や鈴の音は、薬の木、つまり、ウブワンウの内服薬や外用水薬（ローション）をつくるのに用いる種（スピーシーズ）を〝目覚めさせる〟といわれている。これらの刺激となる音声がないと、木々は依然として単なる木にすぎないと信じられている。これらの音声があり、それに聖化の行事がともなって、木々は、ちょうど西欧の民間療法で使われる薬草の〝効能〟のような呪術的な効力をもつものとなるのである。

　薬類の蒐集に関係のある歌の原文を私は全文、一四〇―一四二頁に引用しているが、そこには、つぎのような一節がある。「昔の（あるいは、伝統的な）ことばの甦り（あるいは、甦らせるもの）と唱出、そして、（薬類の）蒐集があるべきである」という一節である。ここにみられる〝ことば〟というのがウブワンウの歌と祈りであり、それが、神秘的に薬用植物の蒐集を効果的にする。祈りの一例が、この行事で重要な象徴的な薬の木、カタ・ウブワンウ *kata Wubwang'u* の木の神聖化の際にみられる。まず、長老執行者が「霊を喜ばそうと思って」そのまわりを円を描いて踊る。それはウブワンウの霊の大きな木であるからだ――〝大きな〟というのは儀礼上の位置づけについてのことである。同じように扱われる木は、すべて、細い若木であったからである。つぎに、かれはその木の主根の下に穴をひとつ掘り、その中に、各種の食物を入れる。そうしながら、かれはつぎの祈り

写真９　双子の儀礼　女患者が薬の木に触れ、甦りの方位である東を向いて立っている。呪医が儀礼用の斧でいく片かの樹皮を切り取り、編んだ箕の中に入れる。

のことばを唱えている。

　ウブワンウをもった私の死者（祖先の女）よ、
　もしもあなたが誰かのところに、今日の日に、ウブワンウになって来ているのなら、
　今日のこの日に、あなたはそのかの女をよく助けなければなりません。
　かの女が正しく子供を身籠もるように。

　そうしてから、「霊たちがそこへ飲食しに来れるように」神酒が穴の中の食物に注ぎこまれる。それから、その呪医は口に水か酒と、白粘土の粉（ンパンバ *mpamba* あるいはンペーザ *mpeza*）をふくみ、それを散らばって笑っている見物人に、祝福のしるしに吹きかける。つぎに、患者の女性がその木に触れるように、そして、東向きに立たされ、そのあいだに樹皮がいく切れかその木から切り取られ、編んだ箕に入れられる（写真９・10参照）。また、葉のついた枝が一本切り取られ、女の熟練者のひとりに持って行くように渡

される。熟練者のひとりによると、「かの女が東を向くのはすべてのものは日が昇る東からやってくるからである（カベータ・カムセラ *kabeta kamusela*）。誰かが死ぬと、その顔は東に向けられるが、それは、その人がふたたび生まれてくることを意味している。だが、産まず女（ンサマ *nsama*）や魔女（ムロジ *mulogi*）は永遠に死ぬように西向きに埋葬される」。要するに東は吉祥の方向で生命を与える方位なのである。

写真10　双子の儀礼　この図は双子――ここでは男と女の双子である――の儀礼的一体化を示している。白い衣服を着た男と女患者は双子である。かの女は背中をモル・ワウブワンウのつるに向けている。そのつるから薬となる葉が切りとられている。かれは薬を切り取るときはいつでもかの女のそばに立たなければならない。

カタ・ウブワンウの木は、イソマにおけるように、〝年長者〟あるいは〝挨拶の場所〟として知られ、そして、それは多義的な象徴（すなわち、多くのものを指し示す象徴）である。このような象徴は、行為の俗なるしかたから聖なるしかたへの危険なる移行の場とみなされる。ウブワンウでは、乾いた茂みの中で蒐集される薬類（イトゥンブ・ヤ・ムウィサンア *yitumbu ya mwisang'a*）と流れのほとりの森のなかで蒐集される薬類

ンデンブの名称	種類学名	ンデンブの説明
1 カタ・ウブワンウ (*Kata Wubwang'u*)	?	「二つでひとつの実の双子」
2 ムセンウ (*Museng'u*)	*Ochna pulchra*	「ひとつの花がたくさん実をつける――双子はひとりの人間のようだ」
3 ムンインドゥ (*Mung'indu*)	*Swartzia madagascriensis*	「複数の実がなる。だから母親に多くの子を与える」
4 ムチャ (*Mucha*)	*Parinari mobola*	3とおなじ
5 ムフンウ (*Mufung'u*)	? *Arisophyllea boehmii*	3とおなじ
6 カペピ (*Kapepi*)	*Hymenocardia acida*	3とおなじ――「木の葉のような薄っぺらな実をつける。味は酸っぱく（バトゥカ *batuka*）、薬味につかう」
7 ムソリ (*Musoli*)	*Vangueriopsis lanciflora*	「ク＝ソロラ（*ku-solola* 目に見えるようにする）の派生語――子のない女に若い子を産ませる」
8 ムクラ (*Mukula*)	*Pterocarpus angolensis*	「この木の赤い樹液を『血』と呼んでいる――出産時に女性に血液を十分に与える」
9 ムドゥンビラ (*Mudumbila*)	?	「実をつける。女性に子を産む能力を与える」
10 ムホトゥホトゥ (*Muhotuhotu*)	*Canthium venosum*	「ク＝ホトモカ（*ku-hotomoka* 突然倒れる）の派生語。だから、そのように女性の苦悩をその身体からすり落とせるはずだ」
11 ムデンウラ (*Mudeng'ula*)	?	「実をつける」（3をみよ）
12 ムワンアララ (*Mwang'alala*)	*Paropsia brazzeana*	「ク＝ムワンア（*ku-mwang'a* 追い散らす）の派生語。病気を追い払うことを意味する」

（イトゥンブ・イェトゥ *yitumbu yetu*）とは、はっきりと区別されている。茂みは、通常、狩りと男らしさの両方に結びつく。他方、流れのほとりの森は女らしさに結びついている。女性たちは流れのほとりの肥沃な黒い沖積土のところに菜園をつくり、近くの水溜りにキャッサバの根菜〔タピオカ芋〕をひたしている。ウブワンウの場合、茂みには一本離れて〝長老の〟木があり、また、流れにも同じ木が一本ある。カタ・ウブワンウが茂みにとって〝長老〟である。この木の実は対称的な二つの部分に分かれているが、ンデンブはそれをはっきりと双子（アンパンバ *ampamba* あるいは、アンパサ *ampasa*）に対比させている。つぎに、乾いた茂みにある他の数多くの木々の樹皮をこそぎ取り、また、葉のついた枝を取ってくる。前頁に、その木の種類の名称と、それぞれが用いられる理由についての現地の人たちの簡単な説明とを表示する。この一連の植物性の薬類にスズメバチの巣の一部分が添加される。あるインフォーマントは、「これは、多分、その多数の若蜂のためだろう」と推測している。

茂みで蒐集される薬類の表は、それを加えて完成する。つぎに、小川のほとりの森で、多数の薬類が収集される。小川のほとりでの〝長老の〟木はモル・ワウブワンウ *molu waWubwang'u*、〝ウブワンウのつる草〟とよばれるつる植物である。「モル・ワウブワンウは数多くのさまざまな枝に分かれて生長し、それ自身の大きな場所を形作るために拡がる。まったく同じ方法で、女は、このつる草がもつ枝と同じだけ、たくさんの子をもたねばな

種類	学名	ンデンブの説明
ンデンブの名称		
1 モル・ワウブワンウ (*Molu waWubwang'u*)	多分 *Convolulaciae* の一種	「それはたくさんの枝に生育し、それ自身の大きな場所を形作る——このように、女はつる草がもつ枝とおなじくらい多くの子供をもたねばならない」
2 ムソジソジ (*Musojisoji*)	?	「それはたくさんの実をむすび、女を多産にする」
3 ムホトゥホトゥ (*Muhotuhotu*)	*Canthium venosum*	茂みの薬の10を見よ（104頁）。
4 ムディ (*Mudyi*)	*Diplorrhyncus condylocarpon*	「それはンカンア（*Nkang'a* 少女の成女式儀礼）で、女を成熟させ、多産にするからだ」
5 カトゥナ (*Katuna*)	(*Uvariastrom hexalobodies*)	「カトゥナの樹液は赤い。子が産まれるときは出血をともなうから、母親には多量の血液が必要である」
6 ムトゥンウル (*Mutung'ulu*)	? *Harungana madagascariensis*	「それはたくさんの根を張る——女は子供をたくさん産まねばならない。ク＝トゥンウラ *ku-tung'ula* は、ある人のかげ口をきくことを意味する。多分、悪意（チテラ *chitela*）は、この木からくる」

らない」とンデンブはいう。それは、ウブワンウでは、あとで二様に使われる。第一は、女患者の小屋の近くに、子供たちがもって来た薬の木の枝を結び合わせて、二重のm字形の囲いをつくり、祟りをする霊のための霊所を作るのだが、そのとき、そのつるを使って

薬の木を結ぶのである。第二に、それは患者の肩や胸の周りに懸けられる。この使い方は、母乳が黄色くなったり赤味がかっているときに、それを白くする薬としての、その効能を思い起こさせる。色の変わった母乳はンシディ（*nshidi*〝罪〟）といわれる。母乳が黄色だったり赤味がかっている場合、その異常さには、妖術（ウイッチクラフト）が多少なりとも関係があるとされている。母親自身が魔女か、だれか他の人がかの女に妖術をかけているのである。モルの薬は、乳をそれに相応しい色に回復させる（Turner, 1967, p. 347をも見よ）。ンデンブは、白い色をしているものは、親切、純潔、健康、幸運、豊饒、率直、社交、その他多くのよき性質の力や価値を表わすものと信じている。こうして、小川のほとりの中心的な象徴のモルは、母性、授乳、乳房、豊饒を表わすものである。ムディのように、モルは、母性のうち養育の諸相を表象している。

つぎに、小川のほとりでほかの薬類が蒐集される。蒐集の順に列挙すれば前頁の表のとおりである。

解説

この薬のうちその大多数のものは女性が願う多産を表象している。そのあるものは母親の血という観念と関係がある。熟練者のひとりは、まだ生まれていない子供は「母親の血から食物を食べるのだ」という情報を与えてくれた。これは生殖の生理について若干の知

写真11　双子の儀礼　子供たちは、眼の周りに、白と赤の円のしるしをつけている。このしるしで、かれらは双子と双子でないものとに類別される。

識があることを示すものである。非常に興味深いのは、ムホトゥホトゥやムトゥンウルのような薬が、悩み、かげ口、悪意と関係があることである。これらは、赤い一本の筋のように、ウブワンウの理念構造を貫いており、事実、ウブワンウの赤いシンボリズムに関係している。たとえば、親の呪医について茂みのなかに入る子供たちは、長老執行者が持ってきた赤土の粉で、自分の顔を飾りつける（写真11参照）。かれらのうち双子の子供は、左の眼の周りには赤い円を描き、右の眼の周りには白い円を白い粘土の粉で描く。それは「双子の霊のためか、あるいは、双子の母親のため」であるとインフォーマントたちが私に教えてくれた。かれらのひとりによると、赤い円は〝血を表わし〟、白い円は〝力〟あるいは〝幸運〟を表わしている。だが、もうひとりははっきりと、赤い円は〝悪意〟（チテラ *chitela*）を表わすもので、左、ないし「女の」眼の周りに描かれるのだから、「多分、悪意はそちら側からくる」という。このことばで何を意味しているのかと尋ねると、かれは続けて、多分、女患者とその祖母とのあいだに祖母の生前によくない感情があったのだ、それで、その祖母は今では祟りをするウブワンウの霊となっているのである、と説明する。かれはさらに、他方では、その霊は母系の親族集団（アクワママ *akwamama* 〝母方の人たち〟）での争いに立腹し、その成員のひとりを罰しているのかもしれぬ、ともいう。かれの意見では、どんな場合でも、悪意は父方の親族のあいだよりも、母方の親族（イヴム *ivumu* 〝子宮〟）に多く見られる、父方は相互に善意をもっているからである。これは、男―女、父系―母系、善意―悪意、白―赤という二元的対立を完全に一貫したしかたで、相互に関連づける意識的な試みであった。

この説明には、暗黙のうちに、双子出生のパラドックスも含まれている。双子は幸運で理に適う豊饒さであり――そして、この側面では、父方の親族を結びつける理想的な関係と親近性をもっている――、また、悪運で過度の豊饒さでもある。ついでにいうが、ンデンブ族は性の異なる双子を同性の双子よりも吉瑞であると考えている――これはアフリカの多くの社会で広く支持されている見解である――が、同性の双子は親族関係や政治的構造で同一の兄弟の地位を占めるという理由から、ありうることと思われる。

カタ・ウブワンウの双子の実のシンボリズムやムセンウの一、における多のシンボリズムを別にすれば、薬類そのものは双子出生とは関連がはっきりしない。むしろ、それらは累加的に満ちあふれる豊饒さを表象している。しかし、この行事において、茂みの薬類と川のほとりの薬類とのあいだの鋭い区別、いく人かのインフォーマントが男性と女性の区別に関係づけたその区別は、ウブワンウの二元論的主題と関係がある。

川の水源の行事――流れとアーチ

ムディの木（〝乳の木〟）は、少女の成女式儀礼の焦点となっている象徴であるが、双子の儀礼にも登場する。特徴として、それは、対立物の神秘的合一を描写するエピソードに現われる。箕に入れる薬類が蒐集されたあとで、男の長老執行者はしなやかな細いムディの木を一本とムホトゥホトゥの木を一本切ってきて小川の水源の近くに持ってくる（写真12参照）。二本の木は小川の両岸に向かい合いに立てられ、その先端はアーチの形になるように撓（たわ）められ、結び合わされる。ムホトゥホトゥの先端はムディの頂きにきている。でき上がったアーチはンパンザ *mpanza* あるいはクヒンパ *kuhimpa* と名付けられている。動詞的名詞で〝交換すること〟という意味である。

ムホトゥホトゥの木は各種の儀礼的文脈で用いられる。ンデンブはその意味を、その自然的特性のあるものや、また、儀礼の専門家のいく人かがこの語の指示対象のいくつかを派生させている二つの動詞にも関係づけている。この語源探求の習性は、前に述べたよう

写真12　双子の儀礼　儀礼の一行が「生殖の力の起源」である川の水源に到着する。かれらは薬の木の枝をもっている。

に、中央アフリカの注釈学の著しい特徴である。儀礼の対象や行動の名称についての語源的説明は、正しいにしろ誤りにしろ、重要なことではない。ンデンブは、ただ、すべてのことばに豊かな意味内容を与えるプロセスのひとつ――同音異義（ホモニミー）――を利用しているだけで、それはまじめなしゃれの一種とでもいえるものである。異なる語源から派生するふたつの同じ音の単語が、相互にそれぞれがもつ意味のあるものを融通し合うことができるならば、効果的に意義を豊かにすることができる。私が前にいったように、比較的数の少ない象徴で多様な現象を表象しなければならない儀礼においては、同音異義は例外的に有用なものである。

　ムホトゥホトゥは、ときとして〝突然倒れること〟を意味する動詞ク＝ホトゥムナ *ku-hotumuna* の派生語だとされる。乾季の終わりごろ、この木の葉は一斉に散り落ちて、突如として裸になった幹が残るといわれている。おなじように、ムホトゥホトゥを薬として使用すると、病気、不幸、妖術あるいは邪術（ソーサリー）、または両者の効果も、それで治療を受けた患者から〝倒れ落ちる〟ことになるだろう。ンデンブは、搗いて砕いた薬の葉で身体を浄めるために薬用の箒を使うが、そのときはいつも、ムホトゥホトゥはその三つの構成要素のひとつに入っている。この箒は妖術よけの儀礼で使われることがいちばんの特徴となっている。

しかし、語根の＝ホトゥ＝ *-hotu-* にはもうひとつ別な派生語がある。この語もムホトゥホトゥの意味内容に影響を与えている。それは動詞ク＝ホトモカ *ku-hotomoka* で、私はその意味をつぎのような定式化した婉曲の表現で教えてもらった。すなわち「ほかの木に寄りかかる木は、風が吹くと、突然倒れ落ちる。それが倒れることをク＝ホトモカという。ときにはそれは他の木の表面に生育する木を意味する。病気は人間の身体の表面にある。そして医者はそれが滑り落ちることを願う」。

しかしながら、ウブワンウの特殊な情況では、ムホトゥホトゥは〝男〟（イヤラ *izala*）を表わし、ムディの枝は〝女〟（ムンバンダ *mumbanda*）を表わしているといわれている。私が質問をした熟練者はみな、ムホトゥホトゥがムディの上に置かれているのを指さして、これがその実例であると認めている。さらに、かれらは、両方の木が結び合わさっているのはその性的な和合（クディスンダ *kudisunda*）を表わすものだという。ときにはカバラバラ（*kabalabala*, 学名 *Pseudolachnostylis* の一種）の木の枝がムホトゥホトゥの代わりに使われる。この木の二股になっている大枝は、しばしば、狩人たちの儀礼集団の霊所として使われる。それは頑丈でシロアリに強い材質のもので、少年たちの割礼儀礼では、直立した男根になぞらえられている。そこでは男性機能を誘う薬として使われる。そこでは、男らしさとの結びつきがきわめて明らかである。

指示対象の別な一群は小川にかけられるアーチの形（フォーム）に結びついている。そのンパンザという名称は人体の〝股〟とか分岐点とかを意味する。インフォーマントのひとりによると「ンパンザは両脚が結合するところである。それは男と女の生殖器の場所である」。おなじ象徴が、少女の成女式儀礼にもある。そこでは小さなムディの木の弓（カウータ *kawuta*）が少女の修練者たちの隔離小屋の頂きのところに置かれる――まさにその頂きで、ムディの木の竿が赤いムクラ *mukula* の木の竿と結び合わされている。その弓は、子供たちを表象する白いビーズの玉で飾られており、修練者たちに望まれる多産を表わしている。両方の竿の結合点もンパンザという。生命の持続や社会の存続の基礎であるこの二股は、双子の二元論的シンボリズムに、ふたたび現われる。

ンパンザという語は、少年の割礼儀礼では、大人の司祭者や割礼実施者が形づくる股のトンネルに使われている。このトンネルを、隔離の期間中、修練者たちの世話をする若者の後見人たちがくぐらねばならないことになっている。このトンネルは割礼の場への入口でもあり、また、年若い後見人たちの生殖器を強くする呪術的な様式でもある。この儀礼に見るトンネルのシンボリズムは、イソマ儀礼に見られるそれを思わせる。

ンパンザのモチーフはウブワンウ儀礼そのものにおいてくり返される。のちに、村の霊所でおこなわれる行事では、男の呪医たちは交互に、お互いが広げた股の下をくぐり抜ける（写真19、一二八頁参照）。女患者自身もこの呪医たちの股をくぐらされる。これをクハンウィシャ・ムイエジ・ムウィパンザ *kuhanwisha muyeji mwipanza* といっている。イソマのトンネルは、前述のように、イケラ・ダクハヌカ *ikela dakuhanuka* と名付けられていた。クハヌカ *kuhanuka* という語はクハンウィシャとおなじ語根のものである。

さらに、アーチは男性的なものと女性的なものとの結合からくる豊饒さを表わしている。ンパンザを流れの水源の近くに設けることにも意味がある。水源（ントゥ *ntu* またはンスル *nsulu*）は〝生殖の力が始まるところ〟であるとンデンブはいう。儀礼熟練者たちは、水を〝白〟の象徴のカテゴリーに分類している。その限りで、水は〝親切〟、〝純潔〟、〝幸運〟、〝力〟という意味を、この分類項目に入るほかの象徴と共有している——インフォーマントたちの語るところでは、この行事の機能は〝病気を洗い流すこと〟（ンイソンウ *nyisong'u*）である。呪医たちは〝それを浄めるために〟（ナクイトオケシャ *nakuyitookesha*）足を洗う。ウブワンウには、その品性の下劣、攻撃的な性格という点で、不浄という一要素があるからだ。しかし、水にはその特性に応じた意味が付け加えられている。水は〝冷たい〟(アトゥタ *atuta*)、あるいは〝新鮮である〟(アトントラ *atontola*)ということで、燃える火の熱に対して〝生きもの〟(ク＝ハンダ *ku-handa*)を表わす。火の熱は、熱病とおなじく〝死ぬこと〟(ク＝フウィラ *ku-fwila*)、とくに妖術による死を意味している。また水は、雨や川という形では〝増加すること〟あるいは〝倍加すること〟(ク＝セングカ *ku-senguka*)を、一般的には豊饒さを表わすものである。双子の儀礼におけるンザのシンボリズムは、人間の生殖の力は自然の豊饒さと関係があることを暗示している。〝冷たさ〟というモチーフの実例は、女性の執行者の長が、黒い沖積土(マロワ *malowa*)をひと摑み、アーチのすぐ下の流れの中から取り出すときに見られる。この黒土は薬用の箕の中に置かれ、のちに、ウブワンウの霊のために村に霊所をつくるときの材料のひとつとなるものである。インフォーマントたちによれば、そこでマロワを使うことは少女たちの成女式儀礼でそれを使うことに相応する。成女式儀礼では、マロワは母親の幸福(ウルウィ *wuluwi*)を表わす。ウルウィは〝情愛〟、あるいは〝親切〟を意味するルウィ *luwi* に結びつくことばである。ほかの多くの文脈ではそれは水に触れていて〝冷たい〟という理由で使われるのだといわれる。それは〝冷たい〟から病気の勢いを弱くする。病気はイソマ儀礼の場合のように〝熱い〟と考えられている。だが、インフォーマントたちによると、それは穀物類がこの土壌で豊かに生育するところから、豊饒さにも結びつけられている。

少女たちの成女式儀礼の後に続く婚礼の夜のあとで、修練者たちの教導者（ンコンウ*nkong'u*）はいくばくかのマロワの土を花嫁と花婿に触れさせ、つぎに、その土を砕いて、結婚したカップルが住む村落のすべての小屋の敷居のところに散り撒く。ンデンブのいうところでは、このことは「この夫婦は、いまや、お互いに正しく愛し合っており、かれらの教導者は、結婚した村人のすべてが、それとおなじ愛で結ばれることを願っている」ということを意味している。結婚の理想は多くの子供に恵まれて平和であることだという考え方を、ンデンブの女性たちは、かなりはっきりと述べている。自分たちが選ぶ夫の人間像は寛容で一生懸命はたらき、おだやかに話をする男である、そういう男は〝十人の父親〟となるだろう、とかの女たちはいう。女性からみて理想的なこの男性像は、狩人たちの儀礼集団で賞讃される男性像、狩人たちの儀礼で歌われる「一日に十人の女と寝、大盗賊であること」という男性像とは、まさに、正反対のものである。その文脈では、実際、女性たちはその心を、頑強で、喧嘩早く、精力旺盛な森の男たちに捧げるようにと勧められる。二つの正反対の男性理想像が、小説『風と共に去りぬ』の読者ならわれわれの社会にも共存しているのを認めるだろうが、ンデンブの社会でも事情はおなじである。ついでながら、この小説も二元論的主題を基礎にしている——すなわち、北部対南部、資本主義対土地所有である。ところでさらに、両性の豊饒なる結合ということばかりでなく、そのたたかいも、双子の儀礼のいろいろなエピソードに示される。

さて、ンパンザのアーチは、以上のように、男女間の豊饒で合法的な愛を表象するものである。男性原理と女性原理はその特質を〝交換し〟、小川の相対する両岸はアーチで結ばれる。生命の水がその下を流れ、そして、冷たさと健康がその重要な様式（モード）であった。

ンパンザのアーチができ上がると、患者の女性は流れの中央に置かれた丸太の上に立つ（写真13参照）。女の熟練者たちとその娘たちが丸太の上でかの女のうしろに年齢順に並ぶ。男性の長老執行者は小さなヒョウタン（イチンパ *ichimpa*）を持ってきて、それから白粘土の粉（ンペンバ *mpemba*）を取り出す。このヒョウタンは、インフォーマントたちにより、はっきりと男根（イロム *ilomu*）に対比されたもので、少女たちの成女式儀礼で修練者たちに性（セクス）のテクニックを教えるのに使われる型のものである。男性の呪医たちは、前もって、白粘土にいく種類かの材料を追加しておく――それは感染呪術の材料に使われる少量のンペル *mpelu*、すなわち、少量の動物性物質ないし有機物である。ウブワンウでは、これらのものは〝白の〟象徴に分類される。白の象徴には、大型カブト虫（ゴライアスオオツノコガネ）を砕いてつくった白い粉――これは狩猟の儀礼集団でお守りとしても使われる――、吉なるものとされる白子（しらこ）（ムワビ *mwabi*）の毛を数本、オウム（カロンウ *kalong'u*）の白い羽毛、白鳩の羽毛（カポンパ *kapompa*）がある。これらはいずれも白に結びつくが、狩猟や男らしさにも関係がある。白粘土自体、きわめて明白に、精液（マテケラ *matekela*）に関係する。そして精液は〝水で浄化された血〟といわれている。長老執行者は患者に顔をむけ、白い粉を

写真13　双子の儀礼　患者と熟練者たちが小川のなかの丸太の上に並んでいる。呪医たちは患者の耳に白と赤の土の粉を吹きつける準備をしている。

口に含み、それを患者の顔や胸いちめんに吹きつける。つぎに、患者のまうしろに立っている女性の執行者の長が赤土の粉（ムクンドゥ *mukundu*）を、ンカラカラ（*nkalakala*）という淡水棲の大巻貝の貝殻から取り出し、口に含み、それを患者の顔や胸いちめんに吹きつける。

吹きつけるという所作（ク＝プミナ *ku-pumina* あるいはク＝プンビラ *ku-pumbila*）は、性的な恍惚(オルガスムス)と、人生のよきもの（ク＝キスウィラ・ンキス *ku-kisuila nkisu*）をもってする祝福との両者を表わすものである。それは、しかも、儀礼の象徴がもつ意味の両極性を示す別な実例である。白粘土、そしてつぎに赤土を吹きつけることは、生殖のはたらきについてのンデンブの理論(セオリー)を劇的に表現している。最もよいインフォーマントだったムチョナはその行事をつぎのように説明した。すなわち、「白い土は精液を、赤い土は母親の血を表わす。父親が、まず、母親に血を与える。母親はそれを自分の胎内に保持し成長させる。精液は水に混ざって白くなったこの血液である。それは父親の力からくる。それは生命の種子（カブブ・カウーミ *kabubu kawumi*）として母親の中に留まる」。ムチョナとほかの数人は、白い土と赤い土の両方ともが大巻貝の貝殻に容れられてあり、懐妊のときの男女の結合を表象しているはずだ、という見解をとっている。しかし、いつのウブワンウにおいても、私は白い土と赤い土とは、別々の容器に容れられていたのを目撃している。ムチヨナの見解で興味深いことは、かれがその行事の一体化の側面を強調していることである。

村落に双子の霊所を作ること

二元論的思考が、引き続き患者の村でおこなわれる行事を支配している。それは、双子の霊所の二元的構造と、身ぶり（マイム）、踊り、歌にみられる男女のはっきりとした対立との両方に、強く表象されている。呪医たちは葉のついた枝を手にもって、復活祭直前の日曜日（パーム・サンデー）の行列のようにして——ただし、ほとんど女性たちと子供たちの行列（写真14参照）——川から戻ってくる。レヴィ＝ストロースなら、多分薬類の蒐集への子供たちの参加——ンデンブの儀礼ではきわめて異例なことである——をもって、子供たちを男女間の「仲保者（メディエイター）」であるしるしとみなしたであろう。しかし、ンデンブ自身は、かれらを、双子（ウブワンウ *Wubwang'u*）と多産（ルセム *lusemu*）の象徴（インジキジル *yinjikijilu*）とみなしている。かれらは、また、子供たちが〝強くなること〟をも望んでいる。というのは、生まれ、あるいは、血筋によってウブワンウに関係する人は、みな弱くされており、したがって、神秘的な活力を必要としている、と信じられているからである。

村での双子の霊所は患者の小屋の前五ヤードほどのところに設けられる。それは、茂みで蒐集した葉のついた枝を、各薬用種から一本ずつとって、直径約一フィート半の半円形につくられる。数本の枝で二つの部屋に仕切られるが、仕切線は半円の中心を通る。それが終わると最後に、この部屋のそれぞれにいく組かの儀礼用の品物がいれられて、部屋はいっぱいとなる。しかし、私はこの行事を何回か観察したが、その度ごとに、この二つの部屋をどう考えるかという点で、長老司祭者たちの見解はまちまちであり、そのことが品物の選択に影響を与えているのをみた。ある一派の考え方では〝左手〟の部屋と称するものには以下のものを納めなければならないことになっている。すなわち、(1)川底の黒い土(マロワ *malowa*)の土台。これは小川の水源の行事のとき患者の足下から採ったもので、「ウブワンウの条件の原因となった諸霊の力を弱めるため」のものである。(2)黒い粘土製の壺(イザウー *izawu*)。この壺には、男根の型をしたヒョウタンや淡水棲の大巻貝の貝殻からとり出した白と赤の粘土で斑点を打ってある(写真15参照)。(3)この壺に、薬の木の樹皮の切片を冷水に混ぜていれる(写真16・17参照)。それと対照的に、右手の部屋には、小さなヒョウタンに聖化された蜂蜜酒(カソル *kasolu*)を入れて置く。この酒は男や

写真14　双子の儀礼　儀礼の一隊が、パーム・サンデーの行列のように、葉のついた枝をもって、川から帰ってくる。

写真15　双子の儀礼　双子の霊所の設置。薬の壺が白と赤の斑点で飾られる。箕のなかには丸いカサヴァの根があり、これが99頁で述べた「食物」である。

狩人のふだんの飲みものであるが、狩猟の儀礼集団では神聖な飲料として使う。それはンデンブのほかの酒類よりははるかに強い酒で、その〝頭にくる〟性質が、この儀礼を特徴づける性的戯態にふさわしいと考えられている。蜂蜜も性交の快楽の象徴である（たとえば一三〇―一三一頁の歌を参照のこと）。この方式では、左手の部屋は女性、右手の部屋は男性とみなされている。各部屋はチパンウ *chipang'u* とよばれる。チパンウという語は、通常、首長の住居や薬種小屋のような神聖な場所をとり囲む〝囲い〟あるいは〝垣根〟を意味する。患者は薬壺の薬をふりかけられる。そのあいだ、熟練者たちは、男性も女性も、一緒になって酒を飲む。この形の儀礼では、主要な二元論は性のそれである。だが、別の方式――一四一頁に記述する方式――では、左手の部屋は右手の部屋より小さくつくられる。ここでは、対立は豊饒と不毛とのそれである。チパンウの右手の部屋は豊饒さと恵み深い豊饒な諸霊とを表象する。左手の部屋は産まず女（ンサマ *nsama*）と不妊あるいは悪意ある人間（アイコジコジ *ayikodjikodji*）の諸霊の部屋だといわれる。前に見た方式の場合とおなじく、赤と白の粘土で飾られた大きな粘土の壺が右手の大きな部屋に置かれる。これは、実は、〝祖母〟（ンカカ・ヤムンバンダ *nkaka yamumbanda*）とされ、かつて双子の母であり、いま祟りをしている霊を表象する。もう一方の部屋は人類学的研究にとって興味深いものである。実際におこなわれている儀礼についての記述の中につぎのような謎めいた一句がある。ンイソカ・ヤチフウィフウー・チャンサマ *nyisoka yachifwifwu chansama* で、逐語的に訳せば「産まず女のひと束の草の射出」となる（以下一四一頁参照）。ンサマ *nsama* という語にはひとつの同音異義語（ホモニム）、不吉な語呂合せがある。この語の意味のひとつは〝ひと束の木の葉あるいは草〟である。狩人が蜂蜜をとろうとするとき、かれは木を蜂の巣（ムウォマ *mwoma*）のところまで登り、ひと束の草か木の葉を綱に結んで、うしろに引っぱりあげる。かれはその綱を大枝の上に投げ、このン

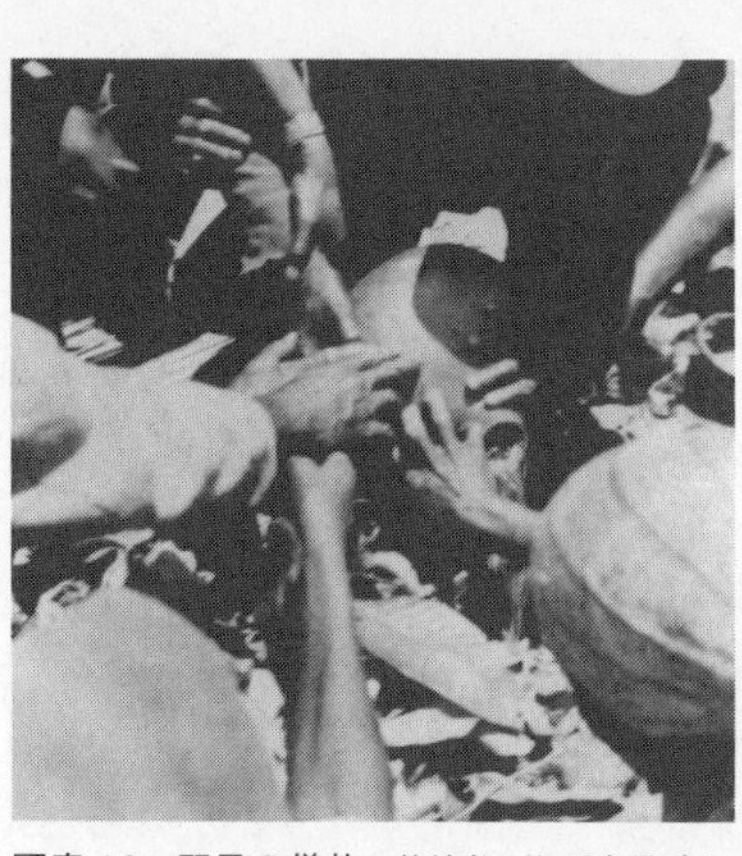

写真16　双子の儀礼　熟練者たちが全員手を出して、水を薬の壺に入れている。各自が自分の「強さ」を添えるのである。

写真17　双子の儀礼　双子の霊所が準備されている。それは明らかに、二つの部屋をもつ二元的な霊所で、周囲はモル・ワウブワンウのつるで編んである。左の部屋には黒い薬の壺があり、その下には黒い土を見ることができる。右の部屋には神聖な蜂蜜酒を入れたヒョウタンがあり、赤と白の粘土が塗りつけてある。

サマの束に火をつけ、蜂の巣の下までたぐり上げる。それは濃い煙を出し、その煙がミツバチを追い払う。この束の黒い燃え残りもンサマという。ンサマは〝不妊になった女、ないし、産まず女〟をも意味する。恐らく〝燃えつきた場合〟という意味からであろう。黒は、いつもではないがしばしば、ンデンブの儀礼では不毛の色である。

ウブワンウで、熟練者たちが森から葉のついた木の枝をもって帰ってくると、長老執行者はそれから葉をむしり取り、ひと束にする。この束が、ンサマ・ヤワイコジコジ・アブルンガ・クセマ・アンヤナ *nsama yawayikodjikodji abulunga kusema anyana*、すなわち、〝子を身籠もれない有害な諸霊の束〟、かんたんにいえばンサマである。つぎに、このチンブキ（*chimbuki* 呪医）は、トウモロコシやモロコシの酒を、ヒョウタンのコップ（チカシ *chikasi* あるいはルパンダ *lupanda*）に一杯とり、それをンサマに注いで献酒をし、そして、いう。「子のないすべての霊たちよ、ここにあなた方の酒がある。あなた方は、こちらの（右手の部屋の）大きな壺の酒は飲むことができません、それは子を産んだ霊たちの酒なのです」と。そうしてから、かれは黒い川の土をチパンウのなかに置き、ンサマの束をその上に横に置く。このマロワの黒い土は〝病気の原因となる霊たちの力を弱めるもの〟とされている。

チパンウ〝囲い〟の作り方のふたつの形式のあいだのもうひとつの相違点は、性の二元論を強調する方では、一本の矢が左手の部屋の壺のうしろに下向きに差される（写真18参照）ところにある。この矢は患者の夫を表わしている。その意味の矢は、ンデンブの儀礼のいくつかに見られるし、また、夫が支払う結納を表わす名称もンセウ *nsewu*、すなわち〝矢〟である。豊饒と不毛の二分法を強調する方の儀礼では、このような矢は使われない。その場合、不毛と双子出産とはひとしいものであるようだ。双子の死亡率が高いからである。つまり、過ぎたるは及ばざるが如し、ということである。しかし、どちらの方式の場合でも、モル・ワウブワンウの皮のつるが、真直ぐに立てられている霊所の葉のついた枝を、横方向に編んでいる。

患者はこの霊所の前に敷かれた敷物の上に坐らされる。そして、かの女の肩には、子を産む力をつけ、とくに十分に母乳が出るように、モル・ワウブワンウのつるが懸けられている（写真19参照）。それから、かの女には薬が絶えることなくふりかけられ、一方では、私が〝男女による子授けコンテストの行事〟とよぶものが、霊所と患者の小屋のあいだに

写真18　双子の儀礼　ここでは、1本の矢が双子の霊所の左の部屋に差されている。箕が薬の壺の上に置かれている。

ある踊りの場所で、陽気に激しくおこなわれる。薬の葉の切れ端がかの女の皮膚に付着するように見えれば、その行事は目的に適うものとされる。薬の葉の切れ端は、諸霊がウブワンウに顕現していることのイジキジル *yijikijilu* つまり〝象徴〟である。それらは木の葉に形を変えてはいるが、この双子の霊を全員に〝見える〟形にしているのである。

男女両性の子授けコンテスト

私が注意を喚起したく思うウブワンウのつぎの局面は、その諸相を二つに区分する男女間の交互のやりとり(クロス・セクシャル・ジョーキング)である。ここには〝双子〟のパラドックスをからかい(ジョーク)、あるいは、ンデンブのことばでウーセンシ（*wusensi* 〝冗談関係(ジョーキングリレイション)〟）とする表現がある。この行事がとくに指示することは、人間を男と女に分かつことと、男女の相違を敵対行為という形で強調することにより性的欲望を刺激することである。死者の霊は、その名や人格的特性を男女両方の子供に与え、またある意味では男女両方の子供に生まれ変わるものと信じられていることで、一応、性別がない。強調されるのは霊の一般的な人間性であり、あるいは恐らく、それの両性具有ということである。しかし、生きている人間は性によって区別され、そして、性のちがいはグラックマンが書いているように「習慣によって誇張」(Gluckman, 1955, p. 61) される。ウブワンウの際に、ンデンブの人たちの頭は、両性がそ

写真19　双子の儀礼　患者の肩には、子を産む力をつけ、母乳が十分に出るように、モル・ワウブワンウのつるが懸けられている。ここでは、男の呪医が別の呪医の股を、性的な強さを与えるためにくぐっているのが見られる（114頁と146頁を参照）。

の相違や相互の攻撃性を強調すればするほど、それだけいっそう、かれらが性の祭典を願っているという、陽気な矛盾した考えにとり憑かれている。かれらは、森で〝薬類〟を蒐集するとき、そして公開の踊りが終わりに向かうころ、野卑なラブレー風の歌を歌う。一方、患者はその薬類をふりかけられるが、その歌のあるものは性の葛藤を強調し、またあるものは、性的結合を、しばしば姦通さえも、讃美するバッカス風の讃歌である。この種の歌は、薬の効能と患者の両方を〝強くする〟（ク＝コレシャ *ku-kolesha*）と信じられている。それらは、また、参加者を、性的にも肉体的にも強くすると信じられている。

野卑な歌を歌うに先立ち、まず、ンデンブは「カイカヤ　ウォー、カクワウー　ウェレリ」（「いまから別なことがなされます」）という特別のきまり文句を詠唱する。このことばは、それが唱えられない場合には〝恥ずべき、あるいは、慎しむべき秘事〟と称していることにい及ぶのを合法化する効果をもっている。おなじことばが、原告や被告の姉妹や娘、あるいは義理の姉妹や娘（アク *aku*）が出席して、姦通や族外婚（エクソガミー）の違反といったことについて裁判がおこなわれるときにもくり返される。ンデンブにはウブワンウの歌を説明するのに習慣になったことばがある。「この歌の行事は恥ずかしいことではない。恥ずかしくないのがウブワンウの治療〔の特徴〕なのだから」（カミナ　カカディ　ンソンイムロンア　カウブワンウ　カクウカ　ナチュ　ンソンイ　クゥォシ）。要するに、ウブワンウは許された無礼講、演出された不謹慎の機会である。しかし、乱交は実際にはおこなわれない。猥褻はことばや身振りにだけ表現される。

歌は、男女双方の側で、一連の順序にそって歌われる。まず、それぞれの側の成員（メンバー）が相互に相手の側の成員の性器やその方面の度胸を小馬鹿にし、自分たちのを褒めちぎる。女たちは自分らの夫をからかっていう。自分らには秘密の愛人がいるのだと。すると男たちはやり返す。自分たちが女たちからえるものはその不義密通の結果である性病だけであると。やがて、男女とも抒情的な表現で性の交わりそのものを讃えるようになる。全体の雰囲気は、男たちも女たちもお互いに相手を沈黙させようとやり合うので、軽快で攻撃的だが陽気である（写真20参照）。この歌合戦は、そこに顕現している強くて恵み深いウブワンウの霊を喜ばすものと考えられている。

写真20　双子の儀礼　男たちと女たちが愉快そうにかけ合いをしている。男女の子授けコンテストを音声的に象徴するものである。

私は行こう、そしてかの女に微笑みを教
　えよう、
おまえの母に、今日の日に、おまえの母
　に微笑み方を。
かくれていた月が出て、
私は見た、微笑みかける相手の男を。
母よ！
来なさい、そして、交わりなさい、病い
　から離れるために。
今日の日に、見なさい、濡れた女陰(ヴァルヴァ)を。
ペニスの母を！　ペニスの母を！

それはおまえに与えるでしょう、果てしなき快楽を。
私は閉じない、私はもう閉じている。
おまえは産もうとしている、私は産み出すものである。
私は双子の年長です。
大きなヴァルヴァ、小さなペニス、
見なさい、ライオンの額についているようなヴァルヴァを、私は行こう、交わりの真の魔術師のこの私は。
私はおまえのペニスをこする、
母よ、おお、母よ！
おまえのふくれた男根は、ほんとにヴァルヴァをよろこばす。
強いヴァルヴァに、強いペニス、
それはくすぐる、草のように。交わりは甘い蜜のよう。
ペニスは私を強くしている、
おまえは何かを為したのだ、私のヴァルヴァとあそんだときに、ここに箕（み）がある、それを満たせ。

男女交互の、そして、交叉イトコの応酬

目につくことは、このからかいの応酬そして相互的な〝かけあい詩（フライティング）〟flyting——競争的で風刺的な詩句についてスコットランドのチョーサー風の詩人たちの表現を借りるならば——に見られる男女間の完全な平等である。これが、グラックマンがいう意味での〝叛乱の儀礼〟(Gluckman, 1954) である様子は全然ない。ウブワンウに表象されているものは、むしろ、親族の男性をひとつに結合し、親族の女性をその生まれた村から外へ出す夫方居住婚（ヴィリロカリティ）

と、女性の血統に究極の構造的卓越性があるとする母系相続制（マトリリニィ）との葛藤であると思われる。このふたつの原理は『あるアフリカ社会における分裂と持続』(*Schism and continuity in an African society*, Turner, 1957) において示したように、明らかに世俗の生活では均衡を保っている。ンデンブははっきりとウブワンウのからかいの応酬と交叉イトコ間の習慣的なからかいの応酬とを結びつけて考えている。両者ともウーセンシ *wusensi* といわれ、また両者とも性の即興詩という要素をもっている。

ンデンブ社会では、主として夫方居住婚と母系相続制との対立関係があることから、交叉イトコの関係（ウーソンイ *wosonyi*）が重要性をもってくる。母方の親族集団に属する上の世代の男たちの姉妹の子供は、ほぼその半数が村にいる傾向があるからである（Turner, 1957, Table 10, p. 71）。この子供たちは、すぐ上の世代と対立する単一の家系世代の成員として、ひとつの集団を形成する。また、交叉イトコたちもお互いに区別される。男の村人の子供たちは、その交叉イトコたちと、その父親の愛情と関心を争っている。母系相続制の社会における夫方居住婚の制度は、個人に、居住の合法性を強く主張できる二つの村を与えている。自分の父方親族の村と母方親族の村とである。実際、多くの人は父方の村と母方の村との二つの村に対する忠誠心の分裂競合に悩んでいる。しかも、父と母の子として各人は両者の結合を表象しているのである。

ンデンブ社会では、男の側のきずなも女の側のきずなも、いずれも原理的に一方的な優位性をもってはいない。私は、両者のほぼ同等なことが、ウブワンウにおける男女の儀礼的対立に象徴されていると考えている。交叉イトコ関係は二つの原理の稔りある緊張関係をほぼ十分に表現する親族結合の力である。それは母系相続制と夫方居住婚制とで結合される親族の居住による調和を表現しているからである。性を異にする交叉イトコたちは結婚するように勧められる。そして結婚前に愛の戯れや野卑なかけ合いに耽ることができる。というのは、結婚は両性の一時的な一致をつくり出すものであり、また、両性のちがいは、習慣によってステレオタイプ化され誇張されてはいるが、社会組織の二つの同等で対立する原理に関連づけられているからだ。それ故、ンデンブが、ウブワンウでの男女交互のかけ合いを交叉イトコのあいだのかけ合いになぞらえるとしても、その物の見方は筋が一貫しているのである。ウブワンウも、その野卑さ加減のすべてでもって結婚の制度を――ンパンザのアーチやチパンウの霊所に突き刺さる夫を表わす矢という象徴的表現において――賞讃する。この矢は患者の夫を表わすものである。少女の成女式儀礼では、ムディの木に突き刺さった矢は花婿を象徴し、また、おもな結納の品をさす語も〝矢〟を意味するンセウー *nsewu* である。生殖の衝動は結婚制度を経ることで社会への奉仕に役立つものに飼い馴らされる。それがこの象徴的表現の暗示するところである。交叉イトコ同士の結婚は、父方のイトコとでも母方のイトコとでも、よしとされる形式である。

親子居住のための母系相続制と夫方居住婚制との競り合い

ンデンブ社会は、くり返すが、ほぼ同等の力をもつ二つの居住原理、すなわち、母系相続制と夫方・父方居住婚制によって規制されている。この二つの原理は『分裂と持続』（一九五七年）で論じたように、相互補完的ではなく相互競合的である。そして、このことは生態学的理由にいく分か負うている。ンデンブは主要作物としてタピオカ芋を栽培するが、その栽培は、いろいろな種類の土壌に可能で、特定の地域に限定されることがすくない。また、かれらはその版図（テリトリー）の全域に広く分布する森林動物を狩猟する。家畜は飼わない。男たちはンデンブの版図の全域で可能な狩猟に高い価値を付与している。水はいたるところで利用できる。人口を版図内の限定された地域に釘づけにする理由はなにもない。親子の居住に関して二大様式があるが、どちらか一方に有利な生態学的な理由は存在しないのである。アフリカのある共同体が限られた肥沃な地域に定着したり、あるいは、ただ一種の移動資源（たとえば、牧畜動物）だけが利用可能であったとする。そういうところで、はじめて、父系制にしろ母系制にしろ、単一の親族組織原理が、多くの分野で規制力を発揮することが可能になるのである。ンデンブの生態学的条件の下では、男の系統（夫と父）による親子居住は、なんの制約もなく、母系相続制と競り合っている。あるときある村では居住構成のある様式が支配し、別な場合は別の様式が支配的になる。

親子の居住に関する二つの主要原理のこの構造的競合は、⑴双子を取り扱うンデンブの方法と、⑵かれらが二元性について一対の類似物という観点からでなく一対の対立物という観点から概念化していること、とを説明する決定的な要因であると思われる。このような一対の対立物の統一は緊張関係の統一、ないし、ゲシュタルトのそれである。その緊張は決定的に対立する根深い諸力ないし諸現実によって構成され、また、統一体としてのその性質はその内部で張り合っている諸勢力そのものによって構成され限界づけられているものである。もし、相互に関わり合うこれら制御不可能のものがひとりの人間やひとつの社会のなかにともに所属しているとすれば、それらはまた、強い統一体を構成しているはずであり、葛藤している二つの原理ないし主役たちが意識的に承認され容認される場合には、なおのことである。それは自己発生的な自然の統一体であって、外見上重複されうる任意の平板な統一体とは区別されうる。だが、それはヘーゲルやマルクスのいう、一方が他方を克服したのちにそれ自身のうちに新しい矛盾を発生させる弁証法的な対立物の組合せのごときものでも全然ない。ンデンブ的な生態学的環境が存続するところでは、この緊張した統一体の諸部分はともにそれに所属しているのである。そして、その対立関係そのものにおいてその統一体を枠づけし、構成しているのである。それらはお互いに破壊することはない。ある場合には、ウブワンウの場合に男女が象徴的な形で相互に挑発するように、相互に刺激し合っている。社会経済的変化だけがこの種の社会的ゲシュタルトを破壊できるのである。

私は『分裂と持続』で、この種の統一体のさまざまな側面の分析を試みた。すなわち、母系相続制対夫方居住婚制、野心的個人対母系親族のより広範囲の相互連繫、基本家族対同母異父のキョウダイのグループ（この対立は父子原理と母系原理とのあいだの緊張という見地からも考えられる）、生意気な若者対傲慢な大人たち、地位向上の志向対責任、邪な感情(ソーサリズム)――たとえば、敵意、怨恨、陰謀――対他人に対する敬愛の念、などである。これらの力や原理はすべてンデンブ統一体に含まれうるものである。それらは統一体に属し、それに彩りを与える。それらが統一体そのものなのである。含まれえないものは近代的な圧力であり、お金もうけである。

それでは、ウブワンウ儀礼の経過のうちではなにが起こるのか？　対立する原理は永遠に調和されたり混合されはしない。ンデンブが右に述べた生態学的(エコロジー)条件に見合った技術の水準に留まるあいだ、それらの原理にはいかなるあり方が可能であるのか。しかし、いわば「それら自身のほかはなにものも考慮しない」物質的利害にかんする盲目的敵対関係で相互に対立する代わりに、それら対立する原理は、それらがその原理となっているンデンブ社会という超越的で意識的で認知的な統一体のうちに、互いに対立して再構成されるのである。そのような次第で、ある意味では、それらはしばらくのあいだ、諸力の競り合いとなるのであって(注)厳しい闘争とはならない。このような〝競り合い(プレイ)〟の効力はまもなく衰える。だが、その痛みは問題を起こした諸関係から、一時的に除去されるのである。

神秘と不条理としての双子

私がほんの表面的にではあるが論述した儀礼のエピソード——川の水源での行事と、男女の子授けコンテストのおこなわれる二重の霊所——は、双子のパラドックスの二つの側面に関係がある。その第一は、〝2＝1〟という観念が神秘であるとみなされうるという事実に見ることができる。ンデンブは、実際、この意味を大きく伝えることばで第一のエピソードを特徴づけている。そのことばはンパンウ *mpang'u* で、この語は儀礼の中心でいちばん秘儀的なエピソードに用いられている。この語はまた、割礼儀礼の際に小屋で修練者とその後見人たちが使うような〝秘密の格言、ないし、合いことば〟をも意味している。川の水源のほとりでの行事は、古代ギリシャやローマの、あるいは、近代キリスト教徒の儀式とおなじほどに宗教的な神秘である。それは人間の理性を超えた隠された、あるいは、説明不能な事柄にかかわるからである。第二の側面は、2＝1は不条理であり、とてつも

(注) 私の義妹、ニュージーランドのウェリントン大学のヘレン・バーナード夫人は、この観点がヒンドゥ教のリラ lila という観念と大へん似ていることを指摘してくれた。

ない、不愉快ですらある冗談とするンデンブの感情である。かれらの儀礼は、大部分、各種の豊饒さの獲得のために献げられる。しかも、双子の母親は、それを一挙にあまりにも多く授けられたのである。

双子のもつ不条理と神秘の両者について興味深いことは、ンデンブがウブワンウの儀礼において、かれらの文化において認められている補完的で対照をなす二分法群の主要な組合せを示すことを選んでいるということである。さらに、その神秘という側面には、白—赤—黒という聖なる色の三つ組も、はっきり出ている（Turner, 1967, pp. 69-81）。この三色は、ンデンブにとっては分類項目となるので、ひとつのヒエラルキーをなす儀礼の対象、人物、行為、エピソード、身振り、出来事、思想、価値が、その項目に集められ、整理されている。川の水源のところからは白土と赤土が川の黒い土と一緒に運ばれてくる。この組合せは平和で豊饒なる結婚での男女の交わりを意味していると説明された。だが、この三つ組は、ほかのより複雑で基本的な儀礼、とくに人生の危機（ライフ・クライシス）の儀礼に見られるところから、それの全体としての意味内容の豊かさからすれば、明らかにこの情況における特殊な意味より深い意味をもっている。それはンデンブが調和と均衡のうちに認識する全宇宙的で社会的な秩序、そこにおいて一切の経験的な矛盾が神秘的に解決される秩序を表象している。諸霊がウブワンウに顕現することによってもたらされる混乱は、ここでは、典型的な秩序の描写、効力があると信じられており、単なる認知的なしるしの寄せ集めではない描写、によって鎮められる。

ウブワンウは、ユーモラスな混乱の表現から宇宙秩序の表現へ、そしてまた混乱へと規則的に動いてゆく儀礼である――最後には、患者から危険な条件が除去されるまで、かの女を世俗の生活から部分的な隔離の状況に移すことで解決されることになる。この振動はある程度イソマのプロセスの構造と一致する。しかし、この二種の儀礼の主な相違は、ウブワンウでは男女間の対立や性の異なる両親から派生する親子居住についての二つの社会的原理の対立が絶えず強調されることである。イソマでは性の二分法は生―死というアンチ・テーゼに従属していた。ウブワンウでは両性の対立が主要テーマなのである。

ウブワンウに関するンデンブの見解

ウブワンウの意味について、私はンデンブ族自身に十分に語らせていないようである。そこで、今度は、かれらの〝内側からの見解〟を示すために、また、読者にかれらの解釈と私の解釈との比較を可能にするために、儀礼の進行しているときに、また、そのすぐあとの非公式の討論の場で、私がウブワンウの熟練者たちから聞いて記録したコメントを翻訳することにする。

まず、ひとりの経験豊かな男性の呪医が語った全体の手順の簡潔な説明から始めよう。

かの女〔患者〕の祖母さんが双子を産み、
そして、その祖母さんがすでに亡くなっているならば、
みんなが占ってもらいに行くと、占い師は答えていう——
おまえの祖母さんはウブワンウをもつ人のひとりである、
かの女はおまえにとり憑いたひとりで、
おまえをウブワンウの多産なありさまにしているのだ、
そして、そんなわけだから、かの女はお酒が欲しいのだ、
ウブワンウの太鼓〔あるいは踊り〕を演じるために。
おまえが子宮をもつ〔懐妊している〕ならば、かの女はおまえの安産を妨げる。
おまえがすでに安産していれば、
昔のことばの甦りと唱出がある〔べきである〕、
そして〔薬類の〕蒐集も〔つまり、儀礼の行事をもう一度おこなわねばならない〕
赤児を〔薬類で〕洗えるように。
女が双子を産んだとき、
みんなはその子らを抱いて森のなかへゆき、
かの女を木々のそばに立たせ、そして、かの女を水のところまで連れてゆき

そして〔モル・ワウブワンウのつる草の〕つるをもってくる。
〔かの女の腕の上や下を〕飾るために。そして双子の母親を洗う。
——子供たちもまったくおなじに。そして運んでくる、子供たちを村へ。
みんながそこに、村に着くと、
みんなは〔小さな〕囲いを〔霊所として〕つくり、そして薬をとり上げて
そして、それを薬用の刳鉢（くりばち）〔か粘土製の壺〕に入れる——ひとつの小さな刳鉢〔か壺〕
を
子を産めぬ人のための、木の葉の束から抜いた緑の若枝のための刳鉢〔か壺〕を、
みんなはあの小さな囲いのなかに置く。
みんなは〔もうひとつの〕薬の刳鉢をもってゆき、それを大きな囲いのなかに置く。
ほかの人たちはつる草をつけて踊っていた。
かれらはつる草を取りのけて、それらを囲いのなかに置いてくる。
かれらはそこで歌いつづけ、子供らを〔薬で〕洗いきよめ、
そして子供らを〔かれらの〕股の下をくぐらせて、送る。
これは午後遅くにおこなわれ、そのときかれらは子供らを追い出す。
かれらが夜に眠るとき、それはすべての終わりである。
毎日、かれらは双子らを刳鉢の中で〔薬で〕洗わなければならない、

くる日もくる日も、双子が成長するまでは。

解説

この説明が、ずばりいえば、ウブワンウである。だが当然のことながら、それは人類学者がひとつの文化の内側の世界を理解するのに重要な手がかりとなる魅力的な細部については、その多くを省略している。それは、ウブワンウで祟りをする霊が類型的に双子のすでに亡くなった母親（ンヤンパサ *nyampasa*）であることを明らかにしている。かの女自身がかつてこの儀礼集団の成員であった。ンデンブの儀礼の考え方では、前述したように、故人となった儀礼集団の成員だけがその儀礼集団の取り扱う顕現の様式で生きている人間に祟りをすることができるからだ。この説明はふたたび、祟りは母系出自の系統にあることを明らかにしている。しかしながら、ほかのインフォーマントたちの解説では、男の霊も、その人が双子の父親（サンパサ *sampasa*）か自らが双子であったならば〝ウブワンウで立派に振る舞うこと〟ができるのである。それでも、私はその実例はひとつも記録しなかった。ウブワンウは一個の独立した精霊としては考えられず、ある祖先の霊が生きている人間を不快に思っていることを示す方法と考えられるのである。

別のインフォーマントたちによると「男たちにウブワンウの薬類や治療の技術を説明するのは女たち」である。呪医のひとりは自分の姉妹から教えられた。この姉妹はンヤンパサ、つまり、双子の母親であった。この呪医は双子が二人とも死んだといい続けた――そしてたしかに、双子の一方かその両方が死ぬのはごくふつうのことである。ンデンブたちは、母親は一方の子には乳や食物を与えて可愛がり、もう一方は無視するか、あるいは、ひとりの子にしか十分でないものを両方の子におなじように与えて育てようとするといっている。双子には特別な用語がある。上の方はンブヤ *mbuya* といい、下の方はカパ *kapa* という。双子のつぎに生まれてくる子はチコンバ *chikomba* という。そして、ウブワンウの儀礼でドラムをたたくのがこの子の義務である。儀礼がチコンバや、かれがよちよち歩きの頃ならば、その母親のためにおこなわれることがよくある。〝この子を丈夫にする〟ためにである。チコンバもウブワンウの呪医になることができる。男性たちは儀礼集団の女性熟練者たちから薬類を教えられるが、かれらが儀式の際の呪医の長や師匠格になるのである。かれらの地位を示すしるしのひとつが二つ一組の狩りの鈴(ンプワンブ *mpwambu*)である。この鈴は、重ねてもう一度、双子の二元性を表象するものである。

矢を足指に挟み片足跳びをすること

この儀礼をしめくくる行事は性の区別をさらに強調する。日没のとき、長老執行者は〝女の〟部屋のなかの薬壺の上に置いてあった編んだ箕(み)をもってきて、それを患者の頭の上に置く。そして、それを数回高く揚げたり降ろしたりくり返す。つぎに、かれは残っている儀礼の道具類をその箕にのせ、全体をそっくり高く持ち上げる。そうしてから、かれは矢をとってきて、足の親指と第二指のあいだに挟み、患者を招いて自分の腰につかまらせる。そうしてこの二人は右足で患者の小屋まで片足跳びしてゆく。二時間後にかの女は外に連れ出され、粘土の壺、あるいは、薬を容れる刳鉢に残っている薬で洗い浄められる。
私は、二つに仕切られた霊所での儀礼の記述を、矢を足指に挟んで片足跳びをするというエピソードを十分に記している記録（テクスト）を紹介することによって、しめくくることにする。

　これがその行事でおこなわれることだ。
　ウブワンウの儀礼が午後遅くすでに終わってしまったとき
　医術師（せんせい）がその矢をとってきて、
　そして、それを左足の足指のあいだにはさむ。
　患者がやって来てかれの腰につかまる。
　医術師がかの女の夫をつかまえると、
　女は自分の夫の腰にしがみつき、
　そしてかれらは小屋のなかに片足跳びをしてゆき、
　そして戸口にいるほかの人たちの股をくぐる。

男とかれの妻は弓と矢を自分たちの小屋に持ってゆく。

医術師が二人にいう――

「囲いのなかにはいりなさい〔男がその羊や山羊に命じるように〕、おまえたちの小屋にはいりなさい、おまえたちの小屋に入りなさい」と。

二人がなかに入ると、ほかの人たちはみな自分の村へ帰って行った。

私たちは完了したのだ。

解説

〝足指のあいだ〟という意味のムンパサカンイ *mumpasakanyi* という語は語源的に〝双子〟の意味の儀礼用語ンパサ *mpasa* と関連があるが、そのことは問題ではない。ンデンブの儀礼では一般に、矢は男ないし夫を表わし、そして右手で持つことになっている。他方、弓は女を表わし、そして左手で持つ。弓と矢が一緒になると結婚を象徴する。〝片足跳び〟(クゾンクウェラ *kuzonkwela*)は性交を意味する。少年の割礼儀礼で、修練者が隔離の期間中にその修練の一部として片足跳びを課されるときには、この意味がある。ウブワンウでは呪医と患者は右足で片足跳びをする。右は強さの側であるからだ。〝囲いのなかに入りなさい〟(ムリンバムリンバ *mulimbamulimba*)というのは、家畜動物を夜に囲いのなかに追い込むときに大声で叫ぶことばである。それは双子の動物的な面を意味している。双子は複数の子の誕生という様式のために、人間よりも動物に似つかわしいと考えられている。双子の父母がくぐり抜ける熟練者たちの股のトンネルと、割礼儀礼(ムカンダ)で修練者の若い後見人がくぐるトンネルはよく似ている。すでに見たように、このトンネルはムカンダでは男の大人たちが作るもので、(1)その下をくぐる若い後見人たちのための性的な強さと、(2)子供から大人になるための通過儀礼とを意味している。ウブワンウでは、相同の原理によって、双子の両親がウブワンウ儀礼集団に仲間入りすることを意味しているようにみえる。双子の両親は熟練者たちの身体から生まれるということになるからである。

結論

一、二元性の諸形式

ンデンブ族の双子の儀礼はンデンブ族によって認識されている二元性の類型のほとんどを浮き彫りにしている。男女の分裂、さもしい私的なそねみの感情と社会的感情の対比、そして、不毛と豊饒の対比はウブワンウとイソマに共通してはいる。だが、ウブワンウにはそれ自身を特徴づける特色がいくつかある。ウブワンウは、過多な子供の出産と、異なるものをひとつにし過度を抑制する結婚の神秘とを並置させて、性(セクス)のもつ動物性と人間性を、十分に表示する。双子を産んだ夫婦は社会に対する例外的な貢献ということで賞讃され、しかも同時に、その貢献が過度のものとして罰当たりとされる。また、母系出自と父方の系統とのあいだの根深い矛盾が、交叉イトコのあいだの冗談関係に明らかに対比される男女間交互の騒がしい冗談関係のうちに、明らかになる。さらに、その行事には平等主義の強い旋律が奏でられている。男と女は対立するが平等であると描き出される。この平等性はすべての社会体系の本質にひそむ根深いなにか――第三章で展開するひとつの思想――を表わしている。双子の出産というような社会の正統的な分類基準からはみ出てしまう出来事は、逆説的にではあるが、ひとつの全体として共同体（コミュニティ）、その分化と矛盾とを超越する等質的で構造化されていないひとつの統一体としての共同体にかかわる諸価値を展示するための儀礼の機会となる。〝構造（ストラクチャー）〟と〝コムニタス communitas〟のあいだの二元性と、超時間的な実在としてではなく過程（プロセス）と考えられる〝ソキエタス societas〟におけるそれらの究極的な解決とにかかわるこのテーマは、本書の以下の三章を貫くものである。

二、処方された猥褻性

ここでエヴァンス＝プリチャード教授の重要な、しかも不当に無視されている「アフリカにおける猥褻性のいくつかの集団的表現」という論文に言及することが適切であろう。この論文は、かれの最近のエッセイ集である『未開社会における女性の地位』（*The position of women in primitive society*, Evans-Pritchard, 1965a）に再録されている。この論文には以下の指摘がなされている。

(1)〔アフリカの社会には〕つねに集団的に表現される卑猥な行為の類型がいくつかある。それらは通常は禁じられているが、ある特別な機会には許され、ないしは、演出される。

(2)そのような機会はすべて社会的に重要なものであり、ほぼ、つぎの二項に分けられる。すなわち、宗教的儀式と合同の経済的事業の二つである（p. 101）。

かれは猥褻性をつぎのように説明する。

(1)社会が正常な禁止事項を撤回することは、その行為の社会的価値を特別に強調することになる。

(2)それは、また、人間の情念を、人間的危機の時期に、処方された表現の水路（チャンネル）に導くものである（p. 101）。

ウブワンウには結婚を賞揚する重要なエピソードがあり、結婚をめぐる諸関係のネットワークは猥褻な表現の禁止を特徴とするものであるが、それにもかかわらず、ウブワンウは、処方されステレオタイプ化された猥褻性をもつ儀礼というカテゴリーに、ぴったりはいるのである。双子の儀礼でわれわれが当面することは、事実、ンデンブが人間と動物に共通するものと信じている、性的で攻撃的な野生の衝動の飼い馴らしである。公的な場において象徴的表現という形で放出される男女間の性欲や敵意という生（なま）のエネルギーは、構造化された秩序を表わす主要象徴と、この秩序が依存する諸価値や諸美徳に向かうように導かれる。すべての対立は、回復された統一体、自らを危険にする潜在エネルギーそのものによって補強されているとさえもいえる統一体において克服され、ないしは超克される。この行事によって、儀礼が、一面では哺乳動物である人間に本来そなわっている秩序破壊のその力を社会秩序に奉仕させる手段のひとつであることが示される。生理（バイオロジー）と構造（ストラクチャー）は、コミュニケーションと効果という二重の機能をもつ一連の秩序づけられた象徴に活力を与えることによって、正しい関係におかれるのである。

リミナリティとコムニタス

通過儀礼の形式とその属性

この章では、ほかのところで手短に論じたテーマ（Turner, 1967, pp. 93-111）をとりあげ、そのヴァリエイションのいくつかに注釈を加え、そのテーマが文化と社会の研究に対して含んでいる深い意味のいくつかについて考察する。このテーマは、第一に、アーノルド・ヴァン・ジェネップが通過儀礼 rites de passage の〝境界の段階〟the liminal phase と称したもの（van Gennep, 1960）のもつ性質と特徴によって表象される。ヴァン・ジェネップ自身は通過儀礼を「場所・状態・社会的地位・年齢のあらゆる変化にともなう儀礼」と規定している。〝状態〟state と〝移行〟transition との対照をはっきりさせるために、私はかれのほかの用語のすべてをひっくるめて〝状態〟という語を使うことにする。それは〝身分〟status あるいは〝役職〟office よりも包括的な概念であり、文化的に認識される安定した、あるいは、循環するあり方を指示するものである。ヴァン・ジェネップは、通過儀礼ないし〝移行〟の儀礼はすべて、分離 separation・周辺 margin（あるいは *limen*、ラテン語で〝敷居〟を意味する）・再統合 aggregation の三段階によって特徴づけられることを示している。第一の（分離の）段階には、社会構造のなかに定められていた以前のところ、あるいは、文化的諸条件のセット（〝ある状態〟）からの、ないしは、その両者からの、個人あるいは集団の分離ということを意味する象徴的行動がある。中間に介在する〝境界の〟時期では、儀礼の主体（〝通過する者〟）の特徴はあいまいである。かれは、それ以前の状態あるいはその後に来るべき状態の特徴をわずかしか、ないしは、全然もたない、文化領域を通過する。第三の再統合ないし再加入の段階で通過は完了する。儀礼の主体は、個人であれ集団であれ、ふたたび相対的に安定した状態にあり、そのために、他者に対して、明白に規定されている〝構造的な〟型の権利と義務をもっている。かれは、かかる地位の体系において、社会的地位を占める者に結びついている慣習的な規範と倫理的基準に即して行動するように期待される。

リミナリティ（境界性）

リミナリティの、あるいは、境界にある人間（〝敷居の上の人たち〟）の属性は、例外なく、あいまいである。このあり方(コンディション)やこの人たちは、平常ならば状態や地位を文化的空間に設定する分類の網(ネット・ワーク)の目から脱け出したり、あるいは、それからはみ出しているからだ。

境界にある人たちはこちらにもいないしそちらにもいない。かれらは法や伝統や慣習や儀礼によって指定され配列された地位のあいだのどっちつかずのところにいる。そういうわけで、かれらのあいまいで不確定な属性は、社会的文化的移行を儀礼化している多くの社会では、多種多様な象徴によって表現されている。かくて、リミナリティは、しばしば、死や子宮の中にいること、不可視なもの、暗黒、男女両性の具有、荒野、そして日月の蝕に喩えられる。

　境界にある存在、たとえばイニシエイション儀礼や成女式儀礼の修練者(ネオファイト)たちは、無所有のものとして表象されることもある。かれらは一片の布を身にまとうだけの、ないしは全裸ですらある怪物を装い、境界上の存在として、地位も財産も職業の標識も、そして親族体系における序列や役割や地位を示す世俗的な衣服も——要するに、かれらをその仲間の修練者ないし新加入者(イニシアンド)から識別することを可能にするものは一切——もっていないことを証明している。その行動は、通常、受動的であり謙虚である。かれらは指導者に絶対服従し、文句もいわずにその気まぐれな懲罰を受けねばならない。かれらは、あたかも、新しく形づくられるためにおなじ条件に変えられすり減らされるかのようであり、また人生の新しい情況に自分を適応させる新しい力を授けられるかのようである。修練者たちは自分たちのあいだに、強い仲間意識と平等主義を展開させる傾向がある。序列とか身分とかいう世俗的な識別意識は消えるか均質化される。イソマ儀礼における患者とその夫のあり方はこのような属性のいくつか――受動性、謙虚さ、全裸に近いこと――を、墓（トゥーム）と子宮（ウーム）の両方を表象する象徴的な情況においてもっていた。長い隔離の期間をともなうイニシエイション、たとえば、多くの部族社会の割礼儀礼や秘密結社への入社礼では、境界を表わす象徴の豊かな細胞分裂をしばしば見ることができるのである。

コムニタス

境界で起こる現象に関し、私の当面の目的にとって興味深いことは、謙虚さと神聖性との、均質性と仲間意識との混和である。この種の儀礼において、われわれは〝時間の内と外の瞬間〟、世俗の社会構造の内と外の瞬間に当面する。それは、社会構造の、多数の紐帯に断片化されてはいないが同時に依然としてそのようになりうる、ひとつの普遍化された社会的きずなについての、束の間ではあれ（必ずしも言語的にではないとしても象徴的に）、ある認識を示すものである。それは、カースト、階級ないしは序列の体系か、あるいは政治人類学者の好む国家的構成のない社会における分節的対立かの、いずれかによって組織される紐帯である。ここには人間の相互関係の二つの主要な〝様式（モデル）〟、すなわち、並置的相互関係と交互的相互関係があるようにみえる。前者は、人間を〝多い〟more か〝すくない〟less かによって区別する多くの評価のしかたをもつ政治的・法的・経済的な地位の構造化され分化された、そしてしばしば階級的な、体系としての社会の様式である。

後者は、境界的な時期に認識されるもので、儀礼の長老たちの一般的な権威にともに服従する平等な個人で構成される未組織の、ないしは組織が完全でない、そして相対的に未分化な、コミタトゥス *comitatus*、すなわち、共同体（コミュニティ）あるいは仲間集団（コンミュニオン）としての社会のそれである。

私は社会関係のこの様式を〝共通の生活の場〟とは区別するために、〝共同体（コミュニティ）〟という語よりもラテン語のコムニタス *communitas* を使うことにする。構造とコムニタスの相違は、単に、よく知られている〝俗〟と〝聖〟の相違、あるいは、たとえば政治と宗教の相違ではない。部族社会におけるある一定の役職には多くの聖なる属性がある。実際、社会的地位にはすべて、いくつかの聖なる特質がある。だが、この〝聖なる〟要素は通過儀礼を経ることでその地位に就く人たちに賦与されるものである。かれらは通過儀礼を経ることによりその地位を変えるからだ。あの一時的な謙虚さや無様式性という神聖なる何かは過ぎ去って、より高い地位や役職に就いた者のプライドを和らげる。このことはフォーテスの説得力のある論議にあるように（Fortes. 1962, p. 86）、単純にある社会の構造的な地位に合法性の普遍的証印を押すことではない。それはむしろ、それなしには社会がありえない本質的で包括的な人間のきずなを認知することである。リミナリティには、地位の高い者は低い者が存在しなければ高くない、また、地位の高い者は低い者が経験することを経験しなければならない、という意味が含まれている。数年前に、イギリスの王位継承者である息子を、しばらくオーストラリアの奥地の学校に行かせたフィリップ殿下にはこの考え方があったようだ。王子はそこで、不便な生活に耐えることを学ぶことができたのである。

発展する循環過程（サイクル）の弁証法

以上から、個人や集団にとって社会生活は、高い地位と低い地位、コムニタスと構造（ストラクチャー）、同質性と区別、平等と不平等を連続的に経験することを含むひとつの弁証法的過程であると、私は考える。低い地位から高い地位へは地位のない過渡期を経て移行する。このような過程では、対立するものは、いわば、相互に構成し合い、相互に必要不可欠のものである。さらに、いかなる部族社会も具体的には、多くの人間や集団や諸部門から成り立つものであり、そのおのおのはそれ独自の発展的サイクルをもつものであるから、ある時点では、多くの人が定まった地位に就いていることと、多くの人が地位のあいだを通過することとがともに存している。換言すれば、各個人の生活は構造とコムニタス、また、状態と移行を交互に経験することである。

ある任命式儀礼のリミナリティ

ザンビアのンデンブ族の最高の身分、すなわち、首長カノンゲシャ Kanongesha の身分に関わる通過儀礼の例が、ここでは、役に立つ。それは、また、ンデンブ族が儀礼の象徴を利用し説明するしかたについての知識を拡げてくれもする。ンデンブ族の最上級の、ないし、最高の首長の地位は、アフリカの他の多くの社会における場合と同様に、逆説的なものである。かれは構造化された政治・法的階級組織の頂点と、ひとつの構造化されない単位としての全体社会 the total community との両方を表象するからである。かれは象徴的にはまた、部族の版図そのものであり、その全資源でもある。その豊饒さや、それが旱魃・疫病・虫害から自由であることは、かれの職務および、その肉体的・精神的条件の両者に関係づけられている。ンデンブ族のあいだでは、首長のもつ儀礼的な力は土着のンブウェラ族の首長がもっていたそれによって限定され、また、それと組み合わされたものだった。ンブウェラ族は長期にわたる抗争ののち、はじめて初代のカノンゲシャの率いるルンダ人征服者に降伏したのである。ひとつの重要な権利がンブウェラ族の一支族のハンブー族のカフワナ Kafwana という名の酋長に帰属した。それは、ルンダ人を始源とする諸部族の首長の地位の至高の象徴であるルカヌ *lukanu* の腕輪を授与し、それを定期的に薬物類を用いて手入れする権利である。ルカヌは人間の性器や筋肉で作られており、任命式のたびごとに、男女の奴隷の生贄の血にひたされる。カフワナの儀礼上の称号はチヴウィカンカヌ Chivwikankanu、すなわち〝ルカヌで身を飾る人、ルカヌを身につける人〟である。かれにはまた、ママ・ヤカノンゲシャ *Mama yaKanongesha*、すなわち〝カノンゲシャの母〟という称号もある。かれは、カノンゲシャの地位に新しく就任する者に象徴的な生命を与えるからである。カフワナはまた、新しいカノンゲシャに、そのライヴァルや服属者から畏怖されるようにする薬物類を教えたともいわれた——このことは恐らく、弱い政治的中央集権を指示するもののひとつであろう。

起源的に、はるか北方のカタンガにいて支配した全ルンダ族の長、ムワンティヤンヴワ Mwantiyanvwa から授与されるルカヌは、カフワナにより儀礼的に処理され、空位期間中はかれがそれを蔵(しま)っていた。ルカヌの、したがってカノンゲシャの神秘的な力は、政治権力の源泉であるムワンティヤンヴワと、儀礼的な源泉であるカフワナから、一緒になって由来する。その力を領土や人民のために行使する権利は首長の座を継承する個人の手から手へと伝えられた。その起源がムワンティヤンヴワにあることは、ンデンブ族の人々の歴史的一体性と、カノンゲシャの統率下における各支族への政治的な分化とを象徴した。カフワナがそれを定期的に薬物類で手入れをすることは、土地——カフワナがその本来の〝所有者〟である——とその土地の上に生活する全体社会とを象徴した。カノンゲシャが毎日、早暁と日没に、それに祈願をするのは、その土地やその動植物資源や人間たちの豊饒さや健康と力の維持のため——要するに、公共の福利と幸福のため——であった。だが、ルカヌには消極的な側面があった。カノンゲシャはそれを呪詛のために使用することも可能だった。かれがそれを身につけて大地に触れ、ある種の文句を唱えると、呪われた個人や集団は不妊となり、その土地は不毛に、その獲物は目に見えぬものとなると信じられていた。終わりに、ルカヌにおいて、ルンダとンブウェラはンデンブの土地と人という概念に一体化された。

ルンダとンブウェラの関係とカノンゲシャとカフワナの関係には、アフリカでよく見られる区別、政治的・軍事的な強者とそれに屈服したにもかかわらず儀礼的には力をもつ土着民との区別を見ることができる。アイオワン・ルイスは、この種の構造上の劣位者は〝弱者の力ないし諸力〟をもっていると記している（Lewis, 1963, p. 111）。ガーナ北部のタレンシ族についてのマイヤー・フォーテスの報告に、文献的によく知られているひとつの実例がある。そこでは、外来のナモオス族が首長の職制と高度に展開した祖先崇拝を土着のタレ族に持ち込んだ。タレ族は、儀礼的に重要な力は大地や大地に穿たれた洞穴に関連づけて考える。毎年おこなわれるゴリブの大祭では、首長の権力と聖職者の力の結合は、ナモオス族の統率者の首長タンゴとタレ族の土地を祀る大祭司ゴリブダアナとの神秘的な結婚に象徴される。この結婚では前者が〝夫〟で後者が〝妻〟と描写される。ンデンブのあいだでは、すでにみたように、カフワナは、カノンゲシャとの関係で、女性であるとも象徴されている。私は、アフリカに限定しても、この型の二分法の実例を、いくらでも挙げることができる。しかも、その分布は全世界的な広がりをもっている。私がここで強調したい点は、状態や身分のあいだの通時的移行の際のリミナリティにおける〝弱さ〟や〝受動性〟と、政治的・法的・経済的な体系におけるある個人や集団や社会部門の〝構造的〟なあるいは共時的な劣位性とのあいだには、ある種の対応関係がある、ということである。〝境界に〟あることと〝劣位〟であることとは、儀礼の力と、また、未分化なものと考えられる全体社会と、関係づけられることが多い。

ンデンブ族のカノンゲシャの任命式儀礼にもどろう。この儀礼を構成する境界という要素は、首邑から一マイルほど離れたところに木の葉の小屋をつくることから始まる。この小屋はカフ *kafu* あるいはカフウィ *kafwi* とよばれる。このよび名は〝死ぬ〟を意味する語ク＝フワ *ku-fwa* の派生語である。首長に選ばれた人が一般人の状態から死別するのはここでだからだ。死に関する比喩はンデンブのリミナリティには豊富にある。たとえば、割礼儀礼で修練者たちが割礼の執行を受ける秘密で神聖な場所はイフウィル *ifwilu* あるいはチフウィル *chifwilu* というが、この名称もク＝フワの派生語である。首長に選ばれた人物とその儀礼上の妻は、ともに、ぼろの腰布以外のものは身につけていない。かれらは、日没直後にカフワナによばれて、カフの小屋に入る。この儀礼上の妻はかれの第一夫人（ムワディ *mwadyi*）か、このときのために選ばれたルカヌ *lukanu*（王の腕輪にちなんで）という特別の女奴隷がなる。ついでながら、首長自身もこの儀礼ではムワディあるいはルカヌとよばれる。このカップルは、気の弱いもののようにして、そこに導かれる。かれらは恥ずかしさ（ンソンイ *nsonyi*）と慎しみを表わす姿勢でそこに小さくなって坐り、カトゥカンオンイの川から汲んで来た水に薬類を混ぜたもので浄められる。カトゥカンオンイの川のほとりはかれらの祖先の南ルンダの離散民の首長たちがムワンティヤンヴワの首都からの旅の途上でかれら自身の領土を分割するために分散する前にしばらく滞在した所である。ここで焚く火のための薪は斧で切ってはならず、地上に転がっているのを見つけなければならない。このことは、それが大地そのものの産物であって人間の作為によるものではないということを意味している。ここにふたたび、ルンダの祖先崇拝と地中に秘む力との結合をみることができる。

ついで、クムキンディラ *Kumukindyila* の行事が始まる。クムキンディラとは字義的には〝かれに対して悪口や侮辱的なことをいうこと〟を意味している。〝首長に選ばれた者をののしる〟行事ということができるだろう。カフワナが首長の左腕の下側に切り傷――その上に翌日ルカヌの腕輪がつけられる――をつけ、その切り傷に薬をすりつけ、そして敷物をその腕の上側に押しつけるときに、その行事は始まる。つぎに、首長とその妻が手荒にその敷物の上に坐らせられる。妻は妊娠していてはならない。その後に続く行事は豊饒さを破壊するためにおこなわれるからだ。さらにこの首長夫妻は、その儀礼の前の数日間は性のいとなみを慎しまねばならないのである。

カフワナが、そこで、突如としてつぎのような説教を始める。

静かにせよ！　あなたはさもしい利己的な愚か者であり、気むずかしい人間である。あなたは自分の仲間を愛さずに、ただ怒ってばかりいる！　さもしさと盗みとがあなたのすべてである！　しかも、ここに、私たちはあなたをよんで、あなたは首長の職務を継承せねばならぬという。さもしさを棄てよ、怒りを傍らに置け、邪（よこしま）なる性交をやめよ、いますぐに実行せよ！　私たちはあなたに首長の職務を授けた。あなたは仲間の人たちと共に食事をしなければならない。あなたはその人たちと共に正しく生きねばならない。あなたの仲間をかれらの小屋で滅ぼすための呪いの薬類を用意するな――それは禁じられている！　私たちはあなたを、あなただけを首長にと願っている。あなたの妻に、ここ首邑にやって来る人たちのために食物の用意をさせなさい。利己的であってはならない。首長の職をあなた自身のためだけに保持してはならない！　あなたはみなと一緒になって笑わねばならない。あなたは妖術をやめねばならない、もしも、たまたま、すでにそれをおこなったことがあるのなら！　あなたは人を殺してはならない！　あなたはみなに対して不寛容であってはならない！

だが、首長カノンゲシャヤよ、ムワンティヤンヴワのチフワナケヌ〔父親に似ている息子〕よ、あなたは首長の職務を求めて踊ったのだ。あなたの前任者が死んだが故に〔つまり、あなたが彼を殺したのだから〕。だが、今日、あなたは新しい首長として生まれたのだ。あなたはみなを知らねばならないのだ、チフワナケヌよ。あなたがさもしく、あなたのカサバ〔タピオカ芋〕の粥をひとりだけで、あなたの肉をひとりだけで、食べていたとしても、今日は、あなたは首長の座にある。あなたは自己本位のやり方をやめねばならない。あなたは誰でも歓迎しなければならない。あなたは首長なのだ！　あなたは姦通と喧嘩をやめねばならない。あなたの人民に関する訴訟に関係するときは、とくにあなたの子供たちが関係するときには、あなたは偏った判断をもち込んではならない。あなたはいわねばならない、「もし誰かが私の妻と寝たり、私に不都合なことをしたとしても、今日よりは私はその事件を不正に裁いてはならぬ。私は心に恨みを留めてはならない」と。

この長い説教が終わると、首長に選ばれた人間が、過去に、自分に対して不都合を働いたことがあると考えている人は誰でも、かれをののしり、自分の怨念を思いのままに微に入り細にわたって十二分に表明することができる。首長に選ばれた者はそのあいだずっと、黙って頭を垂れて坐っていなければならない。この姿勢が〝すべてを耐え忍ぶ形〟であり、慎しみを表わす形である。カフワナはそのあいだ首長に薬物をはねかけている。そしてときどき、かれを侮蔑するように、その尻のところをはたくこと（クムバイシャ *kumubayisha*）をする。多くのインフォーマントは私に「首長は、その職を継承する前の晩は奴隷（ンドゥンウ *ndung'u*）のようである」と教えてくれた。かれには眠ることが禁じられる。ひとつには試練としてであり、ひとつには、もしかれが眠ってしまうと、悪い夢を見、そして、故人となっている首長たちの霊がその夢に現われて、「おまえは自分たちの跡を継ぐには相応しくない。おまえは自分たちを殺しているからだ」と告げるだろうと信じられているからである。カフワナやその手伝いたち、その他の重要な人たち、たとえば村の長たちが首長とその妻——かの女もおなじくののしられる——を荒っぽく扱い、二人に火のついた薪を取りにやったり、そのほかの卑しい仕事をするように命じる。首長がこの扱いのどれかを根にもったり、あとになってこの人たちに復讐することは許されない。

境界にある人たちの諸属性

この儀礼の再統合の段階にはカノンゲシャの公開任命式があり、華麗な行列と式典がそれにともなっている。それはンデンブの首長の職制の研究で最も興味深いものであり、最近のイギリスの社会人類学の重要な動向のひとつであるが、ここでの課題には関係がない。ここでの関心の焦点はリミナリティと弱者がもつ儀礼の上での力とにある。それは二つの側面に示される。第一に、カフワナおよびその他ンデンブの一般の人たちは、部族の最高権威をもつ人物に対して権威を行使できる特権をもつことが示される。境界的な状況(リミナリティ)では、下位のものが最高位にくる。第二に、至高の政治的権威は〝奴隷として〟表現される。それは西欧キリスト教世界におけるローマ教皇の即位式で、教皇が〝神の下僕(しもべ)たちの下僕(しもべ)〟*servus servorum Dei* であることを要求されるときの情景を思わせる。この行事の役割は、もちろん、モニカ・ウィルソンが〝予防機能〟と名付けたものである(Wilson, M. 1957, pp. 46-54)。首長は、のちに権力のもつ誘惑に当面しても自己を制御することができることを示すために、この儀礼で克己心を働かさなければならない。しかし、謙虚なる首長という役割は、境界的な情況でくり返されるテーマの極端な一例にすぎない。このテーマは境界状況以前(プレリミナル)の、また、境界状況以後(ポストリミナル)の諸属性を脱ぎ棄てるということである。

クムキンディラの行事の主要な要素をみることにしよう。首長とその妻は、おなじように、ぼろの腰布を身にまとい、ムワディという名称をともにする。ムワディという語は、イニシエイションの試練に耐える少年たちや、結婚の年代順からいって最初の妻にも適用される。それは〝加入礼参加者(イニシアンド)〟の匿名的状態のひとつの指標(インデックス)である。性別がないこと、および匿名性という属性がリミナリティを強く特徴づけている。修練者が男女のいずれにも限定されない多くの種類のイニシエイションでは、男も女もおなじ衣服をまとい、おなじことばで指示される。たとえば、キリスト教徒やアフリカのシンクレティズムの宗教諸派における多くの洗礼の儀礼である。ガボンのブウィティの儀礼集団のそれもその例である（James Fernandez: personal communication）。また、そのことはチウィラ Chiwila というンデンブの葬送儀礼の集団へのイニシエイションについてもいうことができる。構造化された社会秩序のなかにある諸部門や諸集団を識別するすべての属性は、ここでは、象徴的に、停止の状況にある。修練者たちはいまだ場所も地位ももたぬ移行の過程にある存在にすぎないのである。

ほかの特徴は従順と沈黙である。クムキンディラ儀礼で論議の対象にされた首長ばかりでなく、各種の通過儀礼の修練者たちも、全体社会の権威以外のなにものでもない権威に服従しなければならない。この社会（コミュニティ）はその文化の価値、規範、態度、情操、関係といったすべての領域を収納している倉庫である。特定の儀礼においてそれを代表するもの――それは儀礼から儀礼へときわめて変化に富む――は伝統という包括的な権威を表わしている。部族社会においても、ことば（スピーチ）はコミュニケーションであるだけでなく力でもあり知恵でもある。聖なるリミナリティにおいて与えられる知恵（マナ *mana*）は単語や文（センテンス）の集合体ではない。それは存在論的な価値をもつ。それは修練者の存在そのものを新しく変えるのである。オードリ・リチャーズが見事に描写したベンバ族のチスング *Chisungu* 儀礼で、隔離された少女が同性の先輩たちから〝女に成長した〟といわれるわけもそこにある――この少女は、格言や象徴から受けとったことばに表わされた教えやことばになっていない教えによって、とくに、陶器像の形をした部族の聖なるものの開示を受けることによって、そのように成長するのである。

リミナリティにおける修練者はタブラ・ラサ、すなわち、白紙の状態であらねばならない。その上にその集団がもつ新しい身分に関係ある知識と知恵が刻みこまれるのである。修練者に課せられる試練や恥ずかしめは生理学的性質のものが多いが、部分的には以前の身分を破壊することを、部分的にはかれらに新しい責任をこなせるようにすること、および、前もってかれらが新しい特権を濫用しないようにその本質を調整することを、表象している。かれらには、自分たちが土か埃であること、単なる物質にすぎないこと、社会がそのあり方をかれらに押しつけるのだということを示さねばならないのである。

ンデンブの任命式儀礼で例示されるリミナリティのもうひとつのテーマは性的禁欲である。これはンデンブの儀礼にゆきわたっているテーマのひとつである。性的関係の回復は、通常、身分構造としての社会へ復帰することとの儀礼的なしるしとなっている。性的禁欲は、ほとんどすべての社会で、ある型の宗教行動の特徴となっているが、いろいろな型の集団形成の基礎として親族関係が重みをもつ産業化以前の社会においては、それは、補足的な宗教的力をもっている。というのは、親族関係ないし親族関係の慣用語によって形成される諸関係は、構造の分化における主要な要因のひとつであるからだ。リミナリティが未分化であるという特徴は、性的関係の中絶や男女両性の明確な識別の欠如に反映されている。

リミナリティの意味の把握に際して、カフワナの説教術を分析することは有益である。読者は、カフワナが首長に選ばれた者をその自己本位性、さもしさ、盗み、怒り、妖術、貪欲さの故に叱ったことを、思い出すであろう。これらの悪徳はすべて、共通の利益のために分かち合わねばならぬものをおのれひとりのために所有しようとする欲望を表象している。高い地位に就いた者は、とくに、社会がかれに授けた権威を、このような私的で欠陥のある欲望を満足させるために行使したがる傾向がある。だが、かれは、自分の特権は全体社会の贈り物であり、全体社会は究極的に、自分の一切の行為を超える権利をもっていると心得ねばならないのである。構造と構造が与える高い役職は、このように、公益のための道具であって、個人を強大にするための手段ではないのである。首長は「その首長の職務をおのれ自身のために保持」してはならない。かれは「みなとともに笑わねばならない」。笑い（ク=セハ *ku-seha*）はンデンブ族にとっては〝白い〟性質であり、〝白〟または〝白いもの〟のカテゴリーに入る。白は、理念的には生者と死者の両方を含むはずの継ぎ目のない織物を表象する。それは、単なる人間としての人々の間の正しい関係であり、その果実が健康、強さ、そしてよきことの一切である。たとえば、歯をちらりと見せるときの〝白い〟笑いは友情とよき仲間を表わすものである。それは、結果的に、邪術（ウロジ *wuloji*）、盗み（ウコンビ *wukombi*）、姦通（クシンバナ *kushimbana*）、さもしさ（チフワ *chifwa*）、殺人（ウバンジ *wubanji*）という行動を生む高慢（ウィンイ *winyi*）や秘められた羨望、欲望そして怨恨といったものの反対である。ひとりの男がすでに首長になっているときですら、かれは、なお依然として、人々（アントゥ *antu*）からなる全体社会の一員であるはずで、このことを、「かれらとともに笑い」、かれらの権利を尊重し、「すべての人を歓迎し」、かれらと食物を分かち合うことによって示さねばならないのである。リミナリティのもつ抑制機能は、この型のイニシエイションに限定されることなく、多くの文化においてほかの多くの型のものの構成要素をも形成している。よく知られているその実例のひとつは、中世騎士が騎士の称号の授与を受ける日の前の晩にする徹夜である。そのときに、かれは弱き人々、悩める人たちに奉仕することを誓い、自分みずからがとるに足らぬ人間であることについて瞑想しなければならない。その後のかれの力は、部分的に、この謙虚さへの深い没入から湧き出るものと考えられる。

リミナリティの教育学（ペダゴジックス）は、それ故、コムニタスの包括的なきずなからの離脱に対する二種類の非難を表象する。その第一は、社会構造における役職に就くことによって与えられる権利に即してのみ行動することに対するものである。その第二は、仲間を犠牲にして自分の心理・生理的衝動に従うことに対するものである。ある神秘的性質がほとんどのタイプのリミナリティにおける人間愛の情操にみられる。ほとんどの文化において、この移行の段階は、神ないし超人的存在や力が人間を守り人間に罰を下す力をもつという信念と、密接に結びついている。たとえば、ンデンブ族の首長に選ばれた者が隔離の時期を終えて現われるとき、かれの部下のひとり――かれは任命式儀礼で聖職者の役割を果たす――が新しい首長の住居のまわりに儀礼のための垣根をめぐらし、かつて首長であった人たちの霊に対し、任命式に立ち会うために集まった人々を前にして、つぎのように祈願をこめる。

聞きなさい、あなた方みなのものよ。カノンゲシャがやって来て、今日、首長の職に生まれました。首長や祖先の霊所や祭司たちを浄める白土（ンペンバ *mpemba*）は、あなた方、ここにつどえるすべてのカノンゲシャの霊たちのためのものである〔ここでかつて首長であった人たちの名前が列挙される〕。そして、それ故、今は亡きあなた方すべての霊よ、〔首長の座を〕継承したあなた方の友を照覧あれ、かれが強者でありますように。かれはあなた方に祈りを続けなければならない。かれは子供たちの世話をしなければならない、かれはすべての人民の面倒をみなければならない、男たちのことも女たちのことも、かれらが丈夫であるように、そして、かれ自身元気であるように。ここにあなたの白土がある。私はあなたを即位させたのだ、首長よ。人々よ、あなた方は讃えとなえるべきだ。首長職は現われたのだ。

リミナリティにおいて修練者たちを新たに就く地位にふさわしいように形づくる力は、全世界の儀礼において、人間の力以上のものに感じられている。その力は社会の代表者が祈願し、導くものではあるけれども。

身分体系と対照されるリミナリティ

さて、リミナリティの諸属性と身分体系の諸属性の相違をレヴィ＝ストロース流のやり方で、つまり、一連の二元的対立ないし区別の形で、表わすとすると、以下のように並べることができる。

移行——状態
全体——部分
同質——異質
コムニタス——構造
平等——不平等
匿名——命名の体系
財産の欠如——財産
身分の欠如——身分
裸ないし制服——服装による識別

性欲の節制——性欲
性別の極小化——性別の極大化
序列の欠如——序列の識別
謙虚——地位に対するプライド
個人の外観の無視——個人の外観に対する配慮
富の無差別——富の差別
非自己本位——自己本位
全面的服従——上位の序列にのみ服従
聖なる性質——俗なる性質
聖なる教訓——技術的知識
沈黙——ことば
親族関係の権利と義務の停止——親族関係の権利・義務
神秘的な力に対する絶えざる祈願——神秘的な力に対する間欠的な問いかけ
愚かさ——聡明
単純——複雑
苦悩の受容——苦悩の回避
他律性——自律性の諸段階

この表は、考察の対象である境界的状況の幅を拡大すれば、かなり長大なものになったであろう。さらに、これら諸属性を明示し具現する象徴は多種多様であり、死と生、同化作用（アナボリズム）と分解作用（カタボリズム）という生理学的過程にまで関連することが多い。読者はすぐに、これらの属性の多くがキリスト教の伝統における宗教生活の特徴と考えられるものを構成することに気づかれるであろう。イスラム教徒も仏教徒もヒンドゥー教徒もユダヤ教徒も、疑いもなく、これら属性の多くを、かれらの宗教の特徴のうちに数えあげるであろう。ここに問題となることは、社会や文化の専門分化が進むにつれ、また、労働の社会的分業が進展するにつれて、部族社会では、原理的に、文化や社会の規定された諸状態の中間の〝どっちつかず〟の移行期に見られる属性の一セットであったものが、それ自身でひとつの制度化された状態になっている、ということである。だが、宗教生活が本来もっていた通過という属性の痕跡は、たとえば、つぎのようなきまり文句となって残っている。「キリスト教徒は世間にとっては外の者であり、頭を憩わせる場所ももたないさすらい人、旅人である」。ここでは、移行が永遠のあり方になっている。このリミナリティの制度化が最も明瞭にしるしづけられ規定されているのが、偉大な世界宗教の僧院と托鉢僧の状態においてである。

たとえば、聖ベネディクトゥスの定めた西欧キリスト教の戒律 The Western Christian

Rule of St. Benedict は「共同生活をし、自己修養、祈り、労働によって自分を完全に神への奉仕に捧げることを願う人たちの生活を規定する。この人たちはひとりの父（修道院長）の保護と絶対的統制のもとにある本質的な家族である。個人的には、かれらは私的な財産をもたぬこと（清貧）、結婚しないこと、目上のものに服従することが義務づけられ、また、生活様式（起源的に、世俗生活から区別される〝共同生活〟、〝禁欲〟の同義語）の安定および転換を誓約する。断食、肉絶ち、会話を慎むことといった適度の厳しさが聖務日課に規定されている」（Attwater, 1961, p. 51——強調はターナー）。私は、王国に入国するときに執りおこなわれる公開の即位式にいたる移行の時期におけるンデンブの首長に選ばれたもののあり方と、著しく似ているいくつかの特徴をあげて強調してみた。ンデンブ族の割礼儀礼（ムカンダ *Mukanda*）は、その修練者たちと聖ベネディクトゥスの修道士たちとの間に、それ以上の類似点があることを示している。アーヴィング・ゴッフマンは、自分が〝全体的制度の諸特徴〟と称したものについて論じている。かれは修道院をその全体的制度というカテゴリーの中に含め、そして、「新参者が外から持ち込むさまざまな社会的特性を直截に切り捨てる……剝奪と平等化の過程」に大きな注意を払っている（Goffman, 1962）。かれはそこで、聖ベネディクトゥスが修道院長に与えた次のような忠告のことばを引用している。「修道院の人たちを差別しないようにせよ。ひとりが他の者より可愛がられるようにはするな、かれが労働において、あるいは服従において、すぐれているのでないならば。高貴な生まれのものを以前は奴隷であった者より上の位には就かせるな、なにかほかの合理的な理由がそこにないならば」(p.119)。

ここには、ムカンダとの著しい対応がある。修練者たちは入口の象徴的な門の下を通るときに、着ていた世俗の衣服を〝剝ぎ取られる〟。かれらのそれまでの名前は廃され、みな、共通のムワディ *mwadyi*、すなわち、〝修練者〟という名称を与えられ〝平等化〟される。取扱いもみな、おなじである。割礼儀礼の前夜に割礼執行者が修練者の母親たちに歌って聞かせる歌のひとつには、「あなたの子供が首長の息子であったとしても、明日は奴隷とおなじになる」という一句がある——首長に選ばれた者が、その即位式の前は、奴隷として扱われるのと、まさにおなじである。さらに、隔離小屋における訓育者の長のムフムワ・トゥブウィク *Mfumwa tubwiku* という称号は字義的には〝修練者たちの夫〟を意味し、修練者の受動的な役割を強調するものであるが、かれは、その儀礼を体験する数人の少年の父であり、そのグループ全体の父親、一種の修道院長になるということもあって、選ばれるのである。

神秘的な危険と弱者の力

それでは、境界情況やその役割が、ほとんどあらゆる場合に、呪術゠宗教的特徴を属性とするのは何故か。あるいは、それらが、多くの場合に、境界的な文脈に儀礼的に組み込まれていない人間、対象、出来事、諸関係にとっては危険で不吉で不浄であるとされるのは何故か。私の見解は、簡単にいえば、〝構造〟の維持に関係のある人たちの見とおしからすれば、コムニタスの絶えざる出現はすべて、危険な無政府状態に見えるはずであり、いろいろな規定や禁止や条件づけによって防壁がつくられねばならないのだ、ということである。そして、メアリ・ダグラスが最近論じているように、伝統的な分類規準では明白に分類できないもの、ないし、分類の境界にあるものは、ほとんどいたるところで、〝汚すもの〟、〝危険なもの〟とみなされるのである（Douglas, 1966, 随所に見られる）。

前に述べたことをくり返すならば、リミナリティがコムニタスの唯一の文化的な現われではない。大多数の社会には、それ以外にコムニタスが現出する領域があり、そこに集中する象徴群や、それらの象徴に結びついている信念、たとえば、〝弱者の力〟、別なことばでいえば、低い身分や地位のものが永久的に、あるいは、一時的に帯びる神聖な属性、によってたやすく見分けられうるものである。安定した構造体系の内部には、組織の多くの次元がある。すでに、神秘的で道徳的な力が、被征服者の土着の人たちによって、侵入した征服者のリネージ、あるいは、その領土組織が政治の枠組になっている社会の繁栄のために、行使されていることには注意した。ほかの社会——たとえば、ザンビアのンデンブ族やランバ族——においては、共通の不運や活力の衰えた環境を経ることによって、その構成員が、健康や豊饒や気候といった人間共通の利益に関係した治癒の力をもつことになる儀礼集団を指摘することができる。この種の集団はリネージ、村落、酋長の領土、首長の領土のような世俗の政治体系の重要な構成要素にまたがっている。また、古代中近東のヘブライ人とか中世キリスト教世界のアイルランド人とか近代ヨーロッパのスイス人のような、民族体系のなかでは構造的には小さく政治的には意味のない民族の、宗教的また道徳的価値の担い手としての役割をも、挙げることができるであろう。

多くの著者たちが宮廷の道化師の役割に注意している。たとえば、マックス・グラックマンは、「宮廷の道化師は王や廷臣たち、あるいは、荘園領主を愚弄する免許を与えられたモラルの特権的な裁決者として行動した」と書いている。道化師は「通常下層階級の人間であり――ときとしてヨーロッパ大陸では聖職者であったが――、明らかに、かれらの通常の身分から外へ出て行動した……ほかの人たちが政治単位の長を叱責しにくい体系にあっては、ここに、その単位の最高の所で機能を発揮する制度化されたジョーカー……踏みにじられた道徳という感情を表現しうるジョーカーをもつことができたのだ」。かれは、さらに、アフリカの多くの君主たちに従属する道化師たちが、どうして〝こびとやそのほかの奇形〟であるかについて言及している。これに似た役割をもつものにバロツェ王家のドラマー〔太鼓手〕がある。バロツェ族の王とその宮廷は、毎年、洪水の期間中、ボートに乗ってザンベジ川平原の首都から周辺地区に移動する。ドラマーたちもそれに同行するが、その際に、かれらは「前年中にかれらを怒らせ、その正義感を傷つけた大貴族を、水中に抛り込む特権を与えられていた」(Gluckman, 1965, pp. 102-104)。貧しい人たちや奇形の人たちを表象するかれらの姿は、至高の政治的支配者の強圧的な力に対するコムニタスの道徳的な価値を象徴しているようにみえる。

民間文芸には〝聖なる乞食〟、〝三男坊たち〟、〝小さな仕立屋〟、〝愚か者〟といった象徴的な人物が豊富に登場する。かれらは高い地位や役職にある主人公たちの虚飾を剝ぎ取り、かれらを人間性や道徳性の一般的な水準に引きもどす。伝統的な〝西欧〟では、私たちは家庭もなく名前も財産ももたない神秘的な〝異人〟が、農民を圧迫している世俗の邪悪な〝ボスども〟を除去して、地方の政治的な力関係に倫理的・法律的な均衡を回復させる話を読んでいる。軽蔑された、あるいは、アウト・ローの民族集団や文化的集団の構成員たちが、普遍的人間性という価値を代表し表現するものとして、神話や民話では重要な役割を演じている。そのなかで有名なものは、よきサマリア人、チェホフの『ロスチャイルドのヴァイオリン』の話に出てくるユダヤ人のヴァイオリン弾きのロスチャイルド、マーク・トウェインの『ハックルベリー・フィンの冒険』の逃げた黒人奴隷ジム、ドストイェフスキーの『罪と罰』でニイチェ的な〝超人〟をもって自認するラスコルニコフを救済する売春婦ソーニャなどである。

以上の神話的人物はすべて、構造的には劣位のもの、ないし〝境界の〟存在ではあるが、アンリ・ベルグソンならば、〝閉ざされた道徳〟に対するものとして、〝開かれた道徳〟と称したであろうものを表象している。なお、〝閉ざされた道徳〟とは本質的に、限定され構造化された排他的集団のもつ規範の体系のことである。ベルグソンは、どのようにして、内集団(イン・グループ)がそのアイデンティティを外集団(アウト・グループ)の構成員に対して保持するか、その生活様式を脅かすものから自らを保護するか、そして、その社会生活に必要な日常的な行動の基礎となっている規範を維持しようとする意志を更新するか、ということを語っている。閉ざされた、あるいは、構造化された社会において、デイヴィド・ヒュームが〝人間性を求める情操〟と称したものを象徴するのは、周辺的な、ないし〝劣位の〟人、もしくは、〝アウトサイダー〟である。そして、この情操こそが〝コムニタス〟と命名した様式に関係があるのである。

千年王国論運動(ミレネアリアン・ムーヴメント)

コムニタスがさらに顕著に現出されるもののなかに、いわゆる千年王国論の宗教運動がある。これは「社会〔すなわち、構造化社会〕の周辺で生活する……町や田舎の根こそぎにされて絶望的になった大衆」とノーマン・コーンが称した人たち(Cohn, 1961, pp. 31-32)のあいだに、あるいは、かつての部族社会が異質の重層支配機構をもつ複雑な産業社会に発展したところに、生起する。この種の運動の諸属性は私の読者の多くにはよくお分かりであろう。ここではただ、前に述べた部族の諸儀礼におけるリミナリティの特徴のいくつかを思い起こすに止めることにする。それら特徴のほとんどは千年王国論運動の特徴とかなり密接に対応している。すなわち、同質、平等、匿名、財産の欠如（多くの運動は、実際に、その参加メンバーたちに、かれらが願う一致（ユニズン）と親交（コミュニオン）の完全な状態のより早き到来のために、所有する財産のいかなるものをも放棄することを命じている。財産権は構造における垂直の、また水平の（ヨコとタテの関係の）識別と関連しているからである）、全員をおなじ身分水準に引き戻すこと、揃いの衣服の着用（ときには男女とも）、性の抑制（あるいはその反対（アンチテーゼ）の性の共有。性の抑制も共有もともに、構造上の身分を正当化する結婚や家族を抹消する）、性差別の極小化（万人は「神からみれば平等である」、あるいは、祖先からみれば平等である）、序列の撤廃、謙虚、個人の外観に対する無関心、自己本位でないこと、予言者ないし指導者に対する全面的な服従、神聖なる訓育、俗なるものに対立する宗教的態度や行動の極大化、親族関係の権利義務の停止（万人は同胞（スィブリングス）ないしお互い同士仲間である、以前の世俗的きずなの無視）、言語・動作の単純さ、聖なる狂気、苦悩・苦痛の受容（殉教にまで至る）、等々である。

この種の運動の多くが、勢いの盛んな初期の段階で、部族の区分や民族的差別をすぱっと切り棄てることは注目すべきことである。そこでは、コミュニタスないし〝開かれた社会〟は構造ないし〝閉ざされた社会〟と異なるのであり、その点で、それは可能性として、あるいは、理念的には、人間性の限界まで拡大しうるのである。実際にはもちろん、その勢いはまもなく枯渇し、〝運動〟それ自身も、ほかの諸制度のあいだのひとつの制度――それ自体が普遍的人間の真理の、他に類例のない担い手であると感じているために、他のものよりも狂信的で戦闘的な制度――になってしまう。概して、この種の運動は、安定したくり返し的性格をもつ社会の重要な儀礼の境界的な段階に、多くの点で〝対応する〟歴史の段階に起こるものである。それは、その社会の主要な集団や社会的部門がある文化的状態から他の文化的状態へと移行しつつある段階である。この種の運動は本質的に移行の現象である。恐らくこの事が、この種の運動で非常に多くの場合、神話や象徴的表現(シンボリズム)の多くが、それらを生起した文化に伝統的な、あるいは、それらが劇的に接触した文化に伝統的な、通過儀礼の神話やシンボリズムから借用される理由であろう。

ヒッピー、コムニタスおよび弱者の力

西欧の現代社会では、コムニタスの価値は〝ビートの世代〟として知られるようになった人たちの文学や行動に顕著に示されている。ビート族は〝ヒッピー〟に引き継がれ、ヒッピーには、さらに、〝ティーニィ・ボッパー〟teeny-bopperという十代前半のティーン

エイジャーたちの一派がある。かれらは思春期の男女や若い成人というカテゴリーに入る人たちのうちの〝冷めた（クール）〟ものたち——かれらは国家的な通過儀礼を知っていない——で、身分にまといつく社会秩序の〝外がわを選び〟、卑しい身分というレッテルを貼り〝浮浪者〟bums のような衣服を身にまとい、その習性は放浪で、その音楽的趣好は〝フォーク〟である。そして、かれらがたまたま就く仕事は卑しい部類のものである。かれらは社会的義務よりも個人的人間関係を重視し、性（セクス）を永続的な構造化社会のきずなの基礎としてではなく、直接的なコムニタスの多形態（ポリモーフィック）の手段とみなしている。詩人アレン・ギンスバーグは、とくに、性的自由の役割について雄弁である。しばしばコムニタスに割り振られる〝聖なる〟特徴はここにも不足はしない。そのことはかれらが宗教用語を頻繁に使うことにみることができる。たとえば、自分たちと同類のものを〝聖者（セイント）〟とか〝天使（エンジェル）〟とかと書いている。また、かれらが禅系統の仏教に関心をもっていることにもみることができる。禅の「すべては一である、一は無である、無はすべてである」という公案は、前にコムニタスに付与した全世界的無構造の性格を十分に表現している。ヒッピーは自発性、直接性、そして〝実存〟を強調し、構造と対比的にコムニタスがもつ意味のひとつを浮き彫りにしている。コムニタスはいまのものであって、構造は過去に根をもち、言語・法律・慣習を通して未来につながるものである。われわれの関心の焦点は、ここでは、産業化以前の伝統的な社会にあるが、コムニタスと構造という二つの次元は文化と社会のすべての発展段階や水準にみられるものであることが明らかになっている。

親族関係を基盤とする社会における構造とコムニタス

1 タレンシ

より単純な社会においては構造とコムニタスとの識別の事実は、さらになにほどか広い範囲に見ることができる。その事実を、私は、ある状態から他の状態への移行について考察するのではなく、二元的に対立している状態について考察しよう。二元的対立の状態は、分節的ないし階級的に対立する諸部分よりなる構造としての社会と、同質的なひとつの全体としての社会との相違を、いくつかの点で表現するものである。多くの社会では、父方の親戚と母方の親戚のあいだには言語的に区別がなされており、両者は全然別種な人間とみなされている。とくに、父親と母親の兄弟との場合には、そのことがいえる。単系の出自が存在するところでは、財産や身分は、父から息子へ、あるいは母の兄弟から姉妹の息子へと継承される。いくつかの社会では、出自の双方の系統が相続のために利用される。だがこの場合でも、その各系統で継承される財産や身分の類型は非常にちがうものである。

まず、父方の系統だけの単系出自の社会を考察する。その実例をガーナのタレンシ族 the Tallensi の場合からひこう。豊富な情報があるからだ。われわれの問題は〝構造上の優位性―構造上の劣位性〟という類型の構造のひとつの水準における二元的区別において、儀礼の場合の〝弱者の力〟に近い何かが見出せるかどうか、ということである。弱者の力はコムニタスの様式に関係があるということができるからだ。フォーテスは書いている。

> 優位な系統の出自は社会的人格のもつ公的で重要な諸属性――法的身分、財産や役職の相続・継承の権利、政治的忠誠、儀礼上の特権と義務――を授ける。表面に出ない系統〔母系の親子関係で構成される。私は〝表面に出ない側（side）〟という表現を好む。この連環はエゴ ego（分類の基点となる任意の個人）とその母親との個人的なもので、母親を通して、かの女の父系親族と傍系親族（コグネイト）につながるものであるからだ〕は若干の精神的な特質を授ける。タレンシ族の場合、容易に理解できることであるが、このことは、女系出自の連帯が純粋に個人的なきずなとして維持されるという事実の反映である。それは物質的・法的・儀礼的な性質の共通の利益には役立たない。それは、われわれの文化では近い傍系イトコの間にみられるものに似ているが、相互の利害と関心というきずなによってのみ、個人をひとつにまとめるものである。それは男系の系統の独占性と釣り合う要素のひとつを構成するが、男系のリネージや民族と張り合う組織された集団はつくらない。女系のきずなはただ精神的属性だけを担っているのであって、父系のリネージの法的・政治＝儀礼的結束を乱すことはできないのである（Fortes, 1949, p. 32――強

調はターナー)。

ここには、父系―母系の対立があり、それは、支配的機能―表面に出ない機能という対立関係にもなっている。父系のきずなには財産、役職、政治的忠誠、排他性が、またそれに加えて党派的で分節的な利害が、結びついている。それは、何よりも〝構造〟の連環である。女系のきずなには精神的な諸特質、相互的な利益と関心、傍系性が結びついている。それは排他性と釣合いがとれており、そのことは、それが包括性を助長するが物質的利害には役立たないということを意味しているように思われる。要するに、傍系の母系は、親族関係の次元で、コムニタスの観念を表象しているのである。

傍系の母系の〝精神的〟で〝コムニタス的な〟性格にかんするタレンシ族の実例は、いわゆるバコロゴ *bakologo*、すなわち、占い者の霊所の聖別の儀礼に見ることができる。この霊所は、規定によれば、〝女〟の霊所であると、フォーテスはいう。

いわば、それに関係のある祖先は、規定によれば、占い者の傍系母系から由来する。その祖先の中で支配的な形象は、ふつう、ひとりの女性、〝母〟である。バコロゴは……祖先たちの罰を下し、嫉妬深い側面の化身そのものである。それは人間の生活に情け容赦なく介入して悩まし、ついには、かれがそれに服従し、それを〝受け容れる〟ようにしむける。すなわち、かれが自分の家に〔傍系母系の〕バコロゴの霊たちのための霊所をつくり、規則正しくその霊に供物を捧げるように約束させる。タレンシ族の宗教体系では、異常な不運に悩んでいる人ばかりでなくすべての人が、その深い罪悪感や不安の情を、バコロゴ複合体（コンプレックス）に具体化される母のイメージに全面的に投げ出すように方向づけられている。通常、人はバコロゴの祖先の要求に、すぐには応じない。かれは、何年間も時間かせぎをし、ごまかし、抵抗する。そして、最後にバコロゴに服従しそれを受け容れるように強いられるのである。四十歳以上の人の十人のうち九人までがバコロゴの霊所を作っているが、すべての人が占いの才能をもっているわけではない。だから、大部分の人はただ霊所をつくるだけで、それを占いのためには使わない（Fortes, 1949, p. 325——強調はターナー）。

私はフォーテスの報告をかなり長く引用した。それは父系親族のきずなと傍系の母系親族のきずなとの対立と緊張ばかりでなく、個人が成熟するにつれてその精神のうちに形成されるタレンシ社会をみる二つの見方、構造的な見方とコムニタス的見方のあいだの緊張をも、生き生きと伝えていると考えたからだ。われわれは父系制の教条（ドグマ）、すなわち、ホーマンズとシュナイダーが身分や財産に関する権利がそれに添って伝えられる〝固い〟出自の系統とよぶものが支配的であり、タレンシ族の諸価値を社会と文化の多くの次元で彩っていることを思い出さねばならない。父系的構造において権威ある地位を占めている人たちの立場やその見通しからすれば、女性を媒介とする社会的連環は、出自や地域性という狭い団体のきずなを断ち切り、最も広い範囲のタレ族共同体を象徴しているのであるから、分裂させる一面をもっているように見えたとしても当然といえる。私の意見では成熟した男が〝受け容れる〟までかれを〝悩まし〟、かれの生活に〝干渉する〟というバコロゴ、すなわち、〝母のイメージ〟をタレンシ族がもつ理由はそこにある。男たちが成熟し、以前よりも広い範囲の社会関係のなかで相互に交渉をもつようになるにつれて、次第にかれらは、父系親族がタレンシ全体の部分にすぎないことに気がつくからだ。かれらの目には、より範囲の広い全体社会が、分節的リネージや氏族の問題にかんする自己充足性や相対的な自律性に割り込んできて、完全に文字どおりのしかたで、介入するように見えるのである。ゴリブの大祭では征服者のナモオス族の代表と土着のタレ族の代表との一種の神秘的結婚がおこなわれることは前述したとおりであるが、このような統合性をもつ大祭で毎年強調される全体世界という情操は、もはや父の権威の下にある未成年としてではなく、家族や下位リネージの長としてその大祭に参加する〝四十歳以上の男たち〟には、次第に重大な意味をもつものになってくる。〝外からの〟規範や価値がリネージに対する排他的な忠誠心のなかに押し入ってくるのである。

コムニタスが、ここで、傍系母系の祖先、とくに、母のイメージに象徴化されることは、明らかに当をえたことである。この夫方居住婚制の父系社会では、女性はリネージの父方分節に外部から入ってくるのであり、そしてフォーテスが示したように、傍系母系の親族はその大部分が、男性の〝氏族結合の場〟の外側に居住するからである。母方の祖霊が〝懲罰的で恨みをいだく〟、〝嫉妬深い〟ものと表象されることも理解できる。父系リネージの理想的な団結にひび割れを生じさせるのは〝母たち〟(乳くび、あるいは母系分節の創設者)である。簡単にいえば、文化によって意味するところは多様だが、たとえば、青春期、壮年に達する時期、死といった人生の危機に際して、構造上のひとつの身分から他の身分への移行には〝人間である〟という強い情操、社会の全構成員間の包括的な社会的連帯という感覚——ある場合には部族や民族という限界を超越しさえする——、所属する下位集団(サブ・グループ)の関係や構造上の地位への就任などを無視した感覚がともなうこともありうるのである。極端な場合、たとえば、中部インドのサオラ族のシャーマンが神の命令を受け容れるときのように(Elwin, 1955)、本来は境界の段階あるいは、構造を超越した次元であったものを、聖なる〝局外者〟という永久的なあり方に変形してしまうという結果をも招来する。シャーマンや予言者は、世俗の社会構造の外側にある無身分という身分を帯びており、そのため、かれらは、社会構造に組み込まれている人のすべてを、万人に義務を課す普遍的な道徳命令によって批判し、また、構造体系の一切の分節や構成要素のあいだにあって仲介することができるのである。

親族関係がフォーテスのいう社会組織の〝他に還元できない（イレデューシブル）原理〟であり、父系制が社会構造の基礎となっている社会では、母親、そして母親の延長であり抽象である〝女性たち〟と〝女性らしさ〟を媒介とする社会の他の構成員たちとの個人的連環は、政治＝法律の体系を包囲しそこに浸透するより広大な共同体とその倫理体系を象徴する傾向がある。コムニタスに対する見通し（パースペクティヴ）に心をひらくことと、社会的身分に就任することに対抗して個性を主張するようになることとのあいだには、興味深い相関関係があることは、多くの社会でみることができる。たとえばフォーテスがいうように、タレンシ族にみられる姉妹の息子と母の兄弟とのきずながもつ個性化の機能は、「男系リネージを取り囲んでいる系統意識の垣根を破る重要な突破口である。それは一人の個人が自分の氏族以外の氏族の構成員と社会関係を結ぶための主要な通路のひとつである」(Fortes, 1949, p. 31)。個人が、その全人格をもって父系制で決定されている分節的地位就任から、タレンシ族そのものを超えておなじ宗教文化をもつ部族集団にまで拡大する共同体社会の広がりのある生活に解放されるのは、傍系の母系によってである。

　ここで、バコロゴの霊所の聖別の儀礼が、傍系母系のきずなを媒介にしてタレンシの拡大された共同体を可視的で明確なものにするしかたの具体例を見ることにする。すべての儀礼がこの範例的な様式提示の性格を帯びている。ある意味では、それらは、オスカー・ワイルドが人生を〝芸術の模倣〟と考えたのとまったくおなじしかたで、社会を〝創造する〟ということもできるであろう。私は、フォーテスの研究からひとつの実例を引用するが（Fortes, 1949）、そこでは、ナアブディヤという名前の男が、自分のバコロゴの祖霊として、母の父、母の父の母、母の父の母の母を〝迎え入れている〟。分類上、〝孫〟にあたるナアブディヤのために霊所をつくりに来たのは最後に言及したおなじ氏族の人たちであった。しかし、かれらのところに行くためには、ナアブディヤは、まず、自分の母の兄弟の家の人たちのところへ行かねばならなかった。つぎに、この人たちはかれに付き添ってかれの住居から十二マイル離れたかれの母の母の兄弟のリネージの人たちのところへ連れて行った。かれは、それぞれのところで、鶏一羽とホロホロチョウ一羽――すなわち、飼育された鳥と野生の鳥――を、そのリネージのボガール *bogar*、すなわち、そこの始祖の霊所に、供えなければならなかった。

支配的な祖先の、あるいは、よりしばしば、バコロゴ複合体の女性祖先、ほとんどつねに傍系母系の女性祖先、のリネージは、霊がとり憑いた人のために霊所を設置する責任がある。そのリネージの長は、悩む人が用意した二羽の鳥を、自分の家の霊所に供え、祖霊たちに対してかれらの姉妹の息子ないし傍系母系の孫をかれらに嘆願するようにした事態の性格を説明する。かれは祖霊たちに、新しい霊所の設置を祝福し、嘆願者がすぐれた占い者になることを助け、その財産や子宝や健康――すなわち、一般に幸福とされているもの――を保証するように祈願する。つぎに、かれはボガールのいちばん重要な構成要素である壺の底から、沈澱していた物を若干すくいとり、嘆願者の小さな壺に入れる。嘆願者はこの壺を持ち帰って自分の新しい霊所に加える。「この方法で、新しいバコロゴの霊所と傍系母系リネージのボガールが直接結びついていることが感覚的に分かるように、象徴化されている」とフォーテスはいっている (Fortes, 1949, p. 326)。

このようにして、十二マイル離れた二つの霊所――タレの土地は「かろうじて幅が十二マイルである」――と、そのあいだにあるいくつかの霊所は、直接的にそして〝感覚的に分かるように〟、儀礼によって結びつけられる。当該リネージ間の継続的な物理的接触がほとんど不可能だという事実は、観念上、ここでは重要でない。バコロゴの霊所はタレ共同体の象徴でありその表現であるからだ。成熟した大人の〝十人中九人〟はそれぞれに、一群のバコロゴの祖霊を祀っている。この人たちはみな、儀礼的に、それらを通じて部落の大半と結びついている。逆にいえば、各リネージのボガールは、姉妹の、あるいは、姉妹に準じた関係を通じて、多数のバコロゴの霊所をそれに結合させている。この種の結合は、明らかに、その総体と断面において、単なる個人的なきずなや儀礼的な結びつき以上のものである。それは構造の断面に対するコムニタスのきずなを表象している。さらに、それは表面に出ない側の親族、法的に弱い、ないし劣位の側から創り出された結合力である。ここにもう一度、コムニタスと弱者の力の密接な関係が例証されるのである。

2 ヌエル

私の考えでは、父系社会の多くにおいて母の兄弟と姉妹の息子の関係の神聖なる面と〝情緒的な〟面との双方の背後にあるものは、コムニタスと構造との永続的で緊張した対立である。多くの学者が示すように、この種の社会では、甥に対しては弱い法的権威しかもっていないにもかかわらず、甥と友愛という密接な個人的きずなをもつことのできる母の兄弟は、甥に厳しい父親からの逃げ場を与えることができ、そして、かれを祝福したり叱責したりする神秘的な力をもっている場合がかなり多い。ここでは、組織集団という舞台装置における弱い法的権威は強い個人的で神秘的な影響力と対立している。

スーダンのヌエル族 the Nuel の〝豹の皮の聖職者〟の役割をみると、面白いことに、父系社会における母の兄弟がもつ象徴的価値は、すでに考察した境界的（リミナル）で周辺的な、しかも政治的には微力な人物がもついくつかのそのほかの属性と結びついている。エヴァンス゠プリチャードによれば、「〔ヌエル族の〕ジカニイ諸部族がもついくつかの神話では、豹の皮〔聖職者の職務のしるし〕は、〔領土的に〕優勢な〔男系の〕リネージの祖霊たちが、その母方の伯叔父に、部族の聖職者として奉仕しうるように与えたものである。この氏族の構造的に対立する諸リネージは、そのとき、聖職者の系統に対して姉妹の息子たちという共通の関係にあったのであり、こうして、聖職者の系統は対立するリネージの間を仲介する地位をもったのである」（Evans-Pritchard, 1956, p. 293——強調はターナー）。カテゴリー的には政治的分節に対する母の兄弟であることとおなじに、豹の皮の聖職者たちは「ルル rul すなわち、外の者（ストレンジャー）というカテゴリーに属し、ディエル diel すなわち、部族の領土を所有する氏族の構成員というカテゴリーには属さない……〔かれらは〕自分たち自身の部族的土地はもっていないが、家族および小さなリネージとして、他の氏族が所有する大部分の、あるいは、すべての土地で生活する。かれらはヤコブから出て、イスラエルに散ったレヴィのようである」(p. 292)（この聖職者の特質のあるものはウガンダのギス族の割礼執行者たちや雨乞い師たちの分散したリネージにも見られる）。ヌエルの豹の皮の聖職者たちは、「大地と神秘的な関係があり、そのために、かれらの呪詛には特別の効能があると考えられている。というのは、……人間の行為はすべて大地の上でおこなわれるのだから、かれらは人間の収穫物ばかりでなく人間の幸福の全般にも影響を及ぼすことができるからだ」(p. 291)。この聖職者の大きな役割は殺人に関係するものである。かれは、殺人を犯した者に庇護の場を提供し、落着く先を交渉し、正常の社会関係の回復のために供犠をおこない、そして、かれを社会に復帰させる。一般化すると、この母の兄弟は、以上のように、われわれにはお馴染みになったコムニタスの属性の多くをもっているのである。すなわち、かれは、外の人であり仲介者である。かれは全体社会のために行為する。かれは、全体社会が存在する全土と神秘的関係があり、不和に対する平和を表象し、特定の政治的分節のいかなるものとも一線を画している。

3 アシャンティ

単系出自の原理でまとまっている社会では、いかなる場合にもあまねく、構造は父系制や男らしさと連合し、コムニタスは母系制や女らしさと結びつくものと、考えられてはいけないので、よく知られた母系社会のひとつであるガーナのアシャンティ族 the Ashanti の場合を一瞥しておこう。アシャンティ族は、高度に発展した政治体系や宗教体系をもつ西アフリカ社会グループに属している。だが、それでもまだ、単系親族関係は構造的にかなりの重要性をもっている。地域化した母系リネージは、十世代ないし十二世代にわたって共通に知られているひとりの女祖先にまで出自をたどるもので、政治や儀礼や法律のための基本単位である。フォーテスはそのリネージの分節的な性格をつぎのように記している。「各分節は、共通の分化しつつある女の祖先たちとの関連で、おなじ次元の他の分節との関係が規定される」(Fortes, 1950, p. 255)。役職の継承や財産の相続は母系をたどり、また、アシャンティの村の各部落には、周辺に同族や姻族をめぐらす中核的な母系のリネージが居住している。

その母系リネージの名称はアブスア *abusua* である。それは、ラトレイによれば「モグヤ *mogya*、すなわち、血と同義」である (Rattray, 1923, p. 35) ――アブスア・バコ・モグヤ・バコ *abusua bako mogya bako*、すなわち、「ひとつの氏族はひとつの血」という諺がある。アシャンティの親族関係は〝二重出自〟の体系として分類されるべきではないかどうかということがときどき論じられてきた。この見解は、ラトレイの、アシャンティのントロ *ntoro*（字義は〝精液〟）という社会の分類のしかたに関する報告（Rattray, 1923, pp. 45-46）から由来する。かれはそれを、男だけにより男だけを通じてなされる伝達を基礎とする族外婚の区分とみなしている。フォーテスは、この父系制的要素が親族体系や政治・法律的次元のために担っている微小な意味を強調している（Fortes, 1950, p. 266）。かれはントロを「命名された擬似的儀礼の区分」といっている。しかし、これらは、いかなる意味でも、族外婚のグループでもなければ組織された集団でもない。しかも、本書の観点からすれば、ントロの区分は最高に重要なものである。社会のコムニタスの次元が、儀礼的・倫理的・美的、そして政治的・法律的な多くの現象や過程を理解するために深い内容をもつにもかかわらず無視されてきた理由のひとつは、〝社会的なもの〟と〝社会構造的なもの〟とを同一視する傾向にあったのである。それではントロを手がかりにして、アシャンティ文化の日の当たらない多くの部分に入ってゆくことにしよう。

第一に、ントロ区分の基礎である父親—息子の環は、構造的には劣位の環である。しかも、それに結びつくいろいろな象徴は、コムニタスのとてつもない価値を画く一幅の絵を組み立てる。ラトレイによれば、アシャンティ族は、それが「男を通して伝えられるントロ、精液であり、女の胎内で血液〔母系リネージの象徴〕と混じり合う。そのことが妊娠という生理的な神秘を説明する」、と信じている。また「……ントロは……、ときには、スンスム *sunsum* の同義語として使われる。スンスムとは男あるいは女における精神的要素のことで、力、個人的魅力、性格、人格、影響力、あるいは霊魂とでもいうべきもの……はスンスムに依存するものであり、健康、富、ことばの力、冒険の成功、要するにいろいろな点で人生を生きるに値するものにするすべては、スンスムにかかっているのである」（Rattray, 1923, p. 46）。ふたたび、われわれは、人格や普遍性のあるいろいろな価値とコムニタスのしるしと目される〝精神〟や〝霊魂〟との特別な結合に当面することになるのである。

ラトレイは、それ以上あるというが九つのントロの区分を算(かぞ)えている。当然のことながら、この区分は分節的なアブスア、母系リネージの構成を超えるものである。ひとつのントロは、伝統的に「かつて人間に授けられた最初のントロ、すなわち、ボソンムルのントロ the Bosommuru *ntoro*」であると考えられてきた（Rattray, 1923, p. 48）。ラトレイによれば、その成立に関する神話は、ントロについてのアシャンティ一般の考え方を明示するものである。

　はるかな昔、ひとりの男とひとりの女が大空から降りて来た、また、ひとりの女が大地からやって来た。

> 大空の神オンヤメ *Onyame* からは、また、一匹の大きな蛇オニニ *Onini* がやって来て、その棲家を、いまではボソンムルとよんでいる川の中につくった。
>
> はじめは、これらの男女は子供をつくらなかった。かれらには欲望がなく、そしてその頃は、妊娠や出産は知られていなかった。
>
> ある日のこと、蛇がかれらに尋ねた、あなた方は子孫をもたないのか、と。そして、かれらがもたないと答えると、蛇はいった。私が女たちを孕めるようにしてあげる、と。かれはカップルに向かい合って立つようにいいつけ、そして川に跳び込んだ。しばらくして川からあがってくると、クス・クスということば（*kus kus* ントロやオンヤメに関係する儀礼のほとんどの場合に使われる）を唱えながら、水をかれらの腹部にふりかけた。それがすむと、かれらに、家に戻って一緒に寝るように、命じた。
>
> 女たちは孕み、そして、世界で最初の子供たちを産んだ。この子供たちは、自分のントロとしてボソンムルを受けとり、男はみな、自分の子供たちにこのントロを伝えた。ボソンムルのントロの男ないし女が死んだ蛇を見ると（かれらは決して蛇を殺さない）、かれらはその上に白土をかけて埋葬する（pp. 48-49）。

この神話では、精液と社会的区分という意味をもつントロが、大空の神（この神は雨や水の神でもある）や水や川や女性の豊饒と関連づけられている。ほかのントロの区分、たとえば、中央アシャンティ地方の大きな湖のボソムトゥエや、アシャンティに水源を発する川のボソムプラは、湖や川といった水域に関連がある。アシャンティの主要な神々は男神で、至高神オンヤメの息子たちである。さらに、この神々はみな、豊饒の主要象徴である水と関連がある。それは、アシャンティ族が、下位の集団関係とは無関係に、共通に心に抱いている幸福をもたらすものを拡大することによってである。ラトレイはアシャンティのことばを引用していう。「オンヤメは、自分の息子たちが人類から恩恵を受け、そして、人類に恩恵を授けることができるようにと、息子たちを地上に送ることに決めた。この息子たちはみな、現在の川や湖の名前や、……そして、何らかの重要性をもつすべての他の川や水の名前を付けられていた。これらの川の支流は、かれらの子供たちである」(pp. 145-146)。かれは付け加える。「アシャンティ族の語るところは、アシャンティにある水にはすべて、川でも湖でも、創造神の力や霊が籠められており、したがって、生命を与える偉大な力であるとして、敬われていることを示すのに十分である。『女が子供を産むように、水は神を産む』と聖職者のひとりがあるとき、私に語ってくれた」と(p. 146)。ラトレイは、また、ほかの、たとえば唾液のような身体から出る分泌液は象徴的に「人間のもつコントロ的要素」と関係づけられているという(p. 54)。ボソンムル川と関連のある儀礼がおこなわれているあいだ、アシャンティ王は「生命を私に、そしてこの国には繁栄を」といいながら、水を口に含み霧を吹く。ボソンムル神話にみられる白の象徴的表現は、水の神々が崇拝対象となっている多くの儀礼の文脈でくり返される。他方、至高神やほかの神々に仕える聖職者たちは白い衣服を着ることがきまりになっている。私は数冊の著書（Turner, 1961; 1962; 1967）で、アフリカその他の多くの社会における白の象徴的表現やその内容である精液、唾液、健康、力、瑞祥について論議した。アシャンティの白の象徴主義はンデンブの白の象徴主義と、その意味内容という点でよく似ている。

アシャンティについての検討の結果を要約するとつぎのようになる。すなわち、父＝子のきずな、ントロ（精液、精霊、そして広く分散した構成員をもつ社会の区分として）、男らしさ（父のイメージ、オンヤメ、その息子たち、男性のシンボルである神話の蛇に表象される）、唾液、水、水を吹きつける浄め、湖、川、海、白のシンボリズム、そして聖職者などの間には観念連鎖（ネクサス）があるようにみえる。これに加えて、首長たち、とくに、王は、はっきりと、アダエ *Adae* その他の式典では大空の神と川に、とくにアダエ儀礼で演奏されるもののいうドラムの神託（メッセージ）が暗示するようにタノ川に、関連づけられている（Rattray, 1923, p. 101）。

女性原理とアブスアは、すでにみたように、血液と、また血液を通じて多様さに富む赤の象徴と、関連づけられている。ほとんどいたるところで、血液と赤は、吉祥と不吉の両方の内容をもっている。アシャンティでは、赤は戦争（Rattray, 1927, p. 134）、妖術（ウィッチクラフト）（pp. 29, 30, 32, 34）、怨念に燃える生贄の亡霊（p. 22）、葬式（p. 150）と関連がある。いくつかの場合では、白（男性）のシンボリズムと赤（女性）のシンボリズムは直接的に対立している。たとえば、ラトレイによれば、タノあるいはタ・コラ川の神は「女性たちに対してはとくに冷淡で敵意さえもっている。かの女たちは感謝を知らない生き物（バンニァイエ banniaye）だとこの神は宣まう。いかなる女性もこの神の霊所に触れることは許されず、この神に仕える女性のアコムフォ（*akomfo*、聖職者）はいない。月経中の女はこの神のタブーのひとつである」（p. 183）。タノ川はこの民族の最高の首長であるアサンテヘネ Asantehene の重要な役割のひとつをアダエ儀礼で演じているのである。妖術と葬送儀礼の赤のシンボリズムはアブスアの構成員たちとある関係にある。妖術に関して互いに責め合うのは母系親族であり、また、死のほとんどは妖術に帰せられるからだ。ここには血のつながりという観念にひそむもうひとつの不吉な意味がある。赤のシンボリズムは、また、〝女神〟と考えられている大地の神アサセ・ヤの崇拝に関係がある。ラトレイによれば、「この女神は月経（クイリ・バラ *kyiri bara*）をタブーとしなかった。かの女は人間の血が好きだった」（p. 342）。

ラトレイが集めた赤のシンボリズムに関する莫大で詳細なデータ（Rattray, 1927）から、さらに引用を増やして、アシャンティが女性、死、殺害、妖術、不吉、月経の不浄、生贄の人間や動物を関係づけていることを証明しよう。たとえば、アシャンティ族には〝赤い〟スマン *suman*、すなわち、〝呪物〟がある。これには「贖罪羊、ないし、世の悪や罪をその身に引き受けるなにかという性質」がある（p. 13）。これは赤いエソノ *esono* という染料（アドウィノ *adwino* の木——多分 *Pterocarpus* の一種——の樹皮を砕いてつくる）にひたしてつくる。この染料（エソノ）は〝人間の血の代わり〟であり、大地崇拝のとき使われる。エソノはまた、月経の血の代わりでもある。クンクマ *kunkuma* という呪物もまた、生贄の羊や鶏の血で着色され固められたもので、女性が月経のときに使う繊維（バハ *baha*）がそのなかに入れられている（p. 13）。ここでは生贄動物の血と月経の血が自然の秩序や社会秩序の裂け目——〝悪と罪〟——と関係づけられている。最後に最も興味深い例を示そう。一年に一度、最初のントロの霊所、すなわち、前に述べたボソンムルのントロの霊所の儀礼的冒瀆がなされる。このントロはアサンテヘネ自身のントロであることが多い。この儀礼の当日、「王は赤いエソノを塗りつけられる」（p. 136）。このやり方でントロの白さとボソンムル川は冒瀆を受けるのである。霊所をあとで浄めるときは、聖なる川から水をたくさん汲んできて、それに白土を混ぜて、霊所にふりかける。

父系社会の多くでは、とくに血の反目のある社会では、曖昧な血のシンボリズムに関係があるのは男系の出自である。しかしアシャンティにおいては、母系が支配的な統合の原理であり、男から男へという出自の連環は、ほとんど全面的に吉祥とみなされ、豊饒、健康、力、万人に共有される人生の価値のすべてを司る大空の神や偉大な川の神々と関係づけられている。ここでもふたたび、構造的に劣位にあるものが道徳的儀礼的には優位者であること、世俗的な弱さが聖なる力であることをみるのである。

リミナリティ、低い身分、コムニタス

さて、儀礼の境界的段階にある修練者、征服された土着の人々、弱小民族、宮廷の道化師、聖なる乞食僧（こつじき）、よきサマリア人、千年王国論運動、法（ダルマ）の放浪者たち、父系社会における傍系の母系、母系社会における傍系の父系、修道院の戒律といった一見複雑多岐な諸現象の特質を説明しようとするひとつの仮説について、注意深く再検討するときがきたようである。これらはたしかに社会現象のでたらめに組み合わされた一群ではある！ しかし、それらはすべて以下のような共通の特徴をもっている。すなわち、それらは、(1)社会構造の裂け目にある、(2)その周辺にある、あるいは、(3)その底辺を占める、人間であり原理である。ここで、社会構造の定義の問題に戻ることが必要となった。定義についての権威ある源泉のひとつは、『社会科学辞典』*A Dictionary of the Social Sciences* (Gould and Kolb, 1964) である。そこでは、A・W・アイスターが社会構造の概念にかんする主要ないくつかの定式を再検討している。スペンサーや近代の多くの社会学者は、社会構造を、「多少とも明確な配列をもつ（ひとつ以上の型がありうる）専門化され相互に依存する諸制度〔強調はアイスター〕、および、それらが包含する地位および、あるいは、行為者の

制度化された組織であって、すべて、欲求と能力を与えられている人間の集団が（相互作用のさまざまな型や様式で）相互に作用し合い、その環境をうまく処理しようと努力を重ねてくるにつれて、事物の自然の過程のうちに展開されたもの」と考えている（pp. 668-669）。レイモンド・ファースの考え方はそれより分析的である。すなわち、「人類学者たちが、通常研究する型の社会では、社会構造は、土地との関係に基礎づけられたひとつの階級組織からもおなじように発生する危機的な、あるいは、基礎的な、諸関係を含んでいる。社会構造の別の諸側面は別の種類の持続的な集団、たとえば、民族、カースト、年齢集団、秘密結社などの構成員を通じて発生する。さらに別の基礎的な諸関係は親族体系の地位に帰せられる」（Firth, 1951, p. 32）。

たいていの定義には、地位ないし身分の配列という観念が入っている。たいていは諸集団や諸関係の制度化とか永続性を意味している。古典的な機構学（メカニックス）、動物や植物の形態学（モルフォロジー）や生理学、最近ではレヴィ＝ストロースの場合にみる構造言語学が、概念や様式（モデル）や対応形態をさがし求める社会科学者たちによって荒らされている。すべてが、共通して、多少とも漸進的な修正を加えつつ、時間のうちに継続する部分や地位の超組織的な配列という観念を、分かち合っている。〝葛藤（コンフリクト）〟という概念が〝社会構造〟という概念と関連をもつようになってきた。諸部分の分化発展は部分間の対立となり、そして稀少な身分は、それをおのれのものと主張する個人や集団の闘争の対象となるからである。

私が関心をもっている〝社会（ソサヤティ）〟のもうひとつの次元は定義するのがより容易ではない。G・A・ヒラリーは〝共同体（コミュニティ）〟という語の定義を九十四種も再検討したが、「人々が共同体に含まれているという概念を超えては、共同体の性質に関する完全な同意はない」と結論している（Hillery, 1955, p. 119）。したがって、この分野は、現在でもなお、新しい試みに対して開かれているようにみえる！　私はコムニタスに特定の地域的設定を加えようとする考え方を努めて避けてきた。地域的設定は多くの定義に広くみられるが、その性質上、しばしば限定を加えるものであるからだ。私にとってはコムニタスは社会構造が存在しないところに出現するものである。このむずかしい概念をことばに表わすためには、恐らく、マルティン・ブーバーの方法が最良のものであろう――ブーバーは社会科学者というよりも才能ある生え抜きのインフォーマントとみなければならないと私は思うが。ブーバーは〝コムニタス〟を表わすために〝共同体（コミュニティ）〟という語を用いている。すなわち、「共同体は、もはや、大勢の人間の傍らに（上や下に、と付け加えることもできよう）あるのではなく、そのお互いと共にある存在である。この大勢の人間は一つの目標に向かって動くのであるが、しかも、いたるところで、他者に向かい、他者とダイナミックに対面し、〝我〟から〝汝〟へ流れ出ることを経験するのである。共同体は共同体が発生するところにある」(Buber, 1961, p. 51)。

ブーバーは、コムニタスの自然的で直接的で具体的な性質を、社会構造の規範＝支配的で制度化された抽象的な性質に対立するものとして、的確に指摘している。しかも、コムニタスは、社会構造の諸相と並置され交配されることによってのみ、いわば、はっきりとなるか、近づきやすくなる。ゲシュタルト心理学において形（フィギュール）と素地（グルント）が相互に決定しあうように、あるいは、天然には純粋な形で見ることのできない稀少な元素が化合物の構成要素としてあるように、コムニタスは構造とのある種の関係においてのみ把握される。コムニタス的要素がとらえどころがなくはっきりと固定しにくいというまさにその理由で、それは重要なのである。ここでは老子の車の車輪の話〔『老子』第十一章〕が適切である。老子はいう、車の輻（や）と輻が集まっているこしき（心棒と輻を支える車輪の中心部）は、中心に穴があり、空所があり、無でなければ役に立たない、と。コムニタスは、その非構造的な特質でもって人間の相互関係性、ブーバーがダス・ツヴィッシエンメンシュリッヘ das Zwischenmenschliche と称したもの、の〝急所〟を表象するが、〝中心が無〟ということでよく表象されるであろう。中心は無であっても、それが車の構造上の機能には絶対に必要なのである。

コムニタスの概念を考えたほかの人たちと同じく、私自身、比喩（メタファー）や類推（アナロジー）に頼らざるをえないのは偶然でもなければ科学的厳密さに欠けるためでもない。コムニタスは実存的な性質のものである。それは人間の全人格を他の人間の全人格との関わり合いにまき込むものである。他方、構造は認知的性質をもつ。レヴィ＝ストロースが考えているように、それは本質的に分類のセットであり、文化や自然について考え、自分の公的生活を秩序づけるための様式（モデル）である。コムニタスにはまた、可能性という一側面がある。それはしばしば仮定法（サブジャンクティヴ・ムード）にある。全人格的人間の諸関係は象徴や比喩や比較を発生させるものである。芸術と宗教はそれらの所産であって、法律的また政治的な構造ではむしろない。ベルグソンは、予言者や大芸術家のことばや著作のうちに、かれがエラン・ヴィタル élan vital、すなわち飛躍する〝生命の力〟と称したものの表現のひとつである〝開かれた道徳〟の創造を見ている。予言者や大芸術家は境界状況下や周辺にいる人たち、〝端（はし）の人〟（edge men）であることが多く、情熱的な誠実さで、社会的身分や役割実行にともなうステレオタイプの表現を自分たち自身から取りのぞき、そして、他の人たちと、事実ないし想像において、生きた関係に入ろうと努力する。かれらの作品のなかに、われわれは、構造のなかにいまだ具体化も固定化もされていない人類のあの未経験な飛躍の可能性のきらめきを、とらえることができるのである。

コムニタスは、境界性（リミナリティ）において社会構造の裂け目を通って割り込み、周辺性（マージナリティ）において構造の先端部に入り、劣位性（インフェリオリティ）において構造の下から押し入ってくる。それは、ほとんどいたるところで、聖なるもの、ないし〝神聖なるもの〟とされている。恐らく、それが構造化され制度化された諸関係を支配する規範を超越し、あるいは解体させるからであり、また、それには未曽有の力の経験がともなうからであろう。ゴッフマンがわれわれに注意を喚起しているが、〝平等にする〟そして〝裸になる〟過程は、その主体たちを情念でみなぎらせるようにみえる場合が多い。本能的なエネルギーは、たしかに、この過程によって解放される。だが、私はいまでは、コムニタスは生理的に継承された衝動が文化的抑制から解放されてつくる単なる所産ではないと考えるようになった。むしろそれは、合理性、決断力、記憶力など社会での生活経験とともに発達する人間に特有な能力の所産であると思う——タレンシ族の場合に、バコロゴの霊所を自分のところに設けるようにするいろいろな経験を経験するのは、ただ成熟した大人たちである、ということとまったくおなじである。

人間たちのあいだには包括的なきずながあるという観念や、それに関係する〝人類〟という情操はある種の群居本能の所産ではなく、「全人格的に関わりをもつ全人格性をもった人間」の所産である。境界性、周辺性、構造的劣位性は、神話、象徴、哲学体系、芸術作品が頻繁に発生する諸条件である。この種の文化形態は、人間に、あるレヴェルでは現実や社会、自然、文化に対する人間の関係のしかたの定期的な再分類である型取り工具ないし様式のセットを提供する。しかしながら、それらは分類を超えるものである。それらは人間を思考に赴かせるばかりか行動にも駆りたてるからである。これら所産はどれも多義的な性質のもので、多くの意味を担っている。そして、それぞれは、多くの心理＝生理的なレヴェルで、同時に、人々を動かすことができるのである。

そこには一種の弁証法がある。というのは、コムニタスの無媒介性は構造の媒介性に譲歩し、一方、通過儀礼では、人間は構造からコムニタスに解放され、そして、かれらのコムニタス経験によってふたたび活力をえた構造に戻るばかりであるからだ。たしかなことは、いかなる社会もこの弁証法なしには適切に機能することができないということである。構造の誇張は〝法律〟の外側に、ないしそれに対抗して、コムニタスの病的な出現を導くかもしれない。コムニタスを誇張すれば、平等化をめざすある種の宗教運動や政治運動のうちに、急速に、専制主義、極端な官僚主義、あるいは、ほかの様式の構造的硬直化を惹き起こすかもしれない。なぜならば、アフリカの割礼小屋の修練者、ベネディクトゥス派の修道僧、千年王国論運動の参加者たちのように、共同体の中で生活する人たちは、遅かれ早かれ、それが宗教的な戒律であれ、神の霊感をえた指導者であれ、また独裁者であれ、絶対的権威を獲得するように見えるからである。人間の物質的欲求や組織化の欲求が適切に満たされることになるならば、コムニタスは独り立ちすることができないのである。コムニタスの極大化は構造の極大化を惹起せしめ、構造の極大化は、こんどは、新たなるコムニタスを求める革命的な努力をつくり出すのである。偉大な社会の歴史はどの場合も、政治のレヴェルで、この振動を証拠立てている。つぎの章では二つの大きな実例を扱うことにする。

私は、前に、財産が、個人的に所有され相続され管理される場合でも、あるいは、集団によってそうされる場合でも、構造との結びつきが密接であることについて言及した。たいていの千年王国論運動は財産を廃止し、すべてを共有のものにしようと努力する。通常、そのことは短い期間にだけ——千年王国あるいは先祖の恵みが到来するとされる日までの——可能である。予言がはずれると、財産と構造が戻ってきて、その運動は制度化されるか、あるいは、崩壊し、その参加者たちは構造化された秩序の取り巻くなかに呑み込まれてしまう。ルイス・ヘンリー・モルガン自身、世界的規模のコムニタスの到来を切望していたふしがある。たとえば『古代社会』の最後の格調高い数節で、かれはつぎのように書いている。すなわち、「進歩が過去の法則であったように未来の法則であるとするなら、単なる財産の発展は人類の最終的な運命ではない……社会の崩壊が、財産が目的であり、目標である発展の終局となる見込みはある。かかる発展には自己崩壊の諸要素が含まれているからである。政治における民主主義、社会における同胞愛、権利ならびに特権における平等、そして普通教育は、経験、知性、知識が着実に向かってゆくつぎのより高い段階の社会の前兆となっている」(Morgan, L. H., 1877, p. 552)。

ここにいう「より高い段階」とはなにか？　モルガンがルソーやマルクスのような思想家が犯した誤りに従っているように思われるのは、その点においてである。その誤りとは、過去や現在のあらゆる社会のひとつの次元であるコムニタスと古代ないし未開の社会との混同である。モルガンは続けていう。「それは古代の氏族(ゲンス)の自由、平等、同胞愛のより高度の形における復活であろう」と。しかし多くの人類学者が現在確認しているところでは、無文字社会における慣習的な規範、身分や威信の相違は、個人の自由や選択に対してはわずかな余地しか残していない――個人主義的人間は妖術師とみなされることが多い。たとえば、男と女、大人と若者、首長と一般人民の間の真の平等に対しても同様である。同胞愛にしてみても、年長のキョウダイと年下のキョウダイの間には鋭い身分的区別がある場合が多い。タレンシ、ヌエル、ティヴの社会における対抗的な分節の構成員には部族的な友愛の余地すら残されていない。このような成員構成は個人を構造や構造分化につきものの葛藤状態に委ねている。しかしながら、きわめて単純な社会においてすらも、構造とコムニタスの区別は存在し、境界性（リミナリティ）、周辺性、劣位性という文化的属性に象徴的表現をえている。さまざまな社会において、そして、それぞれの社会のさまざまな時期に、この〝不滅の対立者〟（フロイトのことばで、かれはちがった意味で使っている）の一方あるいは他方が上位を占めている。だが、この両者は一緒になって、人間とその仲間の人間との関係について、〝人間の条件〟the human condition を構成するのである。

第四章

コムニタス——様式と過程(プロセス)

コムニタスの諸形式

この章は、社会的諸関係の背後構造の諸相 the meta-structural aspects ともいうべきもののさまざまな側面について、私がコーネル大学で、学生や教授の学際的なグループとともにおこなったセミナーから、自然に生まれたものである。私はイギリス人類学の正統的な社会＝構造主義の伝統のなかで育てられた。この伝統は、大まかにいえば、〝社会〟を社会的地位の体系とみなすものである。このような体系は、分節化された構造、あるいは階級組織の構造、またはその両者をもつ。私がここで強調したいのは、社会構造の諸単位は身分、役割、職務の間の諸関係だということである（ここではもちろん私はレヴィ＝ストロースが好む意味で〝構造〟という語を使っているのではない）。社会構造の諸様式の利用は、文化や社会の光の当たらない多くの領域の解明に大へん役立ってきた。だが、他の主要な鋭い洞察とおなじく、この構造的見解も、時の経つうちに、足枷(フェター)となり呪物(フェティッシュ)

になってしまった。フィールドの経験や芸術作品や古典の広い読書から、私は、〝社会的なもの〟と、〝社会構造的なもの〟とはおなじではないと確信するにいたった。社会関係の別な諸様式が存在するのである。

構造的なものを超えて、トーマス・ホッブス流の〝万人の万人に対する戦い〟のみならず、われわれのセミナーですでに認知された関係の一様式であるコムニタスも存在する。本質的に、コムニタスは具体的、歴史的、個性的な諸個人の間の関係である。これらの個人は、役割や身分に分節化されることなく、マルチン・ブーバーの〝我と汝〟というしかたで相互に対面している。人間の相互確認(ヒューマン・アイデンティティズ)という直接的で無媒介で全人格的な対面には、観念的に、人類という境界と境を接して、同質的で構造化されていないコムニタスのような、社会の一様式がともなうものである。コムニタスは、その点でデュルケムの〝連帯(ソリダリティ)〟とは著しく相違している。デュルケムのいう〝連帯〟の力は内集団(イン・グループ)対外集団(アウト・グループ)の対比に依存するからである。コムニタスと連帯との対比は、アンリ・ベルグソンの〝開かれた道徳〟と〝閉ざされた道徳〟との対比に、ある程度似てはいる。しかし、コムニタスの自然発生性と無媒介性――構造の法律・政治的性質と対立するものとしての――が長期にわたって維持されることはほとんど不可能である。コムニタスそのものがやがて構造に発展する。そこでは、諸個人間の自由な諸関係は、社会的人格のあいだにおける規範＝支配型の諸関係に変化してしまうのである。かくして、以下の識別が必要となる。(1)実存的あるいは自然発生的コムニタス *existential* or *spontaneous* communitas。これは、今日のヒッピーたちなら〝ハプニング〟とよび、また、ウィリアム・ブレイクなら〝翼にて飛びゆく瞬間〟とか、〝悪徳を相互に許す心〟とよぶであろうようなものに、ほぼ近い。(2)規範的コムニタス *normative* communitas。そこでは、時間の影響、資源を動員し組織する必要性、共通目標追求の集団構成員を社会的に統御する必要性などのために、実存的コムニタスが持続的な社会体系に組織される。(3)イデオロギー的コムニタス *ideological* communitas。これは、実存的コムニタスに基礎づけられたさまざまなユートピア的様式の社会に貼られるラベルである。

イデオロギー的コムニタスは、実存的コムニタスという内的経験が外側に表われる諸効果――外部形式とよんでもよい――を記述する試みであると同時に、この種の経験が盛んになり倍加することが期待されうる最適の社会的諸条件をひとつひとつ読みとる試みでもある。規範的コムニタスもイデオロギー的コムニタスもともに、すでに、構造の領域内にある。そして、構造や法律への〝後退であり失墜〟と多くの人たちがみるものを経験することが、歴史上にあらわれたすべての自然発生的コムニタスの運命である。コムニタス型の宗教運動において、型に嵌められるのは、指導者のカリスマばかりでなく、その弟子たちや信奉者たちのコムニタスもおなじである。私の意図するところは、二つのよく知られている歴史上の実例、すなわち、中世ヨーロッパの初期フランシスコ派修道士と十五、六世紀インドのサハジーヤー派について、この広く分布する過程（プロセス）の大まかな輪郭を跡づけることである。

さらに、構造は実用的でこの世的であるのに対し、コムニタスは思弁的であることが多く、比喩的な観念や哲学的理念を発生させる。われわれのセミナーが十二分に注意を払ったこの対照の一例は、部族的なイニシエイション儀礼の境界的（リミナル）段階を特徴づける規範的コムニタスである。ここには、通常、イギリス人類学的意味での社会構造の大きな単純化があり、イデオロギー的構造の豊かな細胞分裂が、レヴィ＝ストロースの意味での神話や聖なるものの形でそれに付随している。たとえば、親族関係、経済、政治構造といった諸領域における構造的分化の細目を撤廃する規則は、人間に本来的な構造に対する趣好を解放し、それが、神話、儀礼、象徴といった文化の領域で自由に力を発揮するようにしている。しかしながら、ここでわれわれに関係あるのは、部族的イニシエイションではなく、宗教運動の起源である——両者とも、社会そのものがひとつの安定した状態から他の状態へと動いてゆく社会の根本的な変革期に、その目標（テルミヌス・アド・クエム）とするところが地上にあると信じられようと天国にあると信じられようと、発生するという点で、境界的（リミナル）な特質を示すということはできるであろう。

われわれのセミナーでは、また、宗教や文学において、規範的コムニタスやイデオロギー的コムニタスが、構造における劣位なる範疇（カテゴリー）や集団や類型やあるいは個人によって象徴される実例を、つぎつぎに検討した。それは父系社会における母の兄弟から始まって、征服された土着民、トルストイの農夫、ガンディの不可触賤民(ハリジャン)、中世ヨーロッパの〝聖なる貧民〟あるいは〝神の貧しき者たち〟にまで及んでいる。また、たとえば今日のヒッピーたちも、昨日のフランシスコ派の修道士のように、コムニタスに到達するための構造における劣位(インフェアリアー)者の諸属性を身に帯びている。

イデオロギー的コムニタスと自然発生的コムニタス

われわれが規範的コムニタスとよぶ平等主義の様式が、当該文化に、とくに境界的状況(リミナリティ)や構造における劣位(インフェリオリティ)性に存在することを知る手がかりや指標となるものがある。それらは無文字社会や産業化以前の社会では、ばらばらに散らばっているが、文字をもつ複雑な社会では、古代社会においても近代社会においても、人間が一緒になって仲間同士調和して生きていくにはどうすればいちばんよいか、という問題に関する明確な形をとった数多くの見解となって、確実な奔流を形成している。このような見解は、すぐ前のところで記したように、イデオロギー的コムニタスと称することができる。これらの観念的で無構造の領域についての見解が広く普遍的にみられるということを示すために、私は、空間的にもまた時間的にも相互にかけ離れている諸資料から手当たり次第に、証拠となる事実を提示しようと思う。これら資料的事実においては、宗教的なものの場合でも世俗的なものの場合でも、一方ではリミナリティ、構造における劣位者、どん底の身分、構造からの局外者と、また一方では、万人の平和と協調、豊饒、心身の健康、普遍的な正義、万人相互の仲間意識と同胞愛、神を前にした平等、老若男女を対象とする法と生命力、すべての民族、すべての人種的集団の人間といった普遍的な人間の価値との間に、かなり規則的な関係が維持されている。そして、これらユートピア的見解のすべてにおいてとくに重要なことは、平等と財産欠如が一貫して関連づけられていることである。たとえば、シェイクスピアの『あらし』(第二幕第一場、一四一行―一六三行)に出てくるゴンザーロの理想共和国をとってみよう。そこでゴンザーロは悪党のアントニオとセバスチャンにつぎのように語りかけている。

ゴンザーロ
　その共和国では、私はふつうとは反対に
　すべてのことを実行しよう。どんな種類の取引きも
　私は認めないだろう。どんな行政官の職名もない。
　文字も学ばれることはない。金持も貧乏も、
　奉公人を使うことも、全然ない。契約、相続、

境界、領地、耕作地、葡萄畑も全然ない。
金物も穀物も、あるいは葡萄酒も油類も全然使わない。
職業もない。男はすべて、怠けもの。
女もおなじ、だが純潔無垢。
君主もない――

セバスチャン
しかも、かれは王になろうというのだ。

アントニオ
奴の共和国の終わりのところは初めのところとくいちがっている。

ゴンザーロ
万人に共通なものはすべて自然が作り出すであろう、
汗も努力もなしに。反逆も犯罪も
剣も槍も小刀も鉄砲も、いかなる道具の必要も、
私にはないだろう。だが自然は与えてくれよう、
おのずから、つぎからつぎへと、すべてを豊かに、
汚れなきわが人民を養うために。

セバスチャン

かれの人民は結婚はしないのか？

アントニオ　誰もしないさ。みな怠け者。淫売とごろつきだ。

ゴンザーロ　私は完全無欠に治めるであろう、

黄金時代を凌ぐように。

ゴンザーロの共和国はコムニタスの属性の多くをそなえている。社会は継ぎ目なしで無構造のひとつの全体と考えられている。それは身分も契約――ヘンリー・メイン卿の社会発展に関する完全な体系の進化論的な両極である――もおなじく拒否し、境界や領土、耕作地、葡萄園とともに私有財産を回避し、必要な一切をみたすためには自然の恵みをあてにしている。もちろん、かれはカリブ海地方という派手な豊かに設定された舞台に登場する。もうすこし厳しい風土的条件にあったなら、人間は暖をとるだけのためにも働かなければならなかっただろう。こうして、かれはあらゆるユートピアのもつ決定的な難点――人間は労働によって生活必需物資を生産（経済学の用語でいうなら資源を動員）しなければならないということ――を回避している。資源を動員することは人民を動員することを意味する。このことは〝目的〟や〝手段〟や必要とされる〝満足の引延ばし〟を備えている社会組織をも意味する。こうしたことのすべては、結果的に人間と人間のあいだに秩序のある構造的な諸関係を、たとえ一時的にせよ、樹立することになる。このような条件下では、ある者は先に立って命令し、そして他の者はそれを受けて従わなければならないから、資源を生産し分配する体系はそのなかに構造的分節化と階級制度との萌芽を含んでいるのである。ゴンザーロはこの面倒な事実について、自然の信じられないほどの豊饒さを仮定することによって辻褄を合わせている――そして、それによって、かれの気高い夢全体がもつ不条理を示すことになったのである。シェイクスピアもまた、よくやるように、セバスチャンに「しかも、かれは王になろうというのだ」といわせて、端役の口を借りて正当な論議を提示している。ここにわれわれは、完全な平等がひとつの社会的次元で想定されるときはつねに、別な次元で完全な不平等を惹き起こすという直観を、検出することができる。

ゴンザーロによって強調される究極的なコムニタスの価値は、支配者なしに生活する人たちの純朴・純粋という価値である。のちになってルソーが非常に洗練を加えて発展させることになるが、財産をもたず、絶対平等という無構造の状態に生きる人間はその性が善であるという考え方を、ここにみることができる。実際、ゴンザーロは、かれの純朴な人民の間には、裏切りも犯罪も剣も槍も小刀も鉄砲も――かれはこういったものと戦さ道具の必要性とを同一視しているようである。戦争、抗争、ないしは、いかなる〝政治運動〟

も技術と、もっとも初歩的な技術とすらも、必然的に結びついているかのごとくに——存在しないことを、暗示している。

ゴンザーロの共和国は、恐らく他のどのイデオロギー的コムニタスよりも、マルティン・ブーバーが〝人間の相互関係〟と称したもの（Buber, 1958, 1961）、すなわち、自然発生的コムニタスに、密着しているであろう。ブーバーが〝共同体〟という語を使うとき、かれは、まず第一に、制度化された構造を備えた持続的社会集団について語っているのではない。かれとてもちろん、そのような集団が共同体に設立されうるものであり、ある種の集団は、イスラエルの小集団農場や大集団農場のように、その精神をもっともよく保持しているとは、信じている。だがブーバーにとって、共同体とはもっとも純粋に、全人格的で具体的な人間のあいだの関係の一様式、〝我〟と〝汝〟のあいだの関係の一様式である。この関係はつねにひとつの〝ハプニング〟であり、各人が他者の存在を十分に体験するとき、一瞬のうちに相互のあいだに生まれるなにかなのである。ブーバーはいう。「私が他者と、本質的に、つまり、かれがもはや私の〝我〟の一現象ではなく、そうではなくて私の〝汝〟であるというしかたで関係をもつときにだけ——相互関係の非の打ちようもない純粋さにおいて——他者と交わすことばの実在を私は体験するのである」（Buber, 1961, p. 72）。だが、ブーバーは、共同体を〝我と汝〟という対の関係に限定しているのではない。かれはまた、〝本質的な我ら essential We〟について語っている。それは、かれの意味するところでは「自我と自我の責任をもつ数人の独立した個人の共同体である……その我らは汝を包含している。おたがいに対して汝と真によぶことができる人たちだけが、おたがいに真に我らということができる……いかなる種類の集団形成も、それだけでは、本質的な我らの実例にはならないが、その多くの場合に、我らを発生させる条件に恵まれている種類のものを、かなりはっきりと認めることができる……もし、権力を渇望し、他者を自分の目的のための手段とするような、あるいは、重要人物たることを切望しおのれを誇示するような人間がひとりでも容認されるならば、それだけで、我らの発生やその持続を妨げるのに十分である」(pp. 213-214)。

ブーバーは、右に見るような表現のしかたで、〝本質的な我ら〟が、全人格的人間同士の非常に力に満ちたものであっても、一時的な関係であることを明らかにしている。私の考えるところでは、持続ということには制度化とくり返しという意味が含まれる以上、〝本質的な我ら〟は境界的な性質をもつものであり、他方、共同体(ごく大雑把にいえば自然発生的コムニタスとおなじ)は、つねに、完全にユニークなものであり、その故に、社会的には一時的なものである。ブーバーはときどき、この相互関係の経験を構造の形式に変える可能性について考え違いをしているようにみえる。自然発生的コムニタスは構造の形式では決して適切に表現されえない。それは、あるとき突然、何らかの種類の、あるいはあらゆる種類の社会的集団構成の成員と認められ規定される人間、ないしは、いずれの集団構成にも属していない人間のあいだに発生する。社会や個人の発展の周期（サイクル）は、無文字社会においては儀礼によって保護され刺激される境界状況の多少とも幅のある瞬間——その中核には潜在的なコムニタスを備えている——によって区切りをつけられるが、それと同様に、複雑な社会における社会生活の段階構造も、自然発生的コムニタスの無数の瞬間によって区切りがつけられる。ただし、この場合には刺激も保護も制度化されてはいない。

多様な社会関係をもつ産業化以前の社会や初期の産業社会では、自然発生的コムニタスは神秘的な力と結びつく場合が非常に多く、また、それは神々ないし祖先たちが賜わる恵みないし恩寵とされていたように思われる。だが、それにもかかわらず、請願儀礼という手段を用いて、神々や祖先たちが人間にこのコムニタスという恵みを賜うようにする試みが、主として境界状況における隔離の段階でなされている。しかし、自然発生的コムニタスを表現すると考えられる特定の社会形態はない。むしろ、それは社会的地位や身分に就く間の空白期間、〝社会構造の裂け目〟として知られていたところに、よく発生するものと期待されていた。複雑に産業化した社会においても、なお依然として、その痕跡を、教会の礼拝式や、自然発生的コムニタスの到来を準備する制度化された試みをもつ他の宗教組織において見ることができる。しかしながら、この関係様式は、自然発生的な境界的状況で——社会構造上の役割＝実行が支配的である諸状態の中間にあるどっちつかずの段階、そして、とくに身分が同等の人たちの間で——いちばん多く発生するように思われる。

ごく最近、アメリカや西ヨーロッパで、自然発生的コムニタスを、敢えていうならば、呪文で招来させるような儀礼的諸条件を、再創造するいくつかの試みがなされている。ビート族やヒッピーたちは、多くの宗教のレパートリーのなかの象徴や礼拝行動、また、〝精神拡大の〟薬、〝ロック〟音楽、フラッシュ・ライトなどを取捨選択し、ごたまぜに使って、おたがい同士の〝完全な〟交わりをつくり出そうと試みている。こうすることによって、かれらは「組織立てられた規則からあらゆる意味で脱却し」、愛に満ちた、静かな相互関係を認識し、完全な具体性のうちにおたがいに到達し合うことができると希望し、信じている。部族の人間が儀礼で、またヒッピーたちが〝ハプニング〟で願うコムニタスは友人、共同作業従事者、職場の同僚などのあいだで、いつでも発生しうるような、愉快な、努力を必要としない仲間関係ではない。かれらが求めるものは、各自の存在の根源に達し、その存在の根源において深い連帯性をもち、分かち合えるなにかを見出すような、人間変革の体験である。

〝存在〟existence という名詞と〝恍惚状態〟ecstasy という名詞とはしばしば語源的に同族関係にあるとされるが、そのことは、ここでは、適切である。存在することは〝局外に立つ〟こと——すなわち、人が、通常、社会体系で占める構造的地位の総体の局外に立つこと——である。存在することは恍惚状態にあることである。だが、ヒッピーたちにとって――多くの千年王国の到来を信ずる人たちの〝熱狂的な〟運動にとってと同様に――、自然発生的コムニタスにおける恍惚状態は、人間の努力の最終の目的と考えられている。産業化以前の社会の宗教では、この状態は、多種多様な構造上の役割＝実行の場に、よりいっそうの関わりをもとうとする目的のための手段とみなされた。そこには、恐らく、より大いなる知恵が存在するのであろう。人間は、たとえば食物・飲物・衣服のようなつつましい欲求の充足や、物質的技術や社会的技術の注意深い教育という点で、相互に責任があるからだ。この種の責任には、人間関係や、また、自然に関する人間の知識を、注意深く秩序づけることも含まれている。詩人リルケが〝人間行為の周到さ〟と称した相互の遠さという神秘がある。それは、近さの神秘とおなじく人間にとって重要である。

ふたたび、人間の社会生活をひとつの過程（プロセス）として、あるいはむしろ、多様な過程として考えることの必要性に戻ることにする。それらの過程では、ある段階――コムニタスが最高である――の特質が深いところで、底知れぬ深さで、他のすべての段階のそれと異なっている。夢想家（ユートピアン）たちによく見られる大きな人間的誘惑は、そのある段階の好ましい愉快な特質を棄てることに抵抗するあまり、つぎの段階に必然の困苦と危険でありうるもののために道を開くことである。自然発生的コムニタスには情緒が豊かにこめられている。しかも主として喜ばしい情緒がである。〝構造〟に組み込まれた生活は、客観世界の困難事に満ちている。いろいろな決定をしなければならない。自分の好みは集団の願望や欲求の犠牲にされ、自然的または社会的な障害の克服は若干の個人的負担でなされる。自然発生的コムニタスには、なにか〝魔術的〟(マジカル)なものがある。主観的には、そこには無限の力の感情がある。だが、この力は、そのままでは、社会生活の組織化された細部には、すぐには適用されえない。それは透明な思考と持続的な意志の代わりにはならない。他方、構造的な活動は、それに関わる人たちが定期的にコムニタスという再生力のある深淵に沈潜することなしには、たちまちに、無味乾燥となり機械的になってしまう。英知とは、時と場所の特定の状況のもとで、構造とコムニタスの適切な関係をつねに見出し、いずれかの様式が最高のときにそれを受け入れ、他の様式も棄てることをせず、そして、その一方の力が現在使われているときにもそれに執着しないことである。

シェイクスピアは反語的に指摘しているようにみえるが、ゴンザーロの共和国は、エデンの園の幻想である。自然発生的コムニタスはひとつの段階でありひとつの契機であって、永遠のあり方ではない。穴掘り棒が地面に立てられ、仔馬が飼い馴らされ、狼の群に防御策がとられ、あるいは、人間の敵が監禁されるや、そこにはもう社会構造の萌芽がある。それは、いたるところで人間が捕えられている束縛の鎖ではなく、すべての男女や子供の肉体的生存ばかりかその尊厳と自由をも保持するための文化的手段そのものなのである。構造に採用されている手段やその手段が使われる方法にはいろいろな欠陥があるかも知れない。だが、先史時代の初めから、このような手段が人間を最も明瞭に人間たらしめるものであることを示唆する証拠はある。このことは、自然発生的コムニタスが単なる〝自然〟であるということではない。自然発生的コムニタスは、構造との対話において、女が男と結婚するように、構造との結びつきにおいて、自然なのである。両者は一緒になってひとつの生命の流れをつくり上げる。一方は力を豊かに供給し、他方は沖積した豊饒さをつくるのである。

フランシスコ派の清貧とコムニタス

ゴンザーロの共和国から、密接に統合された構造体系の諸様式までの間には、理念的に多数の社会形態が存在する。財産に対する姿勢は、コムニタスの諸様式を、より経験的に方向づけられた諸様式、すなわちいろいろな比率でコムニタス型の構成要素を、制度化された構造の組織上の利点についての明確な認識と組み合わせている諸様式から識別する指標である。文学に表現される、あるいは、いろいろな運動や現実の共同体の創始者たちによって主張されるコムニタスの理念的な諸様式と、これらの諸様式に即して生きようとする創始者やその信奉者の熱狂的な試みの結果である社会的過程（プロセス）とを識別することは、不可欠のことである。われわれが、理想と現実の関係、実存的コムニタスと規範的コムニタスの関係の発展的構造に光を当てる行為と決定がもつ微妙なニュアンスに気づくことができるのは、時代を超えて社会の諸分野を、支配的性質がどのようなものであれ、研究することによってのみである。

この種の発展の古典的な例のひとつに、カトリック教会のフランシスコ派修道会の歴史がある。M・D・ランバートは、フランシスコ派の歴史や教義に関する主要な第一資料や第二資料に即して書かれたかれの近著『フランシスコ派の清貧』*Franciscan Poverty*, 1961で、聖フランシスコが清貧についてのある種の見解に即してみずから生きようとし、また、他の人たちをもそのように勇気づけようと試みたときに始まる出来事の流れを、驚くほど明快に再構成している。かれは、フランシスコが、構造化した教会との関係で、また、暗々裡には周りを取り巻く世俗社会との関係で創始したグループの変遷を、時代を超えて検討している。かれは、そうすることによって、自然発生的コムニタスが社会の歴史に参加するときにたどる運命の、過程（プロセス）としての実例を示すことになったのである。その後の運動は、宗教的なものも世俗的なものも、いろいろのテンポで、世の中に対処するしかたで、フランシスコ主義の型（パターン）に従う方向をとることになる。

コムニタスと象徴的思考

ランバートは、フランシスコの独自の思考方法とその清貧に関する考え方について注意深く推論を展開しているが、その要旨は、ほぼ、以下のようになる。まず第一に——フランシスコがコムニタス型の集団の創始者たちの多くと似ている点だが——、「かれの思考は、つねに、直接的、個人的かつ具体的であった。かれの場合、観念はイメージになって浮かんだ。かれにとって思考の連続性は……一幅の画像から他の画像へとつぎつぎに飛躍することで成立する……たとえば、自分の生き方を教皇インノケンティウス三世に説明しようとするときは自分のいいたいところを譬え話で表現している。また、別な機会で、自分の意図するところを修道院の兄弟たちに理解させるときはいろいろな象徴を用いている。この兄弟たちの食卓が贅沢であることは、見しらぬ貧者に扮したフランシスコによって示される。金銭に手をつけることの悪は、この悪を犯した者にフランシスコが懺悔として課す譬え話の人物の役割を演じることで教えられる」(Lambert, 1961, p. 33)。この具体的、個人的、イメージ的な思考の様式は、人間と人間、人間と自然を直接に結びつける実存的コムニタスを希求する人たちの著しい特徴である。抽象化することは直接的な触れ合いを妨げるようにみえる。たとえば、ウィリアム・ブレイクはコムニタスの文学的解釈者としてすぐれているが、その著作『予言の書』*Prophetic Books* で、「他者に善をおこなわんとする者は、微に入り細にわたっておこなわねばならない。一般的な善などは偽善者や悪党の弁解である」と書いている。

また、古代や近代の他のコムニタスの予言者たちのように、フランシスコはいくつかの重大な決定を夢の象徴的解釈に基づいておこなっている。たとえば、一二二〇年に、修道会の公的な指導的地位からの辞職を決心する前に、かれは「一羽の小さな黒い雌鶏の夢をみた。この雌鶏は、一生懸命努力するのだが、あまりに小さくて自分の羽ですべての雛たちを覆うことができなかった」。しばらくして、かれが立法者としては不適格であることを悟らせる別の夢をみた。その夢で、かれは「飢えている兄弟たちにパン切れを食べさせようとするのだが、パン切れはかれの指のあいだからこぼれ落ちて、うまくいかなかった」(p. 34)。フランシスコを立法者として不適格にしたものは、疑いもなく、かれの考え方のもつ具象性そのものであり、かれを取り巻く社会の現場環境を十分に考慮に入れれば、その象徴的表現の多義的な性格であったといえよう。ひとつの社会構造を創り出すためには、とりわけ、ローマ教会の原初的官僚制の枠組のなかでは、抽象化と普遍化、すなわち、唯一義的概念を生む才能と普遍化された先見性をもつ人物を必要とした。しかも、これらは、フランシスコがコムニタスについて抱くヴィジョンのもつ直接性、自然性、そして独特の純度の高い土臭さに反するものであった。さらに、フランシスコは、かれの前後の人たちとおなじく、実存的コムニタスの可能性を最大限に発揮する集団がもつと思われる数字的限界の克服については、まるで無能力であった。「フランシスコは小さな集団には最高の精神的師匠であった。だが、かれは、世界的スケールの秩序を維持するために必要とされる非人格的組織をつくることができなかったのである」(p. 36)。

マルティン・ブーバーは、最近この問題を取り上げて、以下のように論じている。「有機的な共和国(カマンウェルス)――そしてこの種の共和国だけが、一緒になって、形のよい節度のある人類を形成できる――は、決して個人の集まりからは形成されない。それはただ、小さな、そして、より小さな複数の共同体から形成されるのである。国家は、複数共同体(コミュニティーズ)の共同体(コミュニティ)(a community of communities) という意味で、共同体である」(Buber, 1966, p. 136)。かくして、かれは、フランシスコの課題であった詳細な憲法を前もって起草するという問題を、かれのいう共同体の共同体をすこしずつ一貫性に向かって進ませるということで、回避している。そのことは、中央集権主義と地方分権主義とのあいだに、また、理想と現実とのあいだに――「それらの正しい比率についての絶えざるそして倦むことのない比較考量をおこなって」(p. 137)――ひとつの関係を指示しうる「偉大な精神の働き」によって成しとげられることである。

ブーバーは、要するに、より大きな社会的諸単位の場合にさえも、有機的展開に、ないし、かれ自身のいう「対話の生活」とおなじであるとかれがみなした過程(プロセス)のうちに、コムニタスの具体性を残したいと考えているのである。

中央集権主義――だが、時と場所についての特定の条件において欠くことのできないかぎりでのみ。そして、境界線を引いたり訂正したりすることに責任がある権威筋が不断の良心を保持するならば、権力のピラミッドの底辺と頂上との関係は、共産主義すなわち、共同体への努力を自称する国々においてすらも、現状とは非常に異なったものになるであろう。私が考えている型の社会においても代議制の体系はなければならないであろう。しかし、それは、現在のように、有権者という無形の大衆の擬似代表者によって構成されるものではなく、共同体(コンミューン)の生活と労働を通して十分にテストされた代表者たちで構成されるであろう。代表を出した人たちは、今日のように、空しいある種の抽象的関係によって、政党＝綱領の単なることばの綾によって、その代表者たちに結びついているのではなく、具体的に、共通の行為、共通の経験を通して、かれらに結びついているであろう (p. 137)。

ブーバーの語り口は、一党独裁のアフリカの多くの国々の指導者たちのそれを思い起こさせること大であるが、コムニタスについての永遠のことばに属するものである。それは、構造の可能性を拒否することなく、ただ構造を統合的な個人と個人の直接的で無媒介な諸関係の自然な発展と受けとめている。

ブーバーとは異なり、カトリック教会の一員であった聖フランシスコは、自分の新しい仲間の兄弟たちのために戒律をつくる義務があった。しかも、サバティエもいっているように、「フランシスコほど戒律をつくる才能のない人はいなかった」(Sabatier, 1905, p. 253)。

かれの戒律は、いかなる意味でも、倫理的な、あるいは、法的な規定や禁止ではなかった。それは、むしろ全人格的な〝小さき兄弟たちの生活〟*vita fratrum minorum* であるべきだとかれが考えたものの具体的なひとつのモデルであった。ほかのところで、私は、境界状況の人たち liminars（リミナーズ）——儀礼の移行の段階を体験している人たちの名称——が財産、構造における身分、特権、各種の物質的快楽、そしてしばしば、衣服さえもなしにすませていることの重要性を強調した（Turner, 1967, pp. 93-99 参照）。フランシスコは、自分の教団の修道士たちを、天国という変わることのない状態への単なる移行にすぎないひとつの生活におけるリミナーズと考えていたので〝……なし〟でいること、ないし〝……を持たない〟でいることの意味を非常に強調した。このことは、フランシスコの姿勢を簡潔に表現したランバートの〝精神的に裸になること〟ということばに、もっともよく表わされている。

フランシスコ自身は、かれが尊重した清貧を、吟遊詩人（トルバドゥール）の流儀で〝貧困という私の妻〟My Lady Poverty と考えた。ランバートが書いているように「われわれは、われわれに提示される清貧についてのことばが極端であればあるほど、いっそうフランシスコの真の願望を反映することになる、ということを公理とすることができるのである」。かれは続けていう。「一二二一年の戒律は全体として見ると、フランシスコが意図していたのは修道士たちを世俗の商業体系から完全に切り離すことであったという印象を与える。たとえば、聖職を志望する者に財産を放棄するように忠告するのは、修道院の兄弟たちを世事に捲き込まないために必要なのだ、とフランシスコはしつこいくらいにいっている」(Lambert, 1961, p. 38)。戒律の第九章で、かれは兄弟たちに、「かれらが、賤しく人から馬鹿にされている人たちや、貧しく弱く虚弱な人たちや、癩病患者や、街で物乞いをする人たちと、ともにいるときは」(Boehmer, 1904, p. 10) 大いに喜ぶべきである、と教えている。事実フランシスコは、フランシスコ修道会の人たちの清貧は必要ぎりぎりの線まで推し進められるべきだ、と一貫して考えている。

この主義を詳しく示す実例として、修道士たちが金銭に手を出すことを禁止したことがあげられる。「だからわれわれが、どこかで貨幣を見つけても、われわれがその上を歩く地面とおなじくそれに気をとられないようにしよう」(p. 9)。フランシスコは、ここで、〝金銭〟をいうのに古代ローマの実際の貨幣のデナリウス *denarius* という語を用いているが、そのほかのところでは、デナリウスをペクニア *pecunia* 〝金銭の働きをするもの〟とおなじに使っている。両者を同一視することは、売買の世界から根本的に手を引くことを意味している。それは、それ以前の宗教的諸集団が主張した〝清貧〟をはるかに超えるものだった。それら諸集団は、なお、世俗の経済体系の枠内に、かなり、留まっていたからである。フランシスコは、ランバートがいうように、かれの戒律によって、「生活維持のための正常な源泉は、故意に、一時的で安全でない性質のものであること」を保証した。

「それらは、施設の外での卑しい労働に対する現物の報酬と、不足の分は乞食行脚からえられるものからなっていた」〔現代のアメリカの読者の心には、恐らく、サンフランシスコのハイト・アシュバリ共同体のヒッピーたちの行動が思い起こされるであろう！〕。「一二二一年の戒律は修道士たちに権威ある地位に就くことを禁じている。……初期の信奉者たちは、聖アエギディウスのように、たとえば、墓掘り、籠編み、水運びのような不規則な仕事に従事した。これらの仕事は、飢饉の際には、いかなる保証もえられない種類のものである。無差別に家から家へと物乞いしながら訪れることと規定された方法は……裕福で一定した後援者に頼ってその不安定な保証を確実にすることを、前もって除去している」(Lambert, pp. 41–42)。

フランシスコと永続的リミナリティ

以上のことから、フランシスコは、大へん慎重に、当時の社会構造の周辺やその裂け目に住むように修道士たちに強要し、そして、本書の論議が示すように、コムニタスの実現のために最高の条件が揃っている永続的な境界(リミナル)の状態にかれらを置こうとしているように思われる。だが、フランシスコは〝直接的な目に見えるイメージ〟でものを考える習性を改めることがなく、かれが清貧ということにどんな意味を与えているのか、また、それが財産についてはどんなことを必要とするのか、ということに関しては、どこにも、曖昧さのない法律用語では規定していないのである。かれにとっては、清貧ということの理想的なモデルはキリストであった。たとえば、一二二一年の戒律では、修道士についてつぎのように述べている。

そして、生ある全能の神の御子、我らの主イエス・キリストが、堅い石のようにその顔を向け、我らにとって貧しき者、他国の人となったことを恥じることなく、施し物によって自らも、聖母マリアも、弟子たちも生活したことを、かれらに恥と思わせることなく、むしろ、想い起こさせるようにしなさい（Boehmer, pp. 10, 11 lines 6–10）。

ランバートによると、つぎのようである。

フランシスコの心の中心にある形象……は裸のキリストのイメージである……裸ということはフランシスコにとって非常に重要な象徴であった。かれはそれを自分の回心の生活の初めと終わりをしるすために用いた。かれが父の財産を拒否して宗教生活に入ろうと思ったとき、かれは、アッシジの司教の館で裸になることによってそれをおこなった。最後はポルティウンクラで死去するのだが、そのとき、かれは、友人たちに、小屋の床の上で衣服を身につけないで死に直面できるように、自分を裸にしてくれと無理に頼んだのである……かれが眠るときは、裸の地面の上でなければならなかった……二度までも、かれは修道士たちの食卓に着くのをやめ、食事をとるのに裸の地面に坐ったのであったが、いずれの場合も、キリストの清貧という思想からそうしたのである（Lambert, p. 61）。

裸は清貧を象徴し、清貧は文字どおり財産の欠如を象徴する。フランシスコは、キリストや使徒たちが神意に身を投じ施し物で生きるために物質的な財産を放棄したのとまったくおなじように、修道士たちもなすべきであると言明した。ランバートが指摘するように、「そのようにせずに、自分の鞄にしまい込んだひとりの使徒こそ、裏切り者のユダであった」（p. 66）。

キリストの清貧は、明らかに、フランシスコにとって、〝巨大な情念的意義〟をもっていた。かれは、裸を、構造的・経済的な束縛からの――アッシジの富裕な商人であるかれの現世の父親がかれに課した強制からの――離脱の主要な象徴とみなしていたからである。かれにとって、宗教とは、いわば垂直方向では人間と神の、また、水平方向では人間と人間のコムニタスであり、そして、清貧と裸は、コムニタスとそれにいたるための手段を表わす表現（エクスプレッシヴ）的象徴であった。だが、かれの想像力豊かな清貧の観念の内容はキリストの絶対的な清貧であった。その観念を、ローマ教会によって、その配列を制度化し、清貧に対するその創始者のカリスマばかりかその自然発生的起源をもつコムニタスをも日常化し、清貧に対するその総体的関係を明確な法律用語で定式化するように強いられたひとつの社会集団が、実際に、持ちこたえることは困難なことであった。財産と社会構造は分離することなく相互に関連をもち、社会の永続的な諸単位の構成は、両者の次元を、両者の存在と形式を合法化する中核的価値とともに、組み入れるのである。

フランシスコ修道会はやがて、ひとつの構造体系となる方向に発展した。それとともに、原初の戒律の清貧に関するフランシスコの表現に見られる純粋な心の単純性は後退し、より律法主義的な規定に道を譲ることになった。一二二一年にかれのつくった戒律や一二二三年にかれが改定した戒律では、かれは、ただ二つの直截な教訓を与えただけであった。前者では、主として修道士の肉体労働やその施設の所有権に関する一章で、かれはただ、つぎのように間接的に述べている。「兄弟たちがどこにおろうとも、草庵にいても、ほかの施設にいても、施設をおのれの私用に供したり、あるいは他者をしめ出したりしないように、かれらに注意深くあらしめなさい」。一二二三年の改定では拡大されて「兄弟たちに、どんなものも私物化させないように。住居も、施設も、いかなるものも」(Boehmer, pp. 8. 11. lines 5-7) となっている。まことに明快そのものである。だが、発展する構造は、いかなる場合も、中心的な諸概念の規定のしなおしを要請する組織や諸価値に関わる諸問題を発生させる。それは、一時しのぎか偽善であって信仰の問題とはあまり関係がないようにみえるものである。だが、それは、実は、社会的諸関係の規模や複雑さの変化や、それとともに起こる集団が社会的分野で占める位置の変化、それに付随するその主要目標やそこに到達するための手段の変化に対する当然の反応なのである。

厳格派（スピリチュアルズ）と緩和派（コンヴェンチュアルズ）——概念化と構造

フランシスコ派修道会が萌芽の状態であった最初の頃から、また、その創始者の死から数十年のうちに、同派の修道士たちは、イタリア、シシリー、フランス、スペインの各地で活動しており、また、アルメニアやパレスチナへの伝道旅行さえも企てている。最初の頃から、修道士たちの清貧と放浪——実に、修道士たちの熱意——は、司教管区や教区のような地域区分に組織されていた在俗の聖職者たちから疑惑の目で見られる原因ともなっていた。このような情況のもとでは、ランバートが指摘するように、フランシスコの清貧という理想——これは、すでに見たように、実存的コムニタスと結びついている——は、「放浪生活を送る修道士の団体に対してではなく、居住の場所、学習、病める修道士、その他の諸問題をかかえた発展途上の修道会に対して適用されねばならなくなるや、直ちに大きな困難な問題を惹き起こすほど極端なもの」（Lambert, p. 68）である。それにもましてむずかしいのは、財産の性格に関する問題点を浮き彫りにする資源の取扱い方という構造の持続性にかかわる諸問題である。財産の性格に関する問題は、フランシスコの死後一世紀を通して、修道会の強迫観念と称してもよいものになり、そして、結果的に修道会を大きく二つに分裂させることになった——それらは陣営とも分派とさえもよばれているが、そのひとつは緩和派（コンヴェンチュアルズ） the Conventuals で、フランシスコの理想のもつ厳しさを現実的に緩和した。もうひとつは厳格派（スピリチュアルズ） the Spirituals で、清貧なる財産処理（ウースス・パウペル） *usus pauper* を教条とし、なにごとにおいても、かれらの創始者よりも厳格に遵守した。

話を少々先回りさせるが、厳格派の指導者たちの多くが、十二世紀のシトー修道院の修道院長フローラのヨアキムの著作や偽作に基づく千年王国論運動のヨアキミズム Joachimism と密接な関係にあったことは意味深いことである。歴史上でしばしば大異変（カタストローフ）と危機（クライシス）の観念が〝瞬間的（インスタント）コムニタス〟とよびうるものと結びついていることは興味深い。だが、実際にはそんなに面白いことではない。人間が、はっきりと世界の終末の速やかなる到来を予見できるとしたら、時間の篩（ふるい）に耐えるために考案された社会制度の洗練された体系を法的に存在させたところで何の足しにもならないからだ。われわれはヒッピーたちと水素爆弾の関係について考えてみたい気持になるのである。

だが、あらゆる事情がフランシスコの原初的な清貧から離れて発展する方向に働いていたけれども、修道会のこの裂け目は初めは人目にわかるようにはなっていなかった。ランバートは次のように書いている。

歴代教皇の影響力は、当然ながら、フランシスコ会をそのライヴァルのドミニコ修道会のように、精神的にも政治的にも、政策遂行に相応しい道具とする方向に、十分に働いた。その目的のためには、極端な清貧はたいていの場合負担になった。外部の世界の後援者たちは、フランシスコ会の清貧の厳しさに魅力を感じていたのでしばしば拒否しがたい寄進をしたが、そうすることによって、その会を弱める役割を果たすことになってしまった。自分たち自身の修道会の規則の唯一の真の守護者である修道士自身も、至高の動機からかれらの重荷を軽減しようと願う外部の人たちに対して、自らの清貧を守ることには十分には関心を払わなかったのである。事実、最初の二十年で兄弟たちをフランシスコやその仲間の素朴な生活からかけ離れたところへ急速にもって行ったフランシスコ会の理念の変化に責任があるのは、誰よりもこの修道会のメンバーたちであって、いかに感動したからとはいえ、寄進をした外部の世界のいかなる人物でもないのである(Lambert, p. 70)。

興味深いことに、その死に先立つ数年間、フランシスコは自分の修道会の管理を譲って引退し、ウンブリアやトスカナの草庵で、小さなサークルの仲間たちと一緒にその時間の大部分を過ごしている。かれにとって、直接的で無媒介的な関係であるコムニタスの人間は、いつでも、具体的で自発的でなければならなかった。かれは、自分の運動の成功に失望していたのかもしれない。その運動は、すでにかれの生前に、やがて、歴代の修道会総管長の影響力や一連の教皇の教書という外的な力を受けて蒙ることになる構造化や日常化の徴候を、示していたからである。フランシスコの最初の後継者であるエリアスその人すらが、「非常に多くの宗教社会において、創始者の気高い理想を、のちの信奉者たちが受け入れやすいことばに翻訳した本質的に組織化の才能をもつ人物」と、ランバートが称しているような人物であった(Lambert, p. 74)。聖フランシスコの遺骸を安置するためにアッシジに大教会堂を建築するに際して、陰の推進力となったのがエリアスであったことは意味深いことである。アッシジの市当局は、そこに、かれを記念するための碑を一九三七年に建立している。ランバートが述べているように、「かれは、フランシスコ会の理想の発展に対しておこなったよりも、アッシジ市の発展に対し、永続的な貢献をおこなったのである」(p. 74)。エリアスとともに、構造は、物質的にも抽象的にも、コムニタスに取って代わり始めたのである。

新しい修道会が数字のうえで成長し、ヨーロッパ全土に拡大するにつれて、それは、その時代の――そして、実に、のちの時代の――宗教教団の特徴である擬似＝政治的構造とともに、誓願とか、修道院長とかといった技術的装置を全面的に発展させた。たとえば、その中央集権化された統治機構にあって、修道士たちは、頂点には大臣にあたる修道会総管長をもち、その下には多数の地方分区管区長をもった。地方分区の管区長は地方管区——当該地方の教団員のすべての家やすべてのメンバーを含む宗教教団の区分で、その領域（テリトリー）の境界は世俗の政治単位の境界とは必ずしも一致するとはかぎらないが、大部分の場合一致している——の修道院長であった。管区長は上級の管長に対し、自分の管区の管理やそこでの主として巡回訪問による宗教の維持について責任があった。かれは管区会議を召集し、また、修道会の総会の一員であった。この会議は二つとも、立法、懲戒、選挙の機能をもっていた。フランシスコ会の地方管区には、たとえば、プロヴァンス、アンコナ辺境地区、ジェノア、アラゴン、トスカナ、イングランドなどがあった。無文字社会や封建社会における中央集権的政治体系を研究した人類学者には、この種の階級組織に固有の構造的対立の可能性を理解することは、大して困難ではないであろう。そのうえ、フランシスコ会の修道士は、自分の所属する修道院長にだけ服従し、地方の教区長（すなわち、司教管区における司教のように、一定の領域において宗教外の法廷においても通常の裁判権をもつ聖職者）には服従することを免除された宗教者である。事実、かれらは教皇体制に対して直接に責任があるのであって、間接的にではない。構造的な葛藤は、それ故に、修道会と在俗の聖職者との間で起こりえたのである。

対抗関係はほかの修道会に対しても存在した。そして神学の問題や組織の問題についてのフランシスコ会とドミニコ会との論争は、教皇支配の影響力をめぐって、中世教会史のきわ立った特徴をなしている。もちろん、フランシスコ修道会が実力を発揮した社会的分野は教会に限定されることなく、多くの世俗的、政治的勢力をも包含するものであった。たとえば、ランバートの記述を読んで驚くことだが、フランシスコ会の分派の厳格派（スピリチュアルズ）が、アラゴンのジェイムズ二世やシシリーのフレデリック二世から取りつけた支持は、エスカルモンド・ドゥ・フォワや、その娘でナポリのロベルト賢王の妃となったサンキヤのような王妃たちから取りつけた支持と同様、重要なものであった。この修道会の緩和派（コンヴェンチュアルズ）が教皇側について最大の影響力をもち、それによって大胆になり、多くの厳格派を処刑し入牢させた時代に、以上のような君主たちは、厳格派の指導者たちに追捕の手の及ばない聖域と保護を与えたのであった。

所有権（ドミニウム）と財産処理（ウースス）

いつか、人類学者たちは、中世の宗教政治という資料整備がゆきとどいている領域に十分な注意を向けることになるであろう。かれらは、そこで、ある細部において時代を超えて数世紀にわたって政治的プロセスをたどることができるであろう。いま、私はここでただ、聖フランシスコの原初の自由な仲間たちの集まり――規範的コムニタスが実存的コムニタスからほとんど離れていない集団——は、もし、組織化されていなかったとしたら、複雑な政治の世界で存続することはできなかったであろう、ということを指摘しておきたい。しかも、聖フランシスコの生活やヴィジョンやことばによって示されている原初のコムニタスの記憶は、つねにこの修道会には、とくに、厳格派——とりわけパルマのヨハネ、アンジェロ・ダ・クラレノ、オリヴィ、ウベルティノのような人たち——によって生きていたのである。だが、相つぐ教皇の教書や聖ボナヴェントゥラの著作によって、絶対的清貧の教義が神学的にも律法的にも規定されてしまったので、厳格派の人たちも、清貧に対して〝構造的な〟態度をとらざるをえなくなった。

公的な規定では、財産の観念は二つの側面に分けられていた。すなわち、所有権（ドミニウム） *dominium*（あるいは、財産権（プロプリエタス） *proprietas*）と財産処理（ウースス） *usus* である。ドミニウムは本質的に財産全般に関する諸権利を意味し、ウーススは財産の現実的な処理および消費を意味する。ところで、教皇グレゴリウス九世は、フランシスコ会はウーススは保有すべきであるがあらゆる種類のドミニウムは放棄すべきだ、と布告した。はじめ、フランシスコ会は、最初の寄進者にドミニウムを保持するように求めたが、まもなく全体をひとまとめにし、かれらの財産全般のドミニウムを教皇権の手にゆだねる方がより好都合だと気づいたのである。緩和派と厳格派の分裂を招くイデオロギー的要素が最初に形をとり、そして、結局は、両者の対立を区別するための象徴になったのは、ウーススの実際上の結果についてであった。

というのは、緩和派は構造への方向性が強く、複雑な政治的環境にあるこの修道会に必要なものについて十分な認識をもっていたからである。かれらは、福音主義的で慈善の仕事を効果的におこなうためには、教会と住居の両方ともを堅固な建物につくらなければならないと感じていたのである。かれらは、聖フランシスコの特別な宗教的立場を護るために、かれらのなかで知性にすぐれた兄弟たちを哲学と神学で鍛えなければならなかった。かれらは、巧妙なドミニコ会士に対してはパリやフィレンツェの洗練された闘争の場で、また、宗教裁判の増大する脅威を前にして、おのれ自身を保持しなければならなかったからだ。こういう事情で、かれらには煉瓦や書籍に費やすための貨幣をも含めて金銭的財源や資源が必要だったのである。

緩和派の場合、修道士はどこまでウーススの行使が可能であるかという決定が、次第に地方の修道院長の裁決に委ねられるようになっていった。厳格派によれば——そして、以下のことすべては創始者の没後八十三年経った一三〇九年の修道院事件に関する有名な教皇権力の調査を通じて明るみに出たのだが——緩和派の〝使用〟は〝濫用〟になっていた。厳格派の代弁者であるウベルティノは、利益のための耕作の実施、葡萄酒のための穀物倉と地下室の使用、馬や武器など遺贈物の接受に関する多量の証拠資料を持ち出してきた。かれは、緩和派がドミニウムを行使したことを非難してさえいる。

て行く。ブルサリイとはかれらの召使いのことで、かれらは兄弟たちの命令で金銭を費うので、すべての点からみて、兄弟たちは、金銭に対してばかりでなく、それを使う召使いたちに対しても所有権をもっているように見えるのである。ときどき兄弟たちはなかに金銭が入った箱を携帯する。そして、この箱を召使いたちが運ぶ場合、かれらは内容が何であるか知らぬことが多い。鍵を携帯するのは兄弟たちである。召使いたちは、兄弟たちに金銭を与える人たちのヌンティイ *nuntii*（運搬人、ヌンティウス *nuntius* ＝ *nuntii* の単数形＝は初期の教皇の規定では施し物をする人の代理人である役人）とよばれることもあるが、しかも、召使いであるにせよ、かれらに預ける人たちにせよ、その金銭が兄弟たち以外の誰かの所有のものであると思うものはいないのである……（Lambert, 1961, p. 190 に引用されている）。

厳格派のウーススに対する態度は清貧なる財産処理 *usus pauper* の教義によく表現されている。この教義は、要するに、修道士の財産の使用は、生命を維持するための必要最小限度に制限すべきである、ということである。実際、厳格派の何人かは自らに課した厳しい耐乏生活のために死んでいる。ここにおいて、かれらは、偉大な創始者の清貧の精神を信奉しているのだと公言したのである。たしかに尊敬に値するこの姿勢には、ひとつの特徴があった。それがために、この姿勢は構造化した教会には究極のところで容認されえないものとなったのである。それは、厳格派が個人の良心を強調し、個人の良心こそが、ウースス・パウペルという厳しい規準に則して働くものであったとはいえ、清貧とはいかなるものかを決定する至高の裁決者なのだとしたことである。厳格派のなかには、さらに、この厳格さをすこしでも緩和すると、かれらがおこなった清貧の誓いの告白と矛盾することになり、したがって、それは死に値する罪であるとまで考えるものもいた。もしもこの立場が妥当だとすれば、緩和派の人たちの多くは、死に値する罪の状態に永遠にいることになってしまう。このようなことは極端な法律主義の落とし穴なのだ！

他方、ウースス・パウペルの教義は、修道院長の合法的権威に関する教会の考え方を明らかに排撃するものであった。フランシスコ会の修道院長や、あるいは、地方管区長が、自分の判断を働かせ、実用的ないし構造的な理由から相当量の財産の使用を許したとすれば、厳格派の修道士たちは、かれらのウースス・パウペルの教義に照らして、自分たちはもはやかれに服従してはならないと思うようになり、そして、清貧の誓いと服従の誓いとは矛盾するとしたであろう。事実、教会の階級組織の構造に対するこの無言の挑戦は、宗教裁判所の認可によって裏打ちされた一連の教書に見られる教皇ヨハネス二十二世の厳しい処置により、厳格派を修道院から究極的に一掃することになる主要な要因のひとつであった。厳格派は一掃された。が、それにもかかわらず、かれらの熱情は必ずしも空しいものではなかった。なぜならば、フランシスコ修道会のその後の改革に際しては、かれらがかくも頑なに守り通した清貧の精神が、いくたびかにわたって注入せられたからである。

啓示的なコムニタス

フランシスコ修道会の初期の歴史を考察すると、社会構造が歴史と密接に結びついていることが明らかになる。それは、ある集団が時間の流れに耐えてその形を維持する方法であるからだ。構造のないコムニタスは、ただ瞬間的にのみ、人々を結びつなぐことができるだけである。諸宗教の歴史において、コムニタス型の運動が、啓示的な神話や神学ないしイデオロギーを展開させている場合がいかに多いか、観察できるのは興味深いことである。フランシスコ会の厳格派の場合は、たとえば、フィレンツェのサンタ・クローツェ教会の聖句朗読者（レクター）に指名されたオリヴィはむしろドライな神学者であったが、そのオリヴィすら、ヨアキム主義者たちの千年王国論には血道をあげていた。事実、オリヴィは、ローマ教皇を偉大なる悪徳の都バビロンとおなじであるとした。そして、教皇政治は世界の第六期で崩壊されるべきものであり、フランシスコ会の厳格派（スピリチュアルズ）こそが、その絶対的清貧のうちに聖フランシスコとその十二人の仲間が基礎づくりをした真の教会を構成する、としたのである。われわれが、もし、危機（クライシス）ないし大異変（カタストローフ）のコムニタスに構造を見出そうとするならば、社会の相互作用のレヴェルにではなく、レヴィ＝ストロースの方法、すなわち、実存的コムニタスの環境で発生する啓示的な神話の光り輝く色彩豊かなイメージ形成の基盤を探る方法において、それを求めなければならない。われわれはまた、この型の運動においては、一方では、定められた行為の厳しい単純性と清貧――〝裸で家ももたない人間〟――と、他方では、この種の運動の人たちの文化的発言の主要ジャンルとしてのほとんど熱にうかされた幻想的な予言の詩との、二つの極における特徴的な成極作用を見ることができる。しかしながら、時間と歴史は、構造をかれらの社会生活にもち込み、形式主義をその文化的所産（アウト・プット）にもたらすものである。かつては、大異変（カタストローフ）の文字どおり普遍的な緊迫状態とみられたものが、多くの場合には、個人の魂のドラマとか、この世の真の教会の精神的運命とか、あるいは、はるか遠い未来に延期されたとかと、比喩的に、あるいはまた、神秘的に解釈されるようになるのである。

コムニタスの観念は、必ずしもつねに、世界のカタストローフという幻想や理論に結びついているとはかぎらない。たとえば、部族社会の入社（イニシエイション）礼では境界的（リミナル）な行動をしるしづけるものとして絶対的清貧という観念を認めることができるが、そこには、千年王国論運動の終末論的観念は認められない。それにもかかわらず、集団に対する脅威とか危険という概念――そして、事実、そこには割礼執行者や治療者のナイフ、多くの試練、厳しい訓練という形で、実際に危険がともなっている――が、しばしば、認められるのである。そして、この種の危険性は、聖（サン）フランシスコの名を冠した近代都市のある種の住民たちの麻薬性コムニタスを発生させる〝悪い旅（バッド・トリップ）〟の可能性のように、実存的コムニタスを作り出す主要な要素のひとつなのである。部族のイニシエイションではまた、境界状況（リミナリティ）において、われわれは、神々の終わりや危機を物語る神話や儀礼上の約束ごとを認めることができる。たとえば、人間の共同体の安寧のために神々が殺害されたり、生贄に捧げられる話である。この種の神話や約束ごとでは、危機は、緊迫した未来にではないとしても、生きている過去に設定されている。だが、危機が未来ないし同時代の社会的経験のなかに設定されないで、むしろ、過去に設定される傾向にあるときは、すでに、構造的秩序への移行が始まっており、また、コムニタスも、存在の確立された様式、ないし、やがて永遠に達成されることになる理想というのではなく、移行の瞬間である、と考えられ始めているのである。

ベンガルのサハジーヤー運動

しかしながら、すべてのコムニタスが危機のコムニタスではない。撤退（ウイズドローワル）および引退（リトリート）のコムニタスもある。これらのジャンルが、ときとして集中し重複する場合もあるが、ふつうは、それらは、はっきりしたスタイルを示すものである。撤退のコムニタスは、切迫した世界の終局という信念とはあまり関係がない。むしろ、それは、なんらかの意味で、一種の永遠の〝不幸な世界〟と考えられる現世の構造的諸関係からの全面的ないし部分的な引退を意味している。この種のコムニタスは、すぐ前にみた啓示的コムニタスの場合よりも、メンバーの人選という点では排他的であり、その慣習においては訓練されており、そして、実践に関しては秘密主義的になる傾向が強い。その実例は、キリスト教や、また、ユダヤ＝キリスト教の文化伝統から多くのしかたで派生した世俗のユートピア運動のなかにも見出されるが、引退のコムニタスの最も明白な実例のいくつかはヒンドゥー教のなかに見出すことができるであろう。私は、ここでも、ひとつの運動に論議を絞ることにする。すなわち、エドワード・C・ディモック・ジュニアが記述するベンガル地方のヴァイシュナヴァたち the Vaisnavas の運動をとりあげる（Dimock, Edward C., Jr., 1966a, 1966b）。ディモックは鋭い認識力をもったベンガルの学者であり、〝宮廷と村から〟ベンガルの物語をいろいろと集め、その洗練された翻訳を出版している。かれの仕事はまさにかれに打ってつけであって、その資料と結論は敬意に値するものである。

宗教の詩人チャイタニヤとフランシスコ

ディモックの仕事は、ある面では、「十四世紀から十七世紀にわたって北部インドを席捲した」バクティ *bhakti*（神に対する絶対帰依・信愛）の宗教運動と、「より古くは南インドのバクティ運動」(Dimock, 1966b, p. 41) を補足し、他の面では、それらから分岐したといえるひとつの運動の研究である。われわれは、すでに、キリスト教におけるひとつのコムニタス型の運動をその優れた創始者を中心に考察しているので、ベンガルのヴァイシュナヴァたちに対するアプローチもこの方法をくり返すことにして、「ベンガル運動の最も重要な人物」であるチャイタニヤ Caitanya (一四八六―一五三三) の生涯の歴史から始めることにする。前の場合にフランシスコの教義とその実践とを比較したが、それとおなじく、まず、チャイタニヤの教説を考察し、ついでかれが活力を与えた運動の歴史を考えることにしよう。ディモックによれば、チャイタニヤは東インドのクリシュナ=バクティ *Krishna bhakti* (クリシュナへの熱情的な帰依) の〝復活者〟であって創始者ではない。ヴァイシュナヴァたちの運動は、ベンガルでは十一世紀あるいは十二世紀から、すなわちチャイタニヤの時代に先立つ三世紀にわたって知られていた。聖フランシスコとおなじく、チャイタニヤ自身も神学者ではなかった。かれは、その生涯において、全部で八編の神学的性格のものではなく心情的な信仰の詩句を残している。ここでもまた、「兄弟なる太陽」に讃歌を捧げたフランシスコとの類似が著しい。フランシスコの信仰とおなじく、チャイタニヤの信仰も、聖典、かれの場合はヴァイシュナヴァの聖典、とくに『バーガヴァタ』*the Bhagavata* に登場する人物たちのイメージや、その人物たちとの自己同化によって、育まれた。これら聖典の主題になっているのは、ヴィシュヌ Vishnu 神のアヴァターラ

avatāra（化身）と考えられたクリシュナ Krishna の幼年時代、少年時代、若者の時代である。チャイタニヤ自身は、多くの人たちから、クリシュナの化身、あるいは、クリシュナとクリシュナが特別に愛した乳しぼりの女のラーダー Rādhā との合同の化身、すなわち、男女両性の形であらゆる文化的・社会的な性の区別を超越する人間の完全さを表象するもの、と考えられた。

クリシュナの若い頃のことに関する中心的なエピソードは、ゴーピー *gopī* たち、すなわち、ヴリンダーヴァナの牛飼い女たちの集団に寄せたかれの愛情であった。かれ自身はこの聖なる場所の牛飼いとして育てられた。そして、ゴーピーたちに、さんざん、やさしいそしてエロティックないたずらをした末に、大人になると、森のなかでフルートを吹いてその音色でかの女たちの心を奪うまでに魅了してしまう。そのため、かの女たちは、夜になると、その家庭や夫や家族を棄ててかれのところへ逃げ出すのだった。有名な挿話のひとつでは、クリシュナはゴーピーたちのすべてと踊りを楽しんだが、かの女たちのだれもが、かれを自分ひとりの恋人であると思うほどであった。この情景はよくインド芸術の主題となっている。クリシュナは青い美しい姿をして、輪になった少女たちのひとりびとりの間に、かの女たちの神聖なる恋人として、表現されている。のちにベンガル人は洗練を加えて、ラーダーだけがクリシュナの愛の特定の対象となるが、ある意味で、かの女は、ほかの女性たちすべてを代表しているといえるのである。

チャイタニヤは、クリシュナの踊りやそれに続くゴーピーたちとの愛に魅了されてしまった。そして説教によって絶対帰依の宗教の力強い復活を鼓吹したので、「かれの生前に、また、その没後いくばくもなく、その宗教は東インドの大部分を席捲することとなった」(Dimock, 1966b, p. 43)。かれが強調した熱情的な実践のうちの主要なもののひとつは、熱烈な瞑想のうちに、崇拝者が、クリシュナのさまざまな近親者、その兄弟、その恋人たちと、つぎつぎと一体化することであった。たとえば、クリシュナの養父母はかれに対して親の愛情をもっているからであり、かれの兄弟は兄弟愛と同志としての忠実な心でかれをみるからであり、そして、最も重要なのはゴーピーたちだが、かの女たちはクリシュナを恋人とし、かれを愛したからである。社会関係は、ここでは、その特性において超自然的なものとされた信仰に至る自然の出発点とみなされている。高いエロティックな音調をもつ聖典や信仰内容は、明らかに、旧約聖書のソロモンの雅歌について、ユダヤ教やキリスト教の注釈者たちが当面したのと似たような問題を、のちのヴァイシュナヴァの神学者たちに提起した。チャイタニヤの運動に参加した人たちをサハジーヤー Sahajiyā と称するが、このサハジーヤーたちが儀礼的に解決したしかたは、十字架の聖ヨハネやアヴィラの聖女テレサのようなキリスト教神秘家たちの方法とはかなり異なるものであった。キリスト教の神秘家たちはソロモンの讃歌のエロティックなことばを純粋に隠喩的なものとみなした。サハジーヤーたちの中心的な儀礼は、一連の洗練されたながながと続く祈禱であり、そのところどころでは呪文（マントラ）がくり返し朗唱される。それが最高頂に達すると、十分に手ほどきを受けた儀礼仲間の男と女がひとりずつ出て、性のいとなみがおこなわれるにいたる。この男女はクリシュナとラーダーの愛の行為を模倣しているのである。それは、単なる官能的な耽溺行為ではなかった。それに先立って、あらゆる種類の禁欲の実践、瞑想、そして有資格の導師（グールー） *guru* たちの教訓がなされねばならないことになっていたからだ。それは、本質的に、その性質において宗教的であり、性のいとなみは一種の秘蹟（サクラメント）、「内面的、精神的な恩寵の外面的、可視的なしるし」として、扱われたのである。

この儀礼について社会学的に興味深いことは、ゴーピーたちとおなじように、入会した男のサハジーヤーの配偶である女たちが、他の男たちと結婚しなければならなかったことである（De, 1961, pp. 204–205をも参照）。それは姦通とはみなされなかった。ディモックが指摘するように、それは、中世ヨーロッパの恋愛評定（クール・ダムール）のやり方により近いものであった。そこでは、真の愛とは「別居における愛であり、〔その〕論理的延長は結婚とは別個の愛である。〔なぜならば〕結婚にはつねに、肉体の接触がある〔からだ〕。ドゥ・ルージュマンはいう。吟遊詩人（トルバドゥール）の歌は、『高貴な感情で、結婚外の愛に活力を与える。結婚は肉体的結合以外のなにものをも意味しないからだ。だが〝アモール〟――最高のエロス――は光との究極的な合一に向かって魂を上昇させる乗物なのである』」（Dimock, 1966a, p. 8）。なお聖フランシスコが、吟遊詩人がこの世のほかの相手と結婚したかれの遠く離れた貴婦人（こいびと）

について歌うのとまったくおなじ方法で、かれの〝清貧という私の妻〟について歌っていることを付記しておくことにする。

私自身の見解は、いま考察しつつある十六世紀のベンガルと十二世紀のヨーロッパのこの世ならぬ神的な、そしてかすかに非合法的でもある愛——合法的で物質的な愛とは対照的な——はコムニタスの象徴である、ということである。コムニタスはゴーピーたちをつなぐきずなであり、乳しぼりの女の間の青い神である。コムニタスは、また、修道士と〝清貧という私の妻〟との関係でもある。ロマンティックな愛と結婚との象徴的な対立という見方をすれば、別居の愛が清貧に対応するように、結婚は財産と対応するものである。それ故、結婚はこの神学的＝エロティックなことばで、構造を表象するのである。個人所有あるいは所有権という観念も、この種のコムニタス——クリシュナとゴーピーたちの関係に要約される愛——とは正反対のものである。ディモックは、たとえば、「バーガヴァタにあるひとつの物語を潤色する」ベンガル語の後の経典を引用する。ゴーピーたちはクリシュナに、自分たちはかれに対する愛でいっぱいになっているといい、それから、ダンスを始めたようである。「だが、ダンスの最中に、クリシュナはかの女たちから姿を消してしまった。すべてのゴーピーたちの心の中に〝かれは私のもの〟という考えが入ってきたからであり、〝かれは私のもの〟という考えのなかにはパラキーヤー parakīyā［すなわち、別れている真の愛］は留りえないからである……しかし、憧れの気持が、ふたたび、ゴーピーたちの心のなかに起こってくると、クリシュナはふたたび、かの女たちの前に現われたのである」(Dimock, 1966a, p. 12)。

サハジーヤーの教義は、つぎの点で、ヴァイシュナヴァ正統派の教義とは異なっている。すなわち、後者は配偶者同士の秘蹟的な結合を規定しているが、他方、チャイタニヤの信奉者たちはすでに見たように、ひとりの信仰者とほかの者の妻との、儀礼的な交わりを規定している。チャイタニヤ自身にも、この種の儀礼的な相手、「その身も心もチャイタニヤに捧げたシャッティーの娘」がいた。チャイタニヤの最初からの仲間であり、サハジーヤー神学の解説者でもあったゴースヴァーミン Gosvāmin たちの儀礼上の相手が、「カーストのない集団の……女たちか洗濯女か、あるいは、ほかの低いカーストの女たち」(Dimock, 1966a, p. 127) であったことは興味深いことである。事実、ゴーピーたち自身も牛飼いの女であり、したがって、最高のカーストに属するものではなかった。階級的で構造的な区別の認識に欠落があるというコムニタスの特徴は、事実、サハジーヤーや、また、ヴァイシュナヴァ派全体の典型的な特徴である。

敬虔派と保守派の分かれ目

チャイタニヤは、聖フランシスコとおなじく祈りの宗教詩人であり、謙虚で単純で、自分の信仰について考えるというよりも自分の信仰に生きた人である。だが、かれの六人のゴースヴァーミンたちは神学者であり哲学者であった。かれらは、ヴァイシュナヴァたちのために、ひとつのアーシュラマ *āśrama*（宗教教育の学校）を建てた。そこで、かれらの宗派の公式の教義を、念入りにつくり上げることができたのである。このゴースヴァーミンのうち三人は、ひとつの家族の構成メンバーだった。この家族は世評によればバラモンの出であるとされたが、当時、ベンガルのイスラム支配者の宮廷で高い地位に就いたため、カーストを失ってしまっていた。事実、かれらはスーフィー Sufi たちと対話することを続けていた。スーフィーたちとはイスラム教の神秘家や詩人たちのグループで、サハジーヤーたちと強い親近性をもつものであった。六人の学者はサンスクリットでものを書く能力があり、「宗派の教義と儀礼の体系化に大きな役割を果たした」(Dimock, 1966b, p. 45)。だが、ここでも、熱心な信仰運動は教義の公式化という岩にぶち当たって挫折する運命にあった。チャイタニヤの没後、ベンガルにおけるかれの信奉者たちは二つの分派に分裂した。その一派は、チャイタニヤの友人で親しい仲間であったニトヤーナンダ Nityānanda の指導に従った。ニトヤーナンダは「カーストのないアヴァドゥータ Avadhūta（行者）」として知られている。他の一派は、アドヴァイタ＝アーチャールヤ Advaita-ācārya に従った。かれはチャイタニヤの初期のそしてすぐれた信奉者のひとりで、サンタプールのバラモンであった。

ニトヤーナンダとフランシスコ会の厳格派(スピリチュアルズ)にはいくつか親近性がみとめられる。ニトヤーナンダはかれ自身、カーストなしであったばかりでない。かれは「シュードラ Sūdra とともに滞在し」(1966b, p. 58)、「バーニャ Bānya に対する伝道者」(シュードラもバーニャも低いカーストのヒンドゥー教徒)であったが、また、数千の仏教の僧侶や尼僧がヴァイシュナヴァの教会に入ることを許しもした。チャイタニヤの伝記作者の一人によれば、チャイタニヤはニトヤーナンダに次のようなことばをかけている。「無知にして低いカーストにあり、そして謙虚なる人々はプレマ *prema*〔愛〕の海にただようであろう……あなたはかれらをバクティによって自由にすることができる。私は、私自身の口でそのことを約束する」(1966b, p. 54)。バクティ、すなわち、神に対する全人格的帰依による救済ということは、アドヴァイタ＝アーチャールヤには好ましいものではなかった。かれは、インドにおいては、つねに、ムクティ *mukti*、すなわち、輪廻転生のサイクルからの解脱を主要関心事とする正統的な一元論者の〝知識の小径〟に立ち戻っていた。かれがムクティの教義に立ち戻ったので、この事実を軽視しなかった。アドヴァイタはバラモンのひとりだったので、この事実を軽視しなかった。かれがムクティの教義に立ち戻ることは、そのカーストの関係と一貫するものであった。正統ヒンドゥイズムにおいては、再生からの解放は一個人が自分のカーストの義務を規則正しく遂行することに大きくかかっているからである。もし、かれがこれらの義務を遂行するならば、かれはより上のカーストに再生することを期待しうる。もし、さらに、神聖にして自己犠牲の生活を生きるならば、かれは、究極において、マーヤー *māyā*、すなわち、幻想にすぎぬ現象世界、の苦悩や力から逃がれることができるのである。

アドヴァイタのような一元論者たちは、終局の解脱はアートマン＝ブラフマン *ātman-brahman*〔梵・我一如〕という単一の現実に関する知識によって幻想を追い払うことで最高に確実なものとなしうると信じている。換言すれば、かれらにとっては、救済は霊知(グノーシス)によるのであって信仰によるのではない。また、それは、社会構造をその現在あるがままの形で容認することでもある――なぜなら、外的な形はすべて幻想であり、究極的な現実 ultimate reality を欠くものであるからだ。だが、ニトヤーナンダは、右のような受け身の社会的保守主義は受け容れなかった。すべての人間は、カーストにも信条にも関係なく、クリシュナとラーダーに全人格的に帰依することにより救いを得ることができると信じたので、かれは、ヴァイシュナヴァ主義の伝道の面を強調したのであった。

チャイタニヤとニトヤーナンダは多くのイスラム教徒を改宗させ――その結果イスラムの支配権力を敵にまわすことになった――、また、慎重に多くのヒンドゥー教正統派の律法を破棄していった。たとえば、「チャイタニヤは、ヴァースデーヴァを説得して、プラサーダ *prasāda*――神に供えた食物の残り――を手を初めに洗わずに食べさせたとき、大いに喜んだ。チャイタニヤはいった。『今や、あなたは真にあなたの身体できずなを断ち切ったのだ』と」(1966b, p. 5)。このことばはわれわれに、イエスが述べた多くのことばを思わせる——たとえば、安息日は、人間のために設けられたのであり、人間が安息日のためにつくられたのではないとか、真理はあなた方を自由にする、ということばである。チャイタニヤやその信奉者たちのニトヤーナンダ派にとっては、バクティは律法と慣習かられらを解放したのである。「かれらは無我夢中で踊り、そして歌った。かれらはまるで気狂いのようであった」(1966b, p. 65)。ディオニソスの恍惚状態のコムニタスとクリシュナのそれとの間に共通なものがないとは考えにくいことである。オヴィディウスの「永遠の少年」*puer aeternus* は「はるか遠きガンジス川に囲まれし暗きインド」(Ovidius, *Metamorphoses*, IV, l. 21) からやって来たのである。

サハジーヤーとフランシスコ派のいくつかの類似点

ニトヤーナンダとそのライヴァルのアドヴァイタは、それぞれ集団組織の次元で規範的コムニタスの原理と構造の原理を代表した。この二人を代表とする二つの分派は、それぞれフランシスコ会修道士の厳格派(スピリチュアルズ)と緩和派(コンヴェンチュアルズ)とによく似ている。ヨーロッパの場合もインドの場合も、創始者のあとを継いだ人たちは、集団を維持する問題と神学的な規定をつくる問題に取り組まなければならなかった。創始者はフランシスコもチャイタニヤも宗教詩人であった。かれらは自分たちの瞑想を満たした色彩豊かな宗教的なイメージの世界を生き抜いたのである。ヴァイシュナヴァ＝サハジーヤーたちの場合、自派の中心概念の定義の仕事を担当したのはゴースヴァーミンたちのグループであった。フランシスコ会修道士たちはアルキメデスの点（重心）を清貧の観念 the notion of poverty に設定し、ついで財産に関して所得権と財産処理とを区別するにいたり、最後には清貧なる財産処理の教義をめぐって党派に分裂するに至った。これに対して、サハジーヤーたちは、かれらの論議を所有の別な側面、すなわち、性の所有——すでに見たように、かれらにとっては、性的合一は秘蹟の性格を帯びてはいた——に集中させたのである。

ヴァイシュナヴァたちの聖典『バーガヴァタ』や『ギータ・ゴーヴィンダ』は熱情的なイメージで満ちている。それらは、ゴーピーのクリシュナに抱く愛について語っている。だが、ディモックが指摘するように、「ほかの男の妻たちと密会するという観念は、インド社会の多くの人たちには容認しえないものである」（1966b, p. 55）。インド社会の伝統的な宗教的寛容性にもかかわらず、と付言しておこう。この寛容さは第二回の改正によるものであるが！　このような次第で、ヴァイシュナヴァの解説者たち、とくにサハジーヤーたちは多くの問題をかかえていた。ヴァイシュナヴァの教義はいつも、自由奔放にサンスクリットの詩の理論から借用されていた。そして、この理論の目立った特徴のひとつは、女性を二つの部類に分けることであった。そのひとつはスヴァキーヤー *svakīyā* あるいはスヴィーヤー *svīyā*、すなわち、自分の所有する女で、もうひとつはパラキーヤー

parakīyā、すなわち、他人の女である。パラキーヤーの女性は、結婚していない女と、結婚して他の人のものとなった女である。『バーガヴァタ』の本文では、ゴーピーたちは、明らかに、後の部類に属している。ジーヴァという名のゴースヴァーミンのひとりが試みた最初の解釈は、字義どおりの意味を否定することであった。その理由のひとつには、標準的な詩論がパラキーヤーの女たちをドラマの主役とすることを認めていなかったことにある。だから、ドラマのヒロインであるゴーピーたちは実際は、パラキーヤーであるはずがないというわけである。もうひとつは、ゴーピーたちは実際は結婚を成就していなかった、という理由づけである。「クリシュナのマーヤーの力〔幻想を作り上げるかれの力〕によって、ゴーピーたち自身ではなく、ゴーピーの形をしたものがそれぞれの夫と寝ていたのである。さらに、ゴーピーたちは、実際には、クリシュナのシャクティ *śakti*〔すなわちひとつの神性から女神の型で発出されるいろいろな力――たとえば、シヴァ神のシャクティはカーリー女神、あるいは、ドゥルガ女神である〕であり、クリシュナにとっては絶対に必要な、ある意味では、クリシュナと同一視されるものである」(1966b, p. 56)。だからかの女たちはスヴァキーヤーに分類される。事実はクリシュナ自身のものだからだ。かの女たちは、ただ、見かけのうえでパラキーヤー、すなわち、ほかの人の女なのである。ゴースヴァーミンのひとりであるジーヴァの親戚のルーパは、原典の意味を狭く限定するこのパラキーヤーの解釈を容認したが、通常の人間の倫理的な尺度は「支配されている

すべての者を支配する者」にはほとんど適用されえないものだ、と論じた。この論法は、ヤハウェの奇妙な法令や命令のあるもの、たとえば、アブラハムにイサクを犠牲にするように命じた命令などを解釈するときにさいして、ユダヤ＝キリスト教の解釈学においても適用されている。『バーガヴァタ』そのものでは、ある人が、「敬虔なる支配者」と記述されているクリシュナが、どうして他人の妻たちと恋愛行為に耽ることができたのかと尋ねて、つぎのような答えを受け取っている。「エゴイズムから自由なものにとっては、適正な行為という手段によって個人的な利益をうるということはないし、また、その反対のやり方によって何らかの不利益を蒙るということもないからだ」と。この考え方は、自分たちは通常の構造化した社会の境界や規準を超えていると感じているセクトの態度に、非常によく当てはまっている。それと似た自由は、自分たちの基本原理として熱狂的ないし献身的コムニタスを強調するほかの多くの運動やセクトの信念にもゆきわたっている。その例としては、プラーグのフス〔ヨーロッパ宗教改革の先駆者〕の信奉者たち、あるいは、ニューヨーク州のオネイダ共同体（コミュニティ）をあげることができるであろう。

ラーダー、清貧という私の妻、そして、コムニタス

だが、のちの解釈者たちは、ゴーピーたちのクリシュナに対する愛がかの女たちのパラ

キーヤーの条件と一貫性がある——そしてこの条件がその愛をなにほどか純粋なもの、現実的なものにしている——という字義どおりの見解を正統なものとして容認するようになった。なぜならば、ディモックが記しているように、「スヴァキーヤーはカーマ *kāma*、すなわち、自我の満足を願う欲望に通ずるものであり、パラキーヤーだけがプレマ *prema*、すなわち、愛する人の満足を願う強い欲望を生み出すからである。プレマこそがゴーピーたちの愛情の特徴であり、バクタ *bhakta*〔帰依者〕が見ならうべきものである。ゴーピーたちの愛が強烈なのは、それがパラキーヤーの愛であるからだ。パラキーヤーにおいてのみ可能な、別れていることの苦しみや、そのためにクリシュナにいつもゴーピーたちの心が宿っていることが、かの女たちの救いなのである」(1966b, pp. 56-57)。ここで、ソロモンの雅歌の数節や十字架のヨハネの詩句が思い出される。そこでは魂が、離れている恋人である神を求めて思いこがれている。しかしながら、サハジーヤー派においては、このあこがれは永遠のものではない。活動、「呪文（マントラ）の復唱、肉体的鍛練、知的な学問、禁欲、瞑想」を含む「六十四の信仰箇条の実践」(1966a, p. 195) ののちに、サハジーヤーたちは、ヴァイシュナヴァ正統派から別れてヴィディ＝バクティ *vidhi-bhakti* という性の儀礼の舞台に入ってゆく。そこでは、パートナーとなるのは男も女も、ともに新しい加入者（イニシエイト）で、おたがいにグールー、すなわち、おたがいの教師あるいは精神的指導者とみなされ、ここにおいてクリシュナとラーダーの秘蹟の表われとみなされるのである。パートナーたちは

「ひとつの型のもの」(1966a, p. 220)であると考えられている。そして、その場合に「合一は可能であり」(p. 219)、この型こそが男女それぞれの性（セクス）の最高のものなのである。明らかに、この行為の動機を支配するものは官能ではない。というのは、長い準備的な禁欲の訓練を全然必要としないで快楽を追うその時代のインド人に適用できる世俗的な実践のしかたが豊富であったことを、豊かな性愛の文学が証明するからである。

深層心理学の領域では当然のことながら、最も崇高なる愛は離れている愛であると力強く理想化される愛におけるエディプス＝コンプレックスの徴候に対して、注意しなければならないであろう。また、ユングの系統の学者たちは、全体的な〝個性化〟に先行する精神の意識的要素と無意識的要素の一体化の象徴としての「太母（グレート・マザー）」の原型との合一について は、いいたいことを山ほどもち合わせているであろう。だが、関心の焦点を社会の諸関係の様式におくならば、この種の〝深層〟なるものは、社会的には、また、文化的にも〝表層〟になってしまうのである。サハジーヤーたちは、純粋な社会的コムニタスという無構造の状態に至るために、さまざまな文化的な方法や生物学的手段を活用するのに余念がないようにみえる。性の儀礼においてすら、その目的とするところは単なる男と女を合体させることではなく、それぞれの個人のなかで男と女を合一させることである。だからチャイタニヤ自身がいわれたように、各信徒もそれぞれ、同時に、クリシュナとラーダーの化身、完全なる人間となるであろう。しかしながら、象徴的には、結婚のきずな――そして、それとともに、社会構造の基本的細胞である家族——は、パラキーヤーの愛によって解体されてしまった。それゆえ、その根源そのもののところで、親族やカースト制度によって大きく構造化された社会において、構造は効力をもたぬものになってしまった。恋人たちも、すべてのカーストの規則を破ってしまったからである。フランシスコ会修道士たちは、社会構造のひとつの柱である財産を身をもって否定した。サハジーヤーたちは、もうひとつの重要な柱である結婚と家庭を否定した。人類学者のエドマンド・リーチは、一九六七年にBBCの第三放送でリース・レクチャーをおこない社会に大きな影響を与えたが、そこで、かれも家族なるものの攻撃に立ち戻り——家族はあらゆる神経症や精神障害の根源であるとして——、ただ、イスラエルのキブツのような託児所をそなえた共同生活や共同体（コミュニティ）を賞揚したことは意味のあることである。リーチ博士はセイロンの文学ばかりでなく南インドのことにも精通している。恐らく、かれの家族攻撃には、密教的（タントラ）な響きがこめられているのであろう。とにかく、かれはコムニタスの味方になっているように思われる！

ボブ・ディランとバーウルズ

チャイタニヤの後継者たちは失敗した。アドヴァイタのグループはカースト制度にかまけるようになり、ニトヤーナンダのグループは排他主義とあふれんばかりの伝道の熱情のために迫害に遭い、しだいに情熱をなくしていった。歴史的には、サハジーヤー運動の潮は、十七世紀から十八世紀にかけてゆっくりと引いてしまったように思われる。ディモックは現在もなおベンガルでは活動的な勢力のひとつだと書いてはいるが。たとえば、バーウルズ Bāuls とよばれる音楽家たちの一派がある。かれらは「エク＝タラという原始的だが心に残る音色を出す一弦の楽器」を演奏し、「かれらが心のふるさととする風のように、やさしく心をかき立てる歌」を歌う。かれらは、「クリシュナの笛の音色を聞いて物狂おしくなり、そして、牛飼い女（ゴーピー）のように、家のことも世の中のことも一切気にしないで、ただ、その音色についてゆくのだ」(1966a, p. 252)、といっている。現代の交通とコミュニケーションの条件下にあって、東西の境界（リミナー）にいる者たちやコムニタスの担い手たちが一カ所に集まる面白い実例が、今日、多くの楽器店で見ることができる。ボブ・ディランの歌を最近レコーディングしたレコードのカヴァーには、このアメリカのフォーク歌手で構造的な劣位者たちの代弁者（スポークスマン）と、その横に、バーウルズ、つまり、ベンガル出身の音楽の無宿人たちが並んでのっている。ギターとエク＝タラが一緒になったのである。コムニタスの表現が単純な吹奏楽器（フルートやハーモニカ）や絃楽器と文化的に結びつけられることが非常に多いということは、考えてみると面白いことである。それらは持ち運びが便利だということもあるが、多分、そのことに責任がある自然発生的で人間的なコムニタスの性質を音楽で伝達する可能性を、それらの楽器がもっているからであろう。バーウルズは、聖フランシスコとおなじく〝神の吟遊詩人（トルバドゥール）〟であった。だから、この章をかれらの歌の一つで閉じることは適切であろう。その歌は、ヴァイシュナヴァのコムニタスの精神が今日の世界にまで存続してきたことを、はっきりとさし示すものである。

ヒンドゥー、イスラム——ちがいはない、
カーストにだってちがいはない。
バクタ〔帰依者〕のカビールは、カーストはジョラー、
だがプレマ＝バクティ〔真の愛、すでに見たように結婚外の愛によく表現される〕と酒
　汲みかわし、
黒い宝石の足〔すなわち、クリシュナの足〕をつかんだ。
ひとつの月がこの世のちょうちん、
そしてひとつぶの種子（たね）からすべての創造物が生まれるのだ（1966a, p. 264）。

これが自然的コムニタスのほんものの声である。

第五章

謙虚さと階級制——身分の昇格と逆転のリミナリティ

身分昇格の儀礼と身分逆転の儀礼

儀礼の過程(プロセス)の分析の父とされるヴァン・ジェネップは、文化によって規定されているある状態(ステイト)ないし身分(ステイタス)から別の状態ないし身分へと移る際に通過する三つの段階を表わすために、二組の用語を用いている。主として儀礼に論及するとき、かれは、分離 *separation*、周辺 *margin*、再統合 *reaggregation* という一連の語を用い、また、空間的な移行に論及の重点があるときは、境界状況以前の *preliminal*、境界状況の *liminal*、境界状況以後の *postliminal* という語を使っている。ヴァン・ジェネップが最初の組の用語について論じ、それらを資料に適用するときは、私が通過の〝構造的な〟諸段階とよぼうとするものに重点が置かれている。それに対して、かれがあとの一組の用語を使うときは、構造のなかの地位にある人たちの公的生活を支配する規範や価値から一時的に行動や象徴的表現(シンボリズム)が解放される時間と空間の単位に、かれの関心はある。ここでは境界状況(リミナリティ)がその中心である。そして、かれは、それが構造の外側に位置していることを示すために、〝リミナル〟liminalという形容詞に接頭辞プレフィックスプレ pre-〔〜以前〕を付した語とポスト post-〔〜以後〕を付した語を、その前後に配したのである。私が〝構造〟structure というとき、それは、前述のように〔第三章参照〕、大多数のイギリスの社会人類学者によって使われる場合とおなじく、〝社会構造〟を意味する。すなわち、それは、相互依存の関係にある特定の諸制度とそれらの内に含まれる各種の地位と行為者からなる、あるいは、行為者のみからなる、制度化された組織の多少とも明確な配列を意味する。私は、最近広く一般化されたレヴィ＝ストロースがいう意味での〝構造〟、すなわち、論理的カテゴリーとそれらの相互関係の形式に関わるものとしての〝構造〟には言及しない。実際問題として、儀礼におけるリミナルな段階では、しばしば、イギリスの学者のいう社会構造は単純化されそして除去される場合すらあり、しかも、レヴィ＝ストロースのいう構造は拡大化される。社会関係は単純化されるが神話や儀礼は洗練されるのである。それがそうなる所以はきわめて簡単に理解できる。リミナリティが通常の様式の社会的行動から離脱した時間と空間であるとすれば、リミナリティを、それが発生する文化にある中心的な価値や原理の再検討も可能な時期と考えることができるのである。

この章では、段階としてのまた状態としてのリミナリティに焦点を置く。複雑で大規模な社会では労働における分業が進んだ結果、リミナリティ自体が、宗教的ないし擬似宗教的な状態となった場合が多く、そして、この結晶作用のために、構造に再加入し、構造における地位や役割を十分に補充する傾向になってきた。隔離小屋の代わりに、現代では教会がある。それより私は、リミナリティの二つの主要な型——もっと多くの型が発見されるのは確実だが——を識別したいのである。その第一は身分の昇格の儀礼 *rituals of status elevation* を特徴づけるリミナリティである。そこでは、儀礼の主体ないし修練者は、ひとつの制度化された地位の体系において低い地位から高い地位へ移行するのであり、逆転はおこなわれない。その第二は、周期的なまた年中行事的な儀礼によく見られるリミナリティで、通常、集団的性格がある。そこでは、季節的周期における文化的に規定された時点で、平素は社会構造において低い身分にある集団や部門(カテゴリー)にある人たちが、かれらより上の身分の人たちに儀礼的な権威を行使するように積極的に定められ、そして上の身分の者は善意をもって自分たちの儀礼的な降格を受け容れなければならないことになっている。この種の行事は、身分逆転の儀礼 *rituals of status reversal* と表現してよいであろう。この種の儀礼には、往々にして、粗野なことばや行為がともなうことが多い。そこでは、劣位の人たちが優位の人たちに悪口雑言の限りをつくし、ときには、肉体的な虐待を加えることさえなされることがある。

この型の儀礼のよくある変型のひとつでは、劣位者が優位者の序列やスタイルを装っている。ときには、自分たちのいわゆるお偉方(えらがた)の階級組織を真似た階級組織に自分たちを序列づけるまでにいたることもある。簡単にいえば、強い者の（また、強くなりつつある者の）リミナリティを永遠に弱き者のリミナリティと対比させているのかもしれない。上昇する人たちのリミナリティには、修練者の身分の下降ないし謙虚さが、その主要な文化的要素として含まれている。それと同時に、構造的に永遠なる劣位者のリミナリティには、その主要な社会的要素として、儀礼の主体の、権威ある高い地位への象徴的な、あるいは、みかけ上の昇格が含まれている。より強き者はより弱きものとされる。弱き者は強き者であるかのごとく振る舞う。強き者のリミナリティは社会的に構造化されないか、あるいは、構造化されても単純なものにとどまる。弱き者のリミナリティは構造的な優位性という幻想を表象する。

人生の危機（クライシス）における行事と年中行事

いわば自分の手の内を私はさらしてしまったのだから、その手の内、つまり私の所説を支持する若干の事実を提供することにする。まず初めに、人生の危機の行事 life-crisis rites と季節的行事あるいは年中行事 seasonal or calendrical rites についての人類学の伝統的な区別のしかたについてみることにする。人生の危機の行事というのは、ロイド・ウォーナーが書いているように、儀礼の主体ないし主体たちが、「その母親の子宮の中に胎盤が固定したときから、その死、墓石という究極的な固定点、さらには一箇の死せる有機体となっての墓穴への最終的収納にいたるまで」変遷をたどるという性格の行事で、「儀礼の主体のある状態から他の状態へ移行する数多くの危機的契機(モメント)によって区切りをつけられている。すべての社会は、この移行の危機的瞬間を儀礼化し、適当な宗教儀礼をおこなって個人や集団の意味を共同体の生きている構成員(メンバー)たちに印象づけるために公的に表示している。誕生、性的成熟、結婚、死という重要な時期がそれに当たる」(Warner, 1959, p. 303)。私はそれらに政治的な役職とか排他性の強いクラブや秘密結社の会員といった高度の業績をともなう身分に入ることに関係のある行事を追加しておく。これらの行事は個人的なものか集団的なものかのいずれかであるが、個人のためにおこなわれるものの方が、傾向としては多い。他方、年中行事は、ほとんど常に大きな集団にかかわりがあり、社会全体を包括する場合もきわめて多い。それらは、また、年間の生産のサイクルがよく区分できる時点でおこなわれることが多く、乏しさから豊かさへの移行(初物(はつもの)の時期や収穫祭のとき)、あるいは、豊かさから乏しさへの移行(冬の厳しさが予想され、呪術によってそれを避けようとするとき)を証明する。以上のほかに、さらに、あらゆる種類の通過儀礼 *rites de passage* がある。これには、たとえば、部族全体が戦争に出て行くとか、大きな地域共同体が、飢饉、旱魃、疫病を退散させるために儀礼をおこなうとか、集団的なもののある状態から別の状態への何らかの変化がともなっている。人生の危機の行事や、役職就任の儀礼は、ほとんど常に、身分昇格の行事である。年中行事や集団的危機の行事はときとして、身分逆転の行事である。

私はほかのところで（Turner, 1967, pp. 93–111）、人生の危機の儀礼を体験している修練者(ノヴィス)たちは構造には現われないということをさし示すリミナリティの象徴——たとえば、かれらが日常生活の領域から隔離されること、顔料や仮面で変装させられること、あるいは、沈黙の規則によって声なき存在となっていることなど——について書いた。また、私はさきに、ゴッフマンの用語（Goffman, 1962, p. 14）を用いて、かれらが〝平等化〟されること、財産に関する身分や権利を識別させるものを一切〝剝奪〟される事情を述べておいた（本書一七四頁）。かれらはさらに、かれらに謙虚さを教育するための試練に耐えなければならないのである。この種の取扱いについてはひとつの例を挙げればよいだろう。アンリ・ジュノーの記すところによれば、ツォンガの少年たちの割礼儀礼では、少年たちは、「ほんのちょっとしたことで……指導者たちにひどく叩かれる」。少年たちは寒気にも耐えさせられる。かれらは六月から八月までのうすら寒い三カ月のあいだ、毎晩、一晩中、裸で仰向けになって眠らなければならない。かれらは加入礼(イニシエイション)のあいだずっと、一滴の水をすら飲むことを厳しく禁じられる。かれらは吐き気をもよおすほど「最初のうちはかれらをむかつかせる」無味でいやな臭いのする食物を食べねばならない。少年たちは、その両手の指と指のあいだに棒をはさまれ、屈強な男が両手でその棒の両端をつかみ、ぎゅっと握って少年たちを持ち上げる、といった厳しい体罰も科せられる。かれらの指は締めつけられ、なかば折れんばかりである。しかも、割礼を受けた者たちは、もしその傷がうまくなおらないときには死をも覚悟しなければならないのである（Junod, 1962, Vol. I, pp. 82-85）。これらの試練は、ジュノーが想定するように、ただ、少年たちに忍耐、服従、男らしさを教えるためだけのものではない。他の社会から集められた資料が証明するように、この種の試練は、修練者たちを、いわばヒトという素材 *prima materia* に還元するという社会的な意味をもつものである。かれらは、特定の形態を剝ぎ取られ、そして、社会的に容認された形の身分が一切ない、ないしは、そういうものより下にある、依然として社会的ではあるひとつの条件（ありかた）に還元されるのである。ここに籠められている意味は、身分の階段を昇るものは身分の階段よりも下に降りてゆかねばならないということである。

身分の昇格

それゆえに、人生の危機におけるリミナリティは、構造におけるより高い身分を志望する者を卑しめ平凡化する。このプロセスはとくに、アフリカの多くの即位式儀礼に鮮やかに見ることができる。近い将来に首長あるいは酋長の職に就任する者は、まず、共同体社会から隔離され、粗野なやり方でかれを恥ずかしめるリミナルの行事を経験させられる。

そうしてから再統合(リアグレゲイション)の儀式に臨み、やっと栄光の座に就くことになる。ンデンブ族の即位式の行事については、すでに本書の第三章でみた。この行事では、首長になる人とその儀礼上の妻が、一夜、小屋に隔離され、その隔離の期間中ずっと、かれらの未来の人民たちの多くから卑しめられ非難を浴びせられるのであった。おなじ型をもつもうひとつのアフリカの実例が、デュ・シャイユの〝ガボーンの王〟の選出についての報告に、生き生きと描写されている (Du Chaillu, 1868)。デュ・シャイユは、前王の葬儀について記述してから、〝村落の〟長老たちがひそかに新王を選ぶ様子を記述している。新王に選ばれた者は「最後まで自分の好運については知らされない」のである。

たまたま、私自身のよき友であるンジョゴニが選ばれるということになった。かれが選ばれたのは、よい家柄の生まれということもあったが、主として、かれが人民たちに人気があり、いちばん多く票を集めることができたためである。私はンジョゴニが、些かなりとも自分が選ばれることになると感づいていたとは思わない。〔前王の死から〕七日目の朝、かれは、海岸を歩いていたとき、突然、襲われた。戴冠式への導入となる儀式におもむく全人民にである。この儀式は〔葬儀・即位の複合した行事全体における境界的(リミナル)な性格をもつものと考えねばならないもので〕、もっとも性根のしっかり坐った男以外の者は何ぴとといえども、王冠を望まなくさせねばならないという試練的な性格をもっている。かれらはかれを幾重にも取り巻き、性質の悪さでは最高の群衆が思いつくありとあらゆるやり方で、かれに乱暴のかぎりをぶっつけ始めた。あるものはかれの顔につばきを吐きかける。ある者は拳骨でかれを叩く。あるものは蹴る。あるものはひとをむかつかせるものをかれに投げつける。うしろの方にいる運の悪い連中は、ことばでしかやっつけることができないので、かれをはじめ、かれの父、かれの母、かれの姉妹や兄弟たち、かれの先祖をつぎつぎと溯ってその始祖にいたるまで、呪いに呪う対象とする。第三者がこの情景を見たら、間もなく王位につくはずのこの男の生命に一セントだって賭ける気にはならないであろう。

このものすごい騒音と争いのさなかで、私は、この一部始終を納得させることばをいろいろ聞きとることができた。二、三分おきに、とりわけひどくなぐる蹴るをやっている連中が、大声で叫んでいた。「おまえはまだ俺たちの王ではない。いましばらくは俺たちがしたいことをおまえにしてやるのだ。ゆくゆくは、おまえの思うとおりに動かされるからだ」。

ンジョゴニは、男らしく、また、未来の王らしく我慢した。かれは怒りを押さえ、笑顔でもってあらゆる乱暴を受け止めた。それが半時間ほど続いたあとで、かれらはかれを前王の住居に連れて行った。かれはそこに坐らされ、しばらくのあいだふたたび、かれの人民の罵詈暴言の餌食となった。

やがて、すべてが沈黙した。すると、人民のなかから長老たちが立ち上がり、厳かにいった（人民はそのことばをくり返し唱和した）。「われわれは、ここに、われわれの王としてあなたを選びます。われわれは、あなたのいうことをきき、あなたに服従することを誓います」。

沈黙が続いた。ほどなく、シルク・ハット、すなわち、王位のしるしが運び込まれ、ンジョゴニの頭に置かれた。ついで、かれは赤いガウンを着せられた。直前までかれに乱暴を加えていたすべての人民から最高の尊敬のしるしを受けたのである（pp. 43-44）。

この報告は、身分昇格の行事で候補者を謙虚にさせることを明らかにしているだけではない。それはまた、政治的儀礼のサイクルにおける身分逆転の行事において構造上の劣位者がもつ力をも例証している。それは、身分逆転の諸側面とともに身分昇格の諸側面をもつような複合的な儀礼のひとつである。身分昇格の面では構造における身分の永久的な昇格が強調され、身分逆転という側面では支配者と被支配者の身分の一時的な逆転が強調されている。ひとりの個人の身分は変化してもとには戻らない。だが、かれの人民の集団的な身分は変化しないままである。身分昇格の儀礼における種々の試練は、大学の男子学生のクラブや軍関係の学校のイニシエイションに見られる新入生しごきが証明するように、われわれの現代社会の特徴でもある。身分逆転の現代的儀礼のすくなくともひとつが私の心に浮かぶ。クリスマスの当日、イギリス陸軍では、兵隊たちが晩餐のときに士官や下士官の給仕を受ける。この行事のあとでも、兵隊の身分は変わらないままである。実際、特務曹長（サージャント・メイジャー）は、兵隊さんの命令で七面鳥をもって走り回らされたために、以前にもましてかれらをどなりつけることになりかねない。この儀礼は、事実、長い目で見れば、なおいっそうはっきりと、当該集団内の社会的な定義づけを強調するという効果をもっている。

身分の逆転——仮面の機能

西欧社会には、長幼の、また、男女の役割逆転 age- and sex-role reversal の行事の痕跡が、現在でも習俗として存続している。たとえば、万聖節の宵祭（ハロウィーン）もそのひとつである。そこでは、構造上の劣位者の力が、少年期の子供たちのリミナル的状況という形で示されている。子供たちが変装するのによく使う怪物の仮面は、主として、地中に住む魔物や地上の魔物たち——豊作を妨げる魔女、地中から現われ出た屍骸や骸骨、インディアンのような原住民たち、矮人（こびと）や地の精のような洞窟に棲むものたち、海賊あるいは伝説的な西欧のガン・マンのような渡り者や反体制的な人物たち——の魔力を表象している。これらの小さな大地の魔物たちは、もてなしや御馳走で御機嫌をとらないと、体制派の家長の世代の人たちに奇怪で気まぐれな悪さ——かつては、地に棲む精霊（スピリット）たち、たとえば、いたずら小鬼、化物（ばけもの）、小妖精、妖精、小びとたちのしわざと信じられていた悪さとおなじような悪さ——をするであろう。また、ある意味では、これらの子供たちは死者と生きている人間の仲介をもしているのである。子供たちは子宮（ウーム）から出て日が浅く、子宮は多くの文化において墓（トゥーム）とおなじものとみなされている。子宮も墓も、ともに生命の源泉であり死せるものを受け入れる大地との連想があるからだ。ハロウィーンの子供たちは、リミナルなモチーフのいくつかを例証している。かれらのつける仮面はかれらに匿名性（アノニミティ）を保証する。かれらが誰の子であるかは誰にも分からなくなるからだ。だが、逆転（リヴァーサル）の儀礼の多くの場合とおなじく、この場合も匿名性は攻撃性を目的とするものであって、謙虚さを目的とはしていない。子供たちの仮面は強盗どもの覆面と同じである——事実、ハロウィーンの子供たちは強盗や死刑執行人の仮面をよくかぶる。仮面をつけることがかれらに兇暴な土着の犯罪者や超自然的存在の魔力を授けることになる。

以上のすべてには、原始神話に登場する半獣半人的な存在のもつ特徴が多少見うけられる。たとえば、レヴィ＝ストロースが『生のものと火を通したもの』*Le Cru et le Cuit*, 1964で記しているジェー語を話すアマゾン河流域の諸部族の〝火〟の神話に登場する牡と牝の豹である。シカゴ大学のテレンス・ターナー Terence Turner は、最近、ジェー神話の再検討をしている（近刊予定）。かれは、火の利用の起源にまつわるカヤポーの神話を正確に、また複雑に分析しているが、その分析から、かれは、豹という形は一種の仮面であり、構造の再編成のプロセスを示すものでもあり、また、それを隠すものでもあると結論している。このプロセスはひとりの少年が核家族から男たちの家へ移行することと関係がある。豹の形は、ここでは、父母の身分ばかりでなく、父母それぞれと少年の関係の変化――さらには苦痛に満ちた社会的・精神的葛藤が生じる可能性をも含むいろいろな変化――をも表象している。神話に出てくる牡の豹は、初めはまったく怖ろしい存在であるが最後には情け深いものになる。それに対し、牝の豹は、はじめから怖ろしさとやさしさの両面をもちながら最後には悪意ある存在となってしまい、牡の豹の忠告にもとづいて少年の手によって殺されてしまうのである。

牡牝の豹は、それぞれ、多様な意味をもつ象徴である。牡の豹は特定の父親の苦しみと喜びを表象すると同時に父性一般をも表わしている。事実、カヤポー族のあいだには、男の子が七歳ぐらいになると、その子を家庭の領域から引き離してより広い男の習俗（モラル）の共同体に引き入れる〝代理の父親〟という儀礼的な役割がある。象徴的には、これは、母＝子関係という重要な一面の〝死〟、あるいは、その根絶ということと相互関係がある。このことは、神話のなかで少年が牝の豹を殺す――少年の殺そうとする意志は牡の豹によって強化されていた――話に対応している。この神話の説明は、明らかに、具体的な個人に関係するものではなく、社会的人格（ソーシャル・ペルソナ）に関わるものである。それでも、きわめてデリケートに構造上の配慮や歴史的考察がからみ合っているので、神話や儀礼において父や母を人間の形で直接的に表象することは、社会的立場の変移というむずかしい状況にはつねに激しい情念が惹き起こされるという事情から、避けられることになるのである。

アメリカのハロウィーンの場合にも、カヤポーの神話や儀礼の場合も――そして、ほかの多くの文化的行事においても――、仮面の果たす機能にはもうひとつの側面がある。アンナ・フロイト Anna Freud は、子供たちが遊びでよく獰猛な動物になったり怖ろしい怪物になったりすることについて、多くのことを明らかにしている。フロイト女史の論議――その説得力はかの女の偉大なる父親〔ジークムント・フロイト Freud, Sigmund〕の理論的立場から流れ出るものと認められる――は、複雑ではあるが筋は通っている。子供の空想に動物の姿ででてくるものは、両親の、とくに父親の、攻撃的で懲罰的な力であり、それも、子供を武装解除する父親の威圧としてよく知られている力である。かの女は、小さな子供がまったく非合理的に動物――たとえば、犬、馬、豚など――をこわがることを指摘しているが、かの女の説明によれば、それは、両親のもつ脅迫的な側面に対する無意識の恐怖が過度に心に定着させる正常な恐怖なのである。かの女は、さらに、そのような無意識の恐怖に対するエゴ ego のもっとも効果的な防御機構（ディフエンス・メカニズム）のひとつは恐ろしい対象と自己同一化することである、と論じている。そうすれば、こわいものの力を奪い取ったような感じになり、そして、多分、そのこわいものの力を無にすることができるとさえ感じられるのである。

多くの深層心理学者にとっても、また、自己同一化（アイデンティフィケイション）は置きかえ（リプレイスメント）をも意味する。強いものから力を抜き取ることはそのものを弱くすることである。だから、子供たちはよく虎やライオンやクーガ、あるいは、ガン・マン、インディアン、さらには怪物になって遊ぶのである。アンナ・フロイトによれば、子供たちは、こうして、無意識のうちに、深いところで自分たちを脅かしている力そのものに自分たち自身を同一化し、そして、柔道の寝技よろしく、自分たちを脅かし意気地なしにしているその力を逆用して自分たちの力を誇張しているのである。ここには、もちろん、一種の叛逆者的特質――無意識に、人は「おのれが愛するものを殺そう」とする――があり、そして、これこそまさに、アメリカのハロウィーンの習俗で、普遍化された親たちが普遍化された子供たちから受けねばならない行動の特質なのである。わるさがおこなわれ、父母の所有物は傷つけられたり、傷つけられたかのような外観を呈する。同様のやり方で、神話における豹との同一化は、修練者（イニシアンド）の潜在的な父性と、そしてそれゆえに、かれ自身の父親に構造の上でとって代わる能力とを、示すものである。

半獣半人的な存在や仮面と親の役割の諸側面とが、身分昇格の儀礼のときや一年周期のなかで文化的に定められた変化の諸時点において、関係づけられることは興味深いことである。親たちが兇暴なものと表象されるのは、盲目的な生の衝動（リビドー）の性質、とりわけ攻撃的な性質の強い情念や意志を刺激誘発するような親＝子関係、そのタテの広がりいっぱいに展開する全体的親＝子関係の諸側面に関係する場合だけである、と考えることもできるだろう。これらの側面は、構造的に決定されているように思われる。それらの側面では、子供が親の個人的な性質や行動を見ているうちに抱いた〝認識〟aperçu、子供が文化に定められたきまりによってその親に向け、また、その親から期待している親のイメージなどは、余計なものになってしまう。父親が、通常〝人間らしさ〟とよばれているものに即してではなく、権威的な規範に即して行動するときは、「親爺は人間らしく行動していない」と、子供は考えざるをえないのである。それゆえ、文化的分類に関する潜在意識的な認識によって、父親は、人間であることからはずれた何ものか、多くの場合、動物のように行動していると考えられてしまうのである。

「だから、私が知っている人間としてではなく、動物として、父が私に力を発揮するのであれば、そのときは、私もまた父に見る動物の文化的通念として確立されている諸属性を自分のものとすれば、父の力を真似ることができ、ないしは、吸収することができるであろう」。

人生の危機においてはいろいろな儀礼がおこなわれるが、その儀礼において、またその儀礼によって、構造におけるいろいろな地位の関係やそのような地位に就くものたちの関係が、しばしば徹底的に再構成される。年長者たちは慣習によって定められている諸変化を実際におこなうことに責任をもっている。かれらはすくなくとも、イニシアティヴをとることに満足している。だが、後輩たちはこのような変化の社会的な根拠についての理解が乏しいため、年長者たちのかれらに対しておこなう行動にかれらが期待することごとくが、変化の期間のあいだに、現実に、裏切られるという気持になる。そのため、かれらの構造的な視野からすれば、かれらの親たちや他の年長者たちの以前とは変わった行動も脅迫的で虚偽にすらみえ、恐らく、親たちの意志に添わない行動に対する体罰その他の懲罰の無意識の恐怖を生きかえらせさえするようである。だから、年長者たちの行為がその年齢集団の力の範囲内にある——そして、ある程度まで、かれらが推進する構造的変化もかれらには予測できる——のに対し、そのおなじ行為や変化は、後輩たちの力を、理解する面でも妨げる面でも、超えている。

このような認識の欠陥を補償するために、年少者や劣位者は、儀礼の場で、情念の賦課された威力のいろいろの象徴を動員する。この原理によれば、身分逆転の儀礼は、弱者に強者を装わせ、強者には、受け身になって構造における劣位者たちがかれらに加える象徴的な攻撃に、また、実際の攻撃にさえも、忍耐づよく我慢することを要求する。ここで、さきに見た身分昇格の儀礼と身分逆転の儀礼の区別に立ち戻ることが必要である。身分昇格の儀礼においては、高い身分につく候補者たちの攻撃的な行動は、しばしば実行されるけれども、その勢いはそがれ強制的にやらされる傾向にある。とにかく、この候補者は、象徴的に〝上に昇りつつある〟のだし、この儀礼の終わりには、以前よりも多くの利益と権利を手に入れることになる。しかし、身分逆転の儀礼では、構造上の優位者であるかのように振る舞う——実際上の優位者を叱りなぐる——ことが許される集団ないし部門（カテゴリー）は、事実は、永遠に低い身分に属しているのである。

ここでは、明らかに、社会学と心理学の両様の説明のしかたが適切である。訓練された人類学の観察者に構造的に〝見える〟ものは、観察の対象である社会の個々の成員にとっては心理学的に〝無意識の〟ものである。しかも、構造の諸変化やその規則性に対して個々の成員が抱く願望は、それら変化に当面する多数の構成員によって世代から世代へと増幅されるので、その社会が分裂の緊張を招かずに存続するためには、文化的に、とくに儀礼的に、考慮されねばならないものなのである。人生の危機に際しての行事や身分逆転の儀礼はこれらの願望的な反応を、さまざまな方法で包み込むものである。人生の危機や身分昇格の行事をつぎつぎに経験することによって、個人は構造的に高い位置に昇ってゆく。だが、身分逆転の儀礼は、その象徴類型や行動類型のうちに、本質においても相互の関係においても自明で不変なものとされる集団形成の社会的範疇や形式を、可視的なものにする。

認識的には、不条理（アブサーディティ）やパラドックスほど規則性を強調するものはない。情緒的には、常軌を逸した、あるいは、その場限りに許される無法の行動ほど満足を与えてくれるものはない。身分逆転の儀礼はこの二つの側面をみたすものである。身分低き者を高くし、身分高き者を低くすることにより、この儀礼は、階級組織の原理を再確認する。身分低き者に高き者の行動を模倣させる（しばしば戯画（カリカチュア）になるまで）ことにより、また、誇り高き者のイニシアティヴを禁止することにより、それは、社会のさまざまな階層の文化的に予見できる日常的な行動の当然さを強調する。以上の理由で、身分逆転の儀礼が、一年周期のある定められた時期や、一定の日時の範囲内でおこなわれる移動祝祭日の時期に位置づけられていることは適切である。構造の規則性は、ここでは、時間的秩序に反映されているからである。身分逆転の儀礼は、また、災害が共同体全体に脅威を与えるときにも臨時におこなわれるのだと論じる人もいる。だが、それに対する強力な答えは以下のようである。すなわち、そのような相殺の行事がおこなわれるのは、まさに、その共同体全体が脅威をうけているからである——歴史の不規則で具体的な出来事が、永遠の構造の諸カテゴリーであると考えられている物事の自然のバランスを改変する、と信じられているからである。

身分逆転の儀礼におけるコムニタスと構造

身分逆転の儀礼にもどることにする。身分逆転の儀礼は構造の秩序を再確認するばかりではない。それは、その構造のなかで地位を占める現実の歴史的個人相互の関係をも回復する。人間の社会はすべて、陰に陽に、二つの対照的な社会の様式に関係している。そのひとつは、すでにみたように、法的・政治的・経済的地位、役職、身分、役割などから成る構造としての社会の様式で、そこでは、個人は社会的人格の陰にかくれてしまい、ただ、あいまいにしか把握されない。もうひとつは、具体的で個性をもつ個人からなるコムニタスとしての社会の様式で、各個人は、肉体的・精神的な才能においては異なるが、それにもかかわらず人間性をわかち合っているという点で平等なものとみなされる。第一の様式は、分化され、文化的に構造化され分節化された体系、それは、しばしば、制度化された地位から成る階級組織の体系であるが、その体系の様式である。第二の様式は、社会を未分化で同質的なひとつの全体として示すものである。そこでは、個人は相互に全人格的に関わり合いをもつのであり、身分や役割に〝仕切られた（セグメンタライズド）〟存在としてではない。

社会生活の過程にあっては、一方の様式に即した行動は、ともすれば、他方の様式の行動から〝遊離〟しがちである。しかしながら、究極のところで要求されることは、たとえ構造における役割を果たしているにせよ、コムニタスの諸価値にのっとって行動することである。そのようにする場合は、人が文化的におこなうことも、コムニタスを達成し維持するという目的に対する手段にすぎないと考えられるのである。この見通しからすると、季節的周期（サイクル）は、構造のコムニタスからの遊離の程度を測る尺度と見ることができる。このことは、どんな序列や社会的地位を占める者たちの関係についても当てはまるが、とくに、非常に高く序列づけられる部門や集団と非常に低い序列のそれらとの関係について真理である。人間は、自分の役職に付随する権威を下の地位にあるものを酷使したり怒鳴りつけたりするために利用し、地位とその地位にある人間とを混同する。身分逆転の儀礼は、一年の周期における決定的な時点に設けられたものにせよ、重大な社会的罪の結果と考えられる災厄によって発生したものにせよ、社会構造やコムニタスをもう一度正常な相互関係に導くものと考えられるのである。

アシャンティ族のアポの儀式

ガーナの北アシャンティ族のアポの儀式にかんする人類学の文献からよく知られた実例を引いて、右のことを明らかにしよう。ラトレイがテキマン諸部族のあいだで観察したところでは（Rattray, 1923）、この儀式は四月十八日に始まるテキマンの正月の直前に八日間にわたっておこなわれる。ギニヤの海岸地方の歴史研究の初期の人、オランダ人歴史家ボスマンは、ラトレイが「疑いもなくひとつのそしておなじ儀式」（Rattray, 1923, p. 151）とよんだものを以下のようなことばで記述している。「……ありとあらゆる歌、跳躍、舞踊、陽気さ、酒宴をともなう八日間の祝祭」がある。「その期間中は、他人を誹（そし）ることがまったく自由であり、悪口（スキャンダル）が大いにもてはやされるので、人々は、自由に、罰せられることもなく、いささかも妨げられることもなく、自分たちより上の者たちや下の者たちの落度、非道、欺瞞の一切を口にすることができる」（Bosman, 1705, Letter X）。

ラトレイの観察記録はボスマンのこの祝祭の性格描写を十分に裏づけている。かれは、アポ *Apo* という語を〝無作法にあるいは荒々しく話しかける〟という意味の語根から派生させ、そして、この儀式のさすもうひとつの語アホロホルア *ahorohorua* は〝洗う〟〝清潔にする〟という意味の動詞ホロ *horo* から派生させることが可能であると指摘している。アシャンティ族が、率直な荒っぽいことばとものを清めることとを積極的に結びつけていることは、テキマンのタ・ケセ Ta Kese 神に仕える高い位の老聖職者のことばによって証明される。ラトレイはそのことばを教えられたとおりに、字義どおりに、翻訳している。

ご承知のように、すべての人にはスンスム *sunsum*（魂）があり、傷ついたり打ちのめされたり病気になって、そして身体を悪くさせます。よくあることですが、妖術（ウイッチクラフト）のようなほかの原因もありますが、不健康はほかの人があなたに対して頭のなかにいだく悪意や憎しみによって起こります。また、あなたも、ほかの人があなたに対しておこなった何かが原因で、その人を心のなかで憎んでいるかもしれません。そのこともまた、あなたのスンスムを焦（い）らだたせ、病気にするのです。われわれの祖先たちはそのことが真実であることを知っていました。そして、一年に一度、すべての男女が、自由人も奴隷も、自分の頭にあることをそのまま口に出して語り、自分の隣人に自分がかれらについてまたかれらの行為について考えたことを語る自由を、さらに隣人たちに対してだけでなく、王や首長に対してもこれらのことをおこなう自由をもつべき時期を定めたのです。ひとりの人間がこのように自由に語ったとき、かれは自分のスンスムが冷静で鎮められたと感じるでしょう。またかれがいま、つつまずに語りかけた相手の人のスンスムも鎮められるでしょう。アシャンティの王はあなたの子供たちを殺したかもしれません。そして、あなたはかれを憎んでいます。このことはかれを病気にします。そして、あなたを病気にします。あなたがかれの面前であなたが考えていることを述べることが許されるとき、あなた方は二人とも恩恵を受けることになるのです（Rattray, 1923, p. 153）。

この現地の人の解釈からは、ただちに、水平化がアポの行事の主要な役割であることが理解できる。身分高きものは身分卑しきものに服従しなければならず、身分卑しき者は率直にものがいえるという特権によって高められる。だが、この儀礼にはそれ以上のものがある。構造の分化は垂直方向のものも水平方向のものも、不和や党派心を生む土台であり、また、地位にあるもの同士、あるいは、地位をめぐるライヴァル同士、という二元的関係での争いの基盤ともなる。それ自体構造化された宗教体系——いちばん普通には、太陽年や太陰年に組み込まれた分節によって、また、気候の変化の節（ふし）になる諸時点によって、構造化された宗教体系——では、喧嘩や不和は、それが発生するたびに、特別（アド・ホック）に処理されるのではなく、儀礼の周期の規則的に循環するある時点で、包括的なそして一括したやり方で処理される。アポの儀式は「一年の周期がめぐってきたとき」、あるいは、「一年の端と端が出合った」ときにおこなわれると、アシャンティの人たちはいっている。事実、それは、過ぎ去った一年間に構造的諸関係のうちに蓄積された悪感情を放電させる機会となっている。率直にものをいうことにより構造を浄化し純化することはコムニタスの精神を生きかえらすことである。アフリカの南サハラの諸地域には、広く、頭や心のなかでつちかわれる怨恨の情は、それを抱く本人とそれが向けられている相手の人の双方ともに、肉体的に傷つけるものだ、という信念がゆきわたっている。この信念が、諸悪に風通しをよくしてそれらを浄化し、悪行をおこなったものには、その非を鳴らす人々に対する報復手段を取らせないように作用している。高い地位にある人間が低い地位の人間に非道を働くことの方がその逆の場合より多いのだから、首長や貴族層が公的な非難追及の標的の典型とみなされることも驚くに値しないことである。

逆説的にいえば、儀礼が相互信頼という浄化する力によって構造をコムニタスに変えるということは、社会構造の基盤となっている分類の原理や秩序づけの原理を更生させるという効果を儀礼がもつということである。たとえば、新しい年が始まる直前のアポの儀礼の最終日には、すべての地方神の神輿（みこし）やアシャンティの民族神の神輿のいくつかが、それぞれの地域の拝所（テンプル）から行列を組んで聖なるタノの河まで運ばれる。そのおのおのには、聖職者、女性聖職者、それにそのほかの宗教的な役職のものが随員となって供奉する。タノ河で、神輿と物故した聖職者の黒ずんだ椅子に水と白土の粉末とを混ぜたものがふりかけられ、浄められる。テキマンの政治的最高責任者の首長その人は出席しない。だが、母后（クイーン・マザー）が出席する。これは神々と聖職者たちの行事で、アシャンティの文化や社会の普遍的な側面を表象しており、より狭い構造の側面における首長の職務を表象するものではないからである。この普遍的な性格は、神々のなかの一神を代弁する聖職者が、地方の神々の最高神のタ・ケシの神輿に浄めの水をふりかけながら唱える祈りのことばのうちに、表現されている。

> われらに生命を恵み給え。狩人（かりゅうど）が森に出かけるとき、かれらが殺すのを許し給え。子供を孕みしものに子供を産ましめ給え。ヤオ・クラモー（首長）に生命を、すべての狩人に生命を、すべての聖職者に生命を。われらはこの年のアポをとりおこない、それを川に入れました（Rattray, 1923, pp. 164-166）。

水がすべての椅子やすべての参列者にふりかけられ、そして、神輿のお浄めがすむと、各自は村へ帰り、神輿はそれぞれの本居である拝所にふたたび安置される。農神サトゥルヌスの祭にも似た無礼講の儀礼をしめくくるこの厳粛な儀式は、実際は、テキマンのアシャンティの宇宙観(コスモロジー)を非常に複雑に表現している。それぞれの神は、いろいろな価値や観念からなるひとつの星座全体を表象しており、神話のサイクルのなかのひとつの場所に結びついているからである。さらに、各神の随員たちは首長の随員たちを模写したものであり、構造化した階級組織についてのアシャンティの考え方を具象化したものである。それは、あたかも、コムニタスによって磨かれ純化された構造が、構造的な時間の新しいサイクルをふたたび始めるに当たって、白く輝くばかりに展示されている、という趣きをさえ呈している。

その翌日におこなわれる新年最初の儀礼が首長によって執行され、女性は母后といえども参列が許されないことは、意味深いことである。その儀礼は、地方神タ・ケシの拝殿の内側でおこなわれる。首長は、ただひとりで、この神に祈り、一頭の羊を生贄に捧げる。それは前日の行事とはまったく対照的である。前日の行事は、男女両性のメンバーが出席し、タノ河(アシャンティの全員にとって重要な河)の流れのほとりの野外でおこなわれ、血なまぐさい生贄はなく、首長の除外を規定しているからである。コムニタスは旧年が終わる厳粛なしるしである。構造は、コムニタスにより純化され、生贄の血によってつちかわれて、新年の第一日に再生する。以上のように、逆転の儀礼にはさまざまな方法があるが、それは〝つつきの順位〟pecking order〔群れ生活をしている動物にみられる順位関係〕を一時的に逆転させる効果をもつばかりか、初めは集団の一体化の原理を階級組織や分節化の原理から分離させる効果を、ついで、テキマンの――そしてテキマンを超えたアシャンティ国家そのものの――統一は階級的で、分節的な統一であることをドラマティックに示す効果をもっているように思われる。

サムハインの祭、万霊節、万聖節

前述のように、アポ儀礼の場合には、構造における劣位者のもつ浄化の力の強調や、この種の力と豊饒その他の普遍的人間の利益や価値との結びつきに対する強調が、固定した特定の構造に対する強調よりも先行している。同様に西欧文化にみるハロウィーンは、子供たちや大地の精霊（スピリット）たちの力を強調する点で、キリスト教の宇宙論の構造的レヴェルを表象する二つの伝統的なキリスト教の祝祭――すなわち、万聖節 All Saints' Day と万霊節 All Souls' Day――よりも先行している。フランスの神学者M・オリエは、万聖節について、つぎのようにいっている。「それは、ある意味で、復活祭（イースター）よりも、あるいは、昇天日（アセンション）の祭よりも重大である。〔なぜならば〕キリストは万聖節の神秘において完全なものとなる〔からだ〕。それは、キリストが我らの主として、かれのすべての仲間である聖人たち〔聖人に列せられたものも列せられないものも、有名なものも無名のものも）と一体になるときだけ、完全で、成就されるからである」（Attwater, 1961 に引用されている）。

ここに、また、コムニタスと階級的構造の完璧なる総合という観念をみることができる。天国は、神聖さの多くの段階があるひとつの階級的な構造になっているが、同時に、下位の聖人が上位の聖人を羨望したり、上位の聖人がその地位を誇ったりすることもないひとつの光かがやく全体、ないし、コムニタスであるとは、ひとりダンテやトマス＝アキナスだけの描写するところではない。平等と階級は、そこでは、神秘的に、ひとつであった。万聖節に続く万霊節は、煉獄にある霊魂たちを、かれらの階級的地位が天国にいる霊魂たちより低いことを強調しながらも、記念し、また、煉獄でリミナルな試練を受けている人たちのためにとりなしを聖人に依頼する生者たちの活力のあるコムニタスを記念し、そして、天国や煉獄の救われた死者を記念する日である。だが、アポの儀式の〝ひとを誹る自由〟や身分逆転の場合と同様に、暦の上で周期的に聖人たちや霊魂たちの徳高き階級組織やよきコムニタスにエネルギーを付与する原動力は、キリスト教の習俗のレヴェルでしばしば悪魔の地位を与えられるキリスト教以前の土着の信仰習俗を、その源泉としている。十一月一日がキリスト教の祝祭日として守られるようになったのは七世紀以降のことであり、万霊節がローマ・カトリックの典礼になるのは、ようやく十世紀のことである。ケルト人が住む地方では、サムハイン Samhain（キリスト教の十一月一日）という異教的な冬祭のいくつかの側面が、この二つのキリスト教の祝祭に追加された。

サムハインとは〝夏の終わり〟という意味であるが、J・A・マッカロックによれば、それは、「当然、冬に象徴される植物を枯らす力が君臨しはじめた事実を指し示すものであった。だが、それは、部分的には収穫祭であったかもしれない。一方、田園での諸活動との結びつきもあった。冬のあいだの食料として動物を殺したり保存することがそれに結びついていたからである……大きなかがり火が焚かれ、太陽を表象した。太陽の力は、いまや衰えてゆき、その火は太陽を呪術によって強化しようと意図されたものであった……各住居では火はことごとく消された。これは、恐らく、季節的な悪霊の追放と結びついた行事であったろう。かがり火から木の枝に火がつけられ、各家にそれを持ち帰って新しい火がともされた。サムハインの祭で生贄、多分人間の生贄が捧げられた若干の証拠がある。犠牲となったものは、ユダヤの贖罪羊（スケープ・ゴート）のように、共同体の諸悪を荷わされたのであろう」(MacCulloch, 1948, pp. 58–59)。

ここでも、また、アポの儀式のように、サムハインの祭が、悪霊の季節的追放と、宇宙や大地に宿るもろもろの力と結びついた豊饒の再生とを表象しているように思われる。ヨーロッパの民間信仰では、十月三十一日の真夜中は、「ワルプルギスの夜」〔ゲーテ『ファウスト』参照〕や「農夫タム・オ・シャンター」〔ロバート・バーンズの作品〕のすんでのところで命とりになるハロウィーンのように、魔女や悪魔の地獄のような魔力が集合する時として、連想されるようになっている。その結果として、無邪気なものと邪悪なもの、すなわち、子供たちと魔女たちとのあいだに、奇妙な連合が形成されたのである。魔女と一緒になった子供たちは、うわべだけのあわれみと〝わるさか、もてなしか〟(トリック・オア・トリート)の恐怖で地域社会を浄化し、――すくなくともアメリカ合衆国では――太陽をかたどったカボチャのパイがつくコムニタス的祝祭の準備をする。劇作家や小説家ならばよく心得ているが、どういうわけか、ちょっとした罪や悪がコムニタスの火を燃えあがらせるために――もっとも、洗練された儀礼のメカニズムがその火を猛焔にせずに家庭で使用できるように変えるために用意されねばならないが――必要な火口(ほくち)のようである。人間の構造的な発展の周期と密接に結びついている宗教体系はどんなものでも、その中心には、必ず幸運なる過失(フェリックス・クルパ)があるものである。

男と女、身分逆転、コムニタス

身分逆転の儀礼のなかには、女性が男性の権威と役割を行使するものもある。この種の儀礼は、暦の上での変化の節々に行なわれる。たとえば、ズルー族のノムクブルワナ *Nomkubulwana* の儀式はその一例である。マックス・グラックマンのその儀式の分析によれば、「穀物の生長がはじまった頃にズルーランドの各地方でおこなわれる行事では、主要な役割は女たちに、従属的な役割は男たちに割り振られた」（M. Gluckman, 1954, pp. 4–11）（同じような行事、少女が男の衣裳を身につけて家畜を飼育し乳しぼりをする行事が、バントゥーの南部や中央部の多くの社会に見られる）。この型の儀礼は、部族社会の主要な版図が、何らかの自然災害、たとえば、虫害や飢饉や旱魃によって脅かされるときに、より頻繁におこなわれる。ピーター・リグビイ博士は、最近、タンザニアのゴーゴー族にみられるこの種の女性の儀礼についての詳細な記述を刊行した（Rigby, 1968）。この儀礼については、ほかのところで、アイリン・クリーゲ、グラックマン、ジュノーのような諸権威によって、入念に論議されている。だから、私は、ただ、以下の指摘をするにとどめる。すなわち、この種の儀礼がおこなわれる場合にはすべて、男たちが、そのうち何人かは社会構造で枢要な地位を占めるが、その男たちが、何か分からぬが、神々や祖先たちの不興をかい、あるいは、社会と自然の神秘的な調和を乱してしまったかして、社会の乱れが自然の異常現象を惹き起こしたのだという信仰がある、ということである。

　要約すると、構造における優位者たちの特殊な利害、ないし、分節の利害についての意見の対立によって、地域共同体に不幸がもたらされた、ということである。このような状況では、事態をふたたび正常に回復するのは、構造における劣位者たち――（ズルー族の場合、平常は、父親たちの父権（パトリア・ポテスタス）、あるいは、夫たちの手（マヌス）のうちにある若い女性で、）コムニタスないし一切の内部区分を超越した普遍的（グローバル）な共同体を代表する――の役割である。

かの女たちは、その役割を、構造における優位者――すなわち、男たち――の武器、衣服、装備、行動様式を、短いあいだ象徴的に奪いとって遂行している。だが、古い形式は今や新しい内容をもっている。権威は、今や、それ自身仮装したコムニタスによって構造として行使される。構造の形式は、利己的な諸属性を剝ぎとられ、コムニタスのいろいろな価値と結びつくことによって純化される。利己的な争いや匿された悪感情によってずたずたにされた一体性は、法的・政治的身分を争うに値しないと、通常、考えられているような低い身分の人たちによって回復される。だが、〝に値しない〟にはふたつの意味がある。それは、まず、構造における劣位者であるということである。が、それだけではない。それは社会生活の共通の基盤――大地および大地が産み出すもの――ということでもある。別なことばでいえば、社会的なある次元では低いものが、別の次元では基礎的である、ということである。

年若き乙女たちが、しばしば、主役を務めるということは、恐らく、意味のあることであろう。かの女たちは、まだ、子供たちの母親になっていないからだ。子供を産めば、その子の構造における地位は、ふたたび、対立と競争の種子となるであろう。それにしても、この身分の逆転が、かりそめのものであり一時的なもの（〝リミナルなもの〟といってもよい）であることは避けられない。社会的相互関係の二つの様式が、ここでは、文化的に両極となっているからだ。少女が家畜を飼育することは分類上のひとつのパラドックスであり、儀礼におけるリミナリティにのみ存在しうるパラドックスのひとつなのである。コムニタスは、それ自体の性質を変えるか、コムニタスであることをやめないかぎり、資源を取り扱ったり、社会的統制をおこなうことはできない。だがそれは、短い期間の啓示によって、累積された罪劫や構造の分裂要因の〝焼却〟あるいは〝洗い落とし〟——浄化の意味のどんな比喩でも使えるが——をすることができるのである。

インドの村の〝愛の祭〟における身分の逆転

身分逆転の儀礼に関する今まで見てきた調査結果を要約しよう。弱者が攻撃性の力を装い、それにともなって強者が謙虚さや受動性を装うことは、社会構造から生まれる〝罪〟やヒッピーが〝しこり(ハング・アップス)〟とよんでいるようなものを取りのぞいて社会を清潔にするための工夫である。そこでは、舞台がコムニタスを忘我のうちに体験させるために設(しつら)えられ、その体験のあとには、いまそこに浄化され、ふたたび活力を与えられた構造への醒めた復帰が続くことになる。この儀礼のプロセスに関する〝内側から〟の報告でもっともすぐれたもののひとつは、マッキム・マリオット教授の論文である (Marriott, McKim, 1966)。この人は、平常、インドの村落社会について冷静で公平な分析をしている人である。かれは、そこで、キシャン・ガリーの村のホーリーの祭 *Holī* festival について論じている。この村は「マトゥラやヴリンダバンからはジュマン川を渡ったところ、若さに溢れるクリシュナ神の伝説の土地ヴラジャからは徒歩一日行程のところにある」。この行事の主宰神はクリシュナであり、〝愛の祭〟としてマリオットに紹介されたこの行事は春祭で、「年間を通じて最大の宗教的祝祭」であった。かけ出しのフィールド・ワーカーであったマリオットは、前の年のこの行事にまき込まれ、マリファナの入った飲みものを飲むように誘われ、身体には黄土をこすりつけられ、いい気になってぶんなぐられたりした。それからつぎの祭までの一年間、かれは、ラドクリフ＝ブラウン流に、この騒々しい行事の社会的機能は何であるか、熟考した。

さて、私の調査もまるまる一年経過して、ふたたび、愛の祭が近づいてきた。やはりわが身の安全について懸念もあったが、前もって注意して、来るべき行事について前回よりもよく理解できるように社会構造の知識を仕入れておいた。今回はマリファナはやらなかったので、ホーリーという伏魔殿が、実は異常なほど整然とした社会的秩序になっていることに気づくことができた。だが、この秩序は、日常生活の社会的原理や儀礼の原理からすれば、まさに正反対の秩序であった。ホーリーの祭における破目をはずした行為のひとつひとつは、この村の日常の社会組織とは、なにか反対の積極的な規則ないし事実を暗示するものであった。

女たちによって、いささかも情け容赦なく、向こうずねをぶちのめされながら笑っている男たちは何ものなのだ？　かれらは、村では富裕なバラモンとジャートの農場主たちで、ぶちのめす方は、地元のあの熱烈なラーダーたち〔第4章参照〕、すなわち「村の女房たち」である。この両者によって、親族という現実の、また、虚構のカースト間の相互関係の体系が体現されているのである。ある男性にとって、「兄」の妻は冗談を交わす相手としても差しつかえないが、「弟」の妻は、尊敬に関する極端なきまりにより、かれから遠く離れているものとされている。だが、ここでは、兄の妻も弟の妻も、その男性の母親代わり、すなわち、その「父の弟たち」の妻〔義理の叔母〕たちとともに、そういった一切のこうるさい関係やきずなを断ち切った「女房族」というひとつの革命的な徒党に入ってしまうのである。このヴェイルをかぶった大部隊のなかでもっとも勇敢な叩き屋は、事実、しばしば、農場主に雇われた低いカーストの農業労働者、職人、下僕たちの女房たち——ぶんなぐられる犠牲者の妾たちや料理場の手伝い女たち——である。「あっちへ行ってパンでも焼いていろ！」と、ある農場主はからかい、そして、攻撃隊をそそのかす。「俺から種つけでもしてもらいたいのかい？」と。別の農場主はいい気になって怒鳴り、なぐられて痛い目にあいながらも、参らなかった。村落社会の柱とされる五十代のバラモンが六人、かれらの便所の掃除婦である頑丈な若いバンギンの女が振りまわす丸太棒から、息せききって、足をひきずって逃げて行った。村の娘たちはみな、村の兄弟たちがやっつけられているこの修羅場を遠巻きにしていたが、それでも、通婚圏内の別の村から未来の夫となりうる男が、休日を利用してやって来て、うっかり迷い込んだりしようものなら、たちどころに攻撃できる態勢はとっていた。あれはろばの背にうしろ向きに乗っているあの〝ホーリー祭の王〟はなにものか？　かれは生贄たち高いカーストに属する年長の少年で、音にきこえた餓鬼大将である。（といっても、ひどくやっつけられることを楽しんでいるフシもあったが）の仲間がそこによこしたものである。陶工たちの小径で、大まじめに合唱している連中はなにものか？　住みこみの連中だけでなく、六人の洗濯屋と洋服屋がひとり、それに、三人のバラモンを混じえた人たちで、毎年この日だけのために、神々の友情をまねて、一緒になって理想的な合唱団をつくっているのである。

泥や塵を指導的立場にある人たち全員にあびせかけているあの〝牛飼い〟に変装した連中はなにものか？　かれらは、水運び、二人の若いバラモンの聖職者、床屋の息子で、平常は浄めの仕事のまじめな専門家たちである。

誰だか分からない陽気に騒ぎまわっている連中が、羊の骨で作った飾り輪で飾り立てたのは、どこの家の拝所だったか？　それは、いつも隣人たちや親類縁者を裁判沙汰で悩ましているあのバラモンの後家さんのところの拝所である。

村の本職の行者がとぼけた挽歌をうたったのは誰の家の前でだったか？　それは、借金の取立てをきちんきちんとおこない、恩情に欠けることで悪名高いはなはだ元気な金貸しの家の前でである。

浄めの赤い粉を手に何杯も、そればかりかそれに一ガロンもの軽油をそえて、頭からぶっかけられて、たっぷりと可愛がられたのはいったい誰だったか？ それは村の大地主であり、可愛がった方はといえば、かれのいとこで、しかも大のライヴァルでもあるキシャン・ガリー村の警察署長であった。

主なる神クリシュナのように笛を吹きながら、首には古靴の花輪を飾って、街路で踊りを踊らされたのは誰だったか？ それは人類学者としてやってきて、やたらにあれこれとものを聞きまわり、しかも、いつも親切でちゃんとした答えをもらっていた、この私であった。

ここには、実に、たくさんの農村風のごっちゃになった愛――両親や保護者に対するきちんとした心遣い、兄弟、姉妹、仲間に対する理想化された愛情、神との合一を求める人間の願望、男女のあいだのぶこつな欲望――が、ことごとく、時をおなじくしてその水圧を高め、突如として、ふだんの狭い水路（チャンネル）から溢れ出た。束縛がなくなった直線的なあらゆる種類の愛が氾濫を起こし、カーストとカーストのあいだや、家族と家族のあいだにある平等の区画や無関心を押し流してしまった。理性を超えたリビドーが、年齢、性別、カースト、富、権力といった一切の既成の階級組織（ヒエラルキー）を水没させてしまったのである。

北インドの農村地帯においてクリシュナの教義がもつ社会的な意味は、イエスの「山上の垂訓」が含む保守的な社会的意味と似ていないことはない。イエスの訓戒は厳しい。だが、それは、同時に、世俗の社会秩序の破壊を、はるかな未来にまで延期するものでもある。クリシュナは、強者たちの行為についての評定を、最後の審判の日までは延期せず、規則的に、毎年三月の満月のときにおこなわれる仮面儀礼で、それをおこなうように予定をきめている。だから、クリシュナのホーリーの祭は単なる愛の教えではないのである。それは、むしろ、めいめいの信徒が情熱的に、そして、喜びいっぱいに演じ切らねばならないドラマの脚本なのである。

ホーリーのドラマとしての均衡——世界の破滅と世界の甦り、世界の堕落とそれに続く世界の浄化——は、構造の原理のレヴェルでのみみられるものではなく、参加者ひとりびとりの人間においてもみられるものである。クリシュナの庇護のもとで、各人は自分と対立する人間の役割を演じ、しばらくのあいだ、それを経験することもできる。奴隷のような妻がいばりちらす夫を演じ、またその逆がおこなわれる。奪うものが奪われるものの役を演じる。卑賤なものが主人の役を演じる。敵が味方を演じ、構造に組み込まれた若者たちが共和制の支配層の役を演じる。観察している人類学者のこの私は、人間をその生活軌道に乗せて動かしている力を調べ考える仕事をしているが、いつのまにか、センスのない唐変木の役を演じているのに気がついた。各演技者（アクター）は、芝居気たっぷりに自分自身の平常の自己からみての他者の役割を果たしている。かれは、それによって、あらためておのれ自身の日常の役割を、新たなる理解を確実に身につけ、以前よりも大きな心をできるかぎり籠めて、恐らく他者の心と愛の気持を通わせて、果たすことを学ぶことができるのである（Marriott, 1966, pp. 210–212）。

右に見たマリオットの報告は感情移入のすばらしい報告ではあるが、私はこの報告の一、二の些細な欠点を指摘することにする。まず、「年齢、性別、カースト、富、権力といった一切の既成の階級組織（ヒエラルキー）を水没させてしまった」のは、「リビドー」という生物学的衝動ではなく、自由に解放されたコムニタスの経験であり、ブレイクならば、「ある知的なもの」——すなわち、他者の全人格に対する全人格的な認知を包含するもの——とよんだであろうと思われるものだということである。コムニタスは単なる本能的なものではない。それは意識と意欲を含むものである。ホーリーの祝祭における身分の逆転は、男（そして女）を身分から自由にする。ある種の条件のもとでは、それは〝忘我の（エクスタティック）〟経験であることが可能である。エクスタティック ecstatic とは語源的には、個人が構造における自分の身分の〝外側に立つこと〟を意味する。〝忘我（エクスタシー）〟 ecstasy とは〝実存（エグジステンス）〟 existence である。また、私は大体において、他者（オールター） *alter* の役割を演ずることによって、演技者（アクター）が、その他者と、マリオットがいう意味での「愛の心を通わせること」reciprocating love が可能になるとも思えないのである。むしろ私は、この物真似的な役割＝演技を、あ、ら、ゆ、る役割をすべて破壊してコムニタスの現出を準備するための、単なるからくりと考えたい。だが、マリオットは、ひとつの身分逆転の儀礼の以下のような顕著な諸特徴を十分に記述しており、把握している。すなわち、構造における劣位者たちの儀礼における優位性、たとえば、かれらの無作法なことばや粗暴な振舞い、また、身分のうえでかれらのうえにある優位者たちの象徴的な謙虚さと祭の現場での卑屈な服従、また、構造では〝下のもの（ピロウ）〟たちが構造における境界区分を押し流すコムニタス、力で始まり愛で終わるコムニタスを表象するしかた、そして最後に、疑いなく浄化された階級組織（等級づけの組織）の原理が、転覆されるのではなく、かえって強調されること、および、この階級制の原理の浄化――逆説的ではあるが、ヒンドゥー教の多くの腐敗した規則を破ることによる浄化――は身分の逆転というひとつのプロセスを経ることによりおこなわれること、それによって、その原理が村落生活の構造の骨格を温存さ、せ、る、ことを、マリオットは把握している。

謙虚さの宗教と身分逆転の宗教

私は、以上にみるように、高度に構造化され、周期的で反復性をもつ社会にみられる宗教体系における境界状況(リミナル)の行事について、論じてきた。私は、さらに、それに続いて、身分昇格の行事の境界状況(リミナリティ)と身分逆転の行事のリミナリティとのあいだに設けている区別とおなじような区別を、部族の枠を超えた諸宗教にも、すくなくともその最初の段階に、とくに、急速で未曾有の社会変化の時期――そのこと自体にリミナルな諸属性がみられる時期――に見出すことができるということを、試論として提示しておきたい。換言すれば、宗教のうちあるものは、身分昇格のリミナリティによく似ているということである。そのような宗教は、謙虚さや忍耐を強調し、また、地位、財産、年齢、性別、その他の自然的・文化的な相違による区別が重要ではないということを力説する。さらに、それらは、神秘的合一、神聖感(ヌミノージティ) numinosity、未分化なコムニタスを強調する。それらの宗教の多くは、現世をそれ自体リミナルな段階であると考え、葬送行事を、修練者(イニシアンド)が、たとえば、天国とか涅槃(ねはん) nirvana といった、存在のより高いレヴェルないし段階に回帰するための準備とみなしているためである。別種の宗教運動は、それとは逆に、部族や農村の身分逆転の儀礼の属性の多くをみせている。身分逆転のリミナリティは、構造における区別を排除するよりはむしろ強調し、その程度は漫画(カリカチュア)(無意識的な場合が多いが)になってしまうほどである。おなじように、この種の宗教は、宗教的な領域内での機能の分化や世俗の身分の宗教における逆転を、あるいは、後者だけを、強調するところに著しい特徴がある。

南アフリカの分離主義に見る身分の逆転

身分逆転の宗教の非常にはっきりした実例が、南アフリカにおけるバントゥーの分離主義に関するサンドクラーの研究に見出される。衆知のように、現在、南アフリカには、組織されたアフリカ人の小さな教会や宗派(チャーチ)(セクト)が一千以上も存在する。それらは、白人の伝道教会から分離したか、相互に分離したものである。ズルーランドにおけるアフリカ人の独立した教会を研究したサンドクラーは、「天国における逆転された人種の障壁」the reversed colour bar in heaven について、つぎのように述べている。

ある国で、無責任な一部の白人がアフリカ人に、キリストは白人だけのものであると語っているが、そこでは、アフリカ人はその報復として、当然ながら、天の場所に人種の障壁を設けることを目論んでいる。皮膚の色のコンプレックスは、かれらの天国そのものを黒く塗ってしまい、黒いキリストはそのことに注意しなければならないのである。シェンベ〔有名なズルーの予言者〕は門のところで白人を追い払う。その理由は、白人は金持なのだから、すでにこの世で恩恵を受けている、というのである。そして、かれは、自分の忠実な信奉者にしか、その門を開かないのである。白人の伝道教会に所属していたアフリカ人の運命は悲しむべきものである。「ある人種はほかの人種の門からは入れない」。だから、かれらが白人たちの門のところまで到達したとしても、かれらは追い払われてしまう……皮膚の色のコンプレックスは、イエスの喩え話をいろいろとその宗教活動にとり込んでいる。いくつかのシオニズムの教会で、私が聞いた喩え話はつぎのようなものであった。「十人の処女(おとめ)がいた。五人は白人で、五人は黒人だった。白人の五人は愚かであったが、黒人の五人は賢くて、自分のランプに油を入れていた。十人全部が門のところまでやって来た。だが、五人の白人の処女は、金持がもらった答えとおなじ答えを受け取った。白人たちが地上を支配するから、黒人たちは天国でそうするのだ、と。白人たちは物乞いに出かけ、冷たい水にその指先をつけるであろう。だが、返事として受け取るのは『ハイイー(だめだ)——誰も二度は支配できないのだ』ということばであろう」(Sundkler, 1961, p. 290)。

ここでは、身分の逆転は、構造化された階級組織の諸階層のあいだの和解を促進するという効果を最終的にもつ儀礼の全体系の一部分ではない、ということに注目しよう。われわれは、構造のすべての部分にコムニタスが滲透しているような統合された社会体系を取り扱っているのではないのである。われわれが対象とするところは、ただ、逆転の側面だけである。それが人間の究極的な状態であって欲しいというすべての人間の願望によって強調されている側面である。だがそれにもかかわらず、この例は、以下の点で示唆に富む。

すなわち、直接的にしろ転化した形でにしろ、階級組織を宗教生活に普遍的な一属性であるとして強調する宗教は、合意（コンセンサス）に依存するのとおなじくらい強く権力に依存する、社会＝政治的体系の構造における劣位者たちのあいだから発生するということを示唆する点で、教えてくれるところが多い。ここではまた、この種の南アフリカの宗派（セクト）の多くは、それが小規模のものであれ、きめの細かい聖職者の階級組織（ヒエラルキー）をもつものであること、また、女性たちが、しばしば重要な儀礼上の役割を占めていること、とを指摘しておく。

メラネシヤの千年王国論運動にみる擬似的な階級組織

宗教運動や半宗教的運動に関する文献は、私がとっている見解を完全に支持してくれるものではなく、問題や難点は依然として残されている。だが、それにもかかわらず、明らかに、構造における劣位者たちの集団ないし部門の創造的な諸活動から生起した宗教形態が、しばらくすると、階級組織の外面的な諸特徴を帯びてくることを示す強力な証拠がある。そのような階級組織は、単に世俗の序列を逆転しただけのものであったり、あるいは、概して、世俗の枠組を、その運動の教会的な構造に、あるいは、その終末論的な信仰に置き換えたりしたものである。その組織形態にヨーロッパの社会構造を模写しようとした運動のよい例が、ピーター・ローレンスの『カルゴに入る道』*Road Belong Cargo*, 1964 に見に、ヤリの綱領(プログラム)ではつぎのようにいっている。

マダンのメラネシヤ人予言者のひとり、ヤリの綱領ではつぎのようにいっている。

人々は部落で生活することを放棄し、大きな〝キャンプ〟に一緒に来ることになっていた。そのキャンプはかれらの住居を街路に沿って設け、花や灌木で美しく飾られることになっていた。各キャンプには新しい〝憩いの家〟を設けねばならず、それは、従来のように、ハウス・キアプとはよばず、ハウス・ヤリとよぶことになっていた。それは、ヤリが〝行政官〟という資格で人々を訪れるときに使われることになっていた。各キャンプには清潔な便所が設けられねばならず、新しい道路が地域内のいたるところに開かれねばならなかった……年老いた酋長たちは〝若いボス〟に地位を譲らねばならず、この若いボスたちが再建の仕事を監督し、また、ヤリの命令が実行されるのを監視することになっていた。一夫一婦制が実施され、第二夫人たちは離別されて独身の男と結婚させられることになっていた。(Lawrence, 1964, p. 160)

ヨーロッパの行政機構やその物質的、宗教的文化を模倣したほかの諸特徴も、この〝カルゴ崇拝の仲間〟に導入された。ほかの多くのカルゴ崇拝の集団も、もちろん、おなじような組織面での特徴をもっており、それに加えて、ヨーロッパ人たちは追放し、ないしは、破滅させるべきで、代わって、かれら自身の祖先や予言者たちが擬似的官僚機構でかれらを統治するようになる、という信念を固守している。しかしながら、擬似的な階級組織がリミナルな宗教的状況から発生することが、ただ、構造における劣位性(インフェリオリティ)ということだけの結果であるかどうかは、確かなことではまったくない。私が確信するところでは、身分逆転という要因は、構造における恒久的な劣位性ということと相関関係がある。だが、精巧に序列づけられた儀礼集団ないしは儀式集団の階級組織が、現世の平等主義の集団のリミナリティを、この種の集団がより広い一般社会において占める序列とは無関係に表象することは、十分ありうることである。その例としては、フリーメイスン、薔薇十字会(ロウジクルーシャン)、エルクス慈善保護会、シシリアのマフィア、その他、複雑な儀礼や儀式をともない一般に強い宗教色をもった秘密結社や団体が挙げられるであろう。この種の集団の成員たちは、おなじ階層に序列づけられる人たちからなる社会的・政治的諸団体から引き抜かれた場合が多く、平等主義の価値観を分かちあい、経済的には消費水準をおなじくしている。

このような場合にも逆転の側面があることは事実である——世俗の平等はリミナルの階級組織とは矛盾するからだ。だが、それは、ある特定の構造の体系内での序列順位の逆転ということではなく、ある型の体系(階級組織の体系)を別な型の体系(平等主義の体系)の代わりに使うということである。ある場合には、たとえば、マフィアやキュー・クラックス団〔the Ku Klux Klan 略称 K.K.K.〕や中国のある種の秘密結社の場合のように、リミナル的な階級組織が政治的な諸価値や諸機能のための手段という性格を帯びるようになって、その〝芝居じみた〟幻想的な性質を失ってしまうこともある。そうなると、政治的ないし半軍事的行動は、方向性をもち目的を追求するというその性格から、階級組織の形態が、その組織の必要条件をみたすために相応しいということにも十分になりうるのである。そのことが、フリーメイスンやカリフォルニアのかみなり族の〝地獄の天使たち（ヘルズ・エンジェルズ）〟のような集団を研究したり、それらを相互に比較して、それぞれが、その発展段階のどこにまで達しているか、また、現在、どのような社会分野の条件のもとにあるかを明らかにするさいに、大へん重要なことなのである。

身分逆転と擬似＝階級組織の現代におけるいくつかの実例

この種のリミナルな運動では、参加者の数が増大するにつれて、必然的に、階級組織が発達するのであるという反論もあるだろう。しかしながら、多くの実例が示すところでは、この種の運動では役職の数は多いが、参加者は少数なのである。たとえば、ユタ州のアーロナイト共同体 the Aaronites' Community である。コーネル大学のアラン・C・スペアズはモルモン教の分離主義の一セクトであるこの団体について書いているが、それによると、この団体は、参加者が二百人にも達しないにもかかわらず、「モルモン教のそれにも似た複雑な階級構造をもち……たとえば、第一大司教（ファースト・ハイ・プリースト）、第二（セカンド）大司教、統領（プレジデント）、第一副統領（ファースト・ヴァイス・プレジデント）、第二（セカンド）副統領、地区司祭（プリースト・オヴ・ブランチズ）、宗教会議監督（ビショップ・オヴ・カウンシルズ）、教師（ティーチャー）、執事（ディーコン）などの地位が設けてある」（Allan C. Speirs Jr. 学士論文・未刊 1966, p. 22）。ロチェスター大学のR・リンカーン・カイザーの既刊や未刊の論文数点には、いささか趣きを異にする集団について記されている。シカゴの青春期の黒人の若者たちの団体、〝クラブ〟あるいは〝ネイション〟と称する控え目な悪のお頭たち（コンサーヴァティヴ・ヴァイス・ローズ）である。私は、カイザー氏の好意で、〝テディ〟というヴァイス・ロードの指導者のひとりの色彩ゆたかな自叙伝に接する機会をえた。ヴァイス・ロードには数多くの儀式活動があった。たとえば、〝葡萄酒の儀式（ワイン・セレモニー）〟である。これは、死んだ仲間や更生施設にいる仲間たちのためのものである。このような、また、そのほかの儀式のときには、かれらは、礼装として、赤や黒の肩かけをまとうのであった。ヴァイス・ロードやエジプトのコブラたち、皇帝の教誨師（インペリアル・チャプレン）たちといったその他の団体で、とくに目につくことは、かれらの組織がもつ複雑な階級的性格である。たとえば、ヴァイス・ロードは、団体加入の時期に応じて〝親分格（シーニヤー）〟、〝子分格（ジュニア）〟、〝ちんぴら格（ミジェト）〟に区分され、また、いくつかの縄張り区分に分割されていた。この縄張り区分を足し合わせると〝悪のお頭たちの国（ヴァイス・ロード・ネイシヨン）〟が形成されるのである。〝テディ〟は、セント・トーマス地区の組織の構造について書いている。「セント・トーマスの組織の全員は、発足当初、なんらかの地位についていた。幹部たちは、大統領、副大統領、財務長官、参謀総長、参謀長であった。かれらには護衛がついていた」(Keiser, 1966, p. 17)。大体において、組織の組員たちの行動は、縄張りの統制ががっちりしていて内部抗争をしていないときは、そう変わったものではなく、平等主義的であった。だが、公式的で儀礼的な状況でのかれらの構造は、平等主義とは正反対であった。そこには厳しいつつきの順位〔二九五頁の訳注を参照〕が存在した。それでも、本家にあたる〝クラブ〟から独立しようとする地区同士は、たちまちのうちに、協力の体制を形づくるのであった。

　構造における劣位者の諸部門(カテゴリー)が階級組織をもつリミナリティをとろうとする傾向の現代におけるもうひとつの実例は、地獄の天使たち(ヘルズ・エンジェルズ)として知られているカリフォルニアの若いオートバイ乗りたちである。ハンター・S・トンプソンは、このメンバーの大部分は、第二次大戦以前にカリフォルニアにやって来た人たち——ヒル・ビリーズ〔南部の山男〕、オーキーズ〔オクラホマからの移住者〕、アーキーズ〔アーカンサス出身の放浪農夫〕、アパラチアンズ〔アパラチアからの移住者〕——の息子たちであると、いっている(Thompson, 1966, p. 202)。現在では、この人たちは、「港湾労働者、倉庫業者、トラック運転手、機械工、事務員、および賃金即日払いで忠誠心を要求しない仕事に従事する自由労務者になっている。恐らく、十人にひとりは定職をもち、かなりの収入をえていると思われる」(pp. 73-74)。かれらは、みずから一パーセントの人間(ワン・パーセンターズ)、すなわち、「はみ出し者で無頓着な一パーセント」と自称している(p. 13)。かれらは、〝まともな(ストレート)〟世界に住む人たちのことを〝一般人（シティズン）〟とよんでいるが、このことは、かれら自身はそうでないということを意味している。かれらは構造の体系の外にいることを選んでいる。だが、それにもかかわらず、黒人のヴァイス・ロードたちのように、かれらは、複雑な加入儀式（イニシエイション・セレモニー）とか、各種の記章（バッジ）に表象されるメンバーたちの序列づけなどを含む形式ばった組織を形成している。かれらは、一連の内規を定め、会長、副会長、書記長、会計、それに護衛たちで構成される実行委員会を設け、毎週、定例会議を開いている。

ヘルズ・エンジェルズには、身分の逆転のというより、世俗の社会組織の構造の模写を見ることができる。だが、かれらのイニシエイションでは、身分逆転のいくつかの要素を認めることもできるのである。エンジェルに新しく仲間入りするものたちは、新しい清潔なジーパンと上衣をもってこのイニシエイションに参加するが、そこでおこなう行事はそれらを、糞、小便、廃油のなかにひたすだけである。それら衣服が汚れてぼろぼろになり、ばらばらになる寸前までに〝熟した〟状態こそ、身分や構造という仕掛けにはまって身動きできない〝一般人たち〟の〝きちんとした清潔な〟規準を逆転させる身分のしるしなのである。だが、その擬似的な階級組織をもつにもかかわらず、ヴァイス・ロードもエンジェルたちも、コムニタスの諸価値を力説している。たとえば、ヴァイス・ロードの〝テディ〟は、一般の公衆について、「そして、すぐに、かれらはわれわれが組織をもっているといった。だが、われわれが考えたすべては、われわれが兄弟（バッディ）＝兄弟（バッディ）だということだけだった」(Keiser, 1966)といっている。トンプソンも、ヘルズ・エンジェルズの〝共同生活(トゥゲザーネス)グループ〟という性格を、しばしば強調する。このように見てくると、擬似的構造(スードウ・ストラクチャー)は本物のコムニタスと矛盾するようにはみえなくなる。これらの集団は、本気になって社会経済の構造に参加するのではなく、構造というゲームをしているのである。それら集団の構造は、手段としての側面ももつが、概して、〝自己表現的(エクスプレッシヴ)〟なものなのである。だが、このタイプの自己表現的な構造は、ある種の状況のもとでは、実用主義的な構造に転化されることもありうる。中国の秘密結社の場合がそうで、たとえば、ギュスターヴ・シュレーゲルの『洪門会』*The Hung League* (Schlegel, 1866) で論じられている三合会がある。同様に、西アフリカのシエラ・レオネのポロの結社の儀式の構造は、一八九八年のメンデの蜂起のさいに、政治的な反乱組織の母体として利用された (Little, 1965 の各所)。

身分の高い創唱者をもつ謙虚さの宗教

身分の高い人たち、ないしは、身分が高くないとしても、構造において確実に尊敬される身分の人たちによって創唱された宗教やイデオロギー的また倫理的な運動の実例は、たくさんある。これら創唱者たちの基本的な教説が、現世における栄誉、財産、身分などからの離脱について多く語り、しかもその多くが、男と女の〝精神的な〟、あるいは、〝実質的な〝同一性を強調していることは、意味深いことである。これらの点で、また、その他多くの側面で、かれらがもたらそうと努力するリミナルな宗教的条件は、かれらの信奉者たちを現世から引き離してその状況に導くものだが、部族社会の人生の危機における行事に見られる――また、身分昇格の儀礼に見られる――隔離のさいのリミナリティの宗教的条件と、密接な親近関係をもっている。屈辱の思いと謙虚さは、これら諸宗教の最終的な目標とはみなされず、信者たちが天国、涅槃（ニルヴァーナ）、あるいは、ユートピアという究極的で絶対的な状態へ赴く途上で通らねばならないリミナルな段階の属性と考えられている。それは、一歩後退二歩前進（ルクレー・プール・ミユウ・ソテー）の一例である。この型の宗教が広く人気をえて構造における劣位者の大衆を包括するようになると、階級的組織化へと意味深い方向転換がおこなわれる場合が多い。ある点では、これらの階級組織は〝逆転〟――すくなくとも、その宗教の説いている信仰体系に関して――されてしまう。指導者ないし指導者たちは、ローマ教皇のように、専制君主や独裁者としてではなく、〝神の下僕（しもべ）たちの下僕〟として表象されているからだ。身分は、その地位にあるものから世俗の権威を剝ぎとり、柔和さ、謙虚さ、それに、宗教の信者たち、いな、全人類に対する責任ある心遣いを身につけることによって、えられるものである。だが、それにもかかわらず、南アフリカの分離主義のセクト、メラネシアのカルゴ崇拝の仲間たち、ユタ州のアーロンの修道院、黒人の若者たちの組織、それに、ヘルズ・エンジェルズにおけるように、宗教団体や儀礼集団の広範囲にわたる拡大は、その集団の階級組織化につながるのである。第一に、多数の人間の組織化の問題がある。第二に――これは複雑な階級組織をもつ小さな宗派に見られるが――、貧しい者や弱い者たちのリミナリティは、世俗の構造のわな仕掛けを横取りしており、そして、すでに、動物や化けものの変装を論じたところで見たように、親の権力という仮面をかぶっているのである。

仏陀

構造における優位者の立場ないし堅実な立場にあって謙虚さやコムニタスの価値を説いた宗教の創唱者たちの例としては、仏陀、聖フランシスコ、トルストイ、それにガンディを挙げることができよう。イエスの場合はそれほどはっきりしていない。マタイやルカは、かれの父親ヨセフの出自をダヴィデ王にまでたどっており、また、大工職の重要さとその身分は、農村社会の多くでは高いものではあったけれども、イエスは、通常、〝民衆のひとり〟であったと考えられている。仏陀の父親は、シャカ族のなかの重要な首長であったと伝えられ、また、その母の摩耶夫人(マハー・マーヤー)は、ヒマラヤ山脈の東南地方のその隣国の王の娘であった。通説によると、悉達多(シッダールタ)(王子時代の名である)は、王城の厚い壁の背後で二十九年間世間から隔絶された生活を送り、やがて父の後継者になるはずであった。そのつぎには、かれが御者のチャンナを連れ、城門から出て世間のなかへ入って行った三度の冒険についての洗練された物語が来る。かれはその冒険で相ついで、労働にやつれ果てた老人、癩(らい)病にかかった人、腐りかかった屍骸に遭遇し、目のあたり、構造における劣位者たちの運命を悟った。かれが初めて人間の死を実感して王城に戻ってくると、かれの最初の息子で後継者でもある赤児の誕生――かれの血筋の構造における持続を保証する――を祝う音楽が奏でられていた。息子の誕生を喜ぶどころか、かれは権威と権力の支配に、それによってさらに自分が深く関わってゆくことに悩みを抱いたのである。チャンナをともない、かれは、ひそかに王城を脱け出し、多年のあいだ、インドの民衆のあいだを放浪し、そして、カースト制度の生み出している現実について、見聞を広めていた。しばらくは、五人の弟子とともに厳しい禁欲の生活をした。しかし、この構造の様式もかれに満足を与えなかった。そして、菩提樹の下でよく知られている四十日間の瞑想に入ったとき、かれは、すでに、宗教生活の厳しさをかなり和らげるようになっていた。悟りをひらいたのち、かれは、その生涯を終えるまでの四十五年間を、要するに、従順と温和という単純な教訓をすべての人たちに、人種も階級も性別も年齢も関係なしに教えることに費やしたのである。かれは、その教義を特定の階級やカーストの利益になるようには説かなかった。だから、インドでカーストにも入らない最下層の賤民(パリアー)さえも自分をかれの弟子と称することが可能で、そして、時にそう称するものもいたのである。

われわれは、仏陀において、一切を棄てて裸になり、平等になることをはかり、そして、弱さと貧しさの行動を身につけることによって、コムニタスへの悟入を体験した宗教の創唱者で、〝構造において〟恵まれた人物の典型をみるのである。インドの場合には、構造における優位者で、富も地位も棄て、聖なる貧しさを説いた人物の例はさらに数多く挙げることができるであろう。たとえば、チャイタニヤ（第4章参照）、ジャイナ教の創始者で、仏陀よりも年長の同時代人のマハーヴィーラ、それに、シーク教の創始者のナーナックがいる。

ガンディ

モハンダス・カラムチャンド・ガンディの生涯と殉教の印象的な情景は、まだ、われわれの記憶に新しい。かれは、すくなくとも、政治上の指導者であるのとおなじくらい宗教的な指導者であった。いま挙げたばかりの人たちと同様に、社会階級からいえば尊敬されるべき分節の出身である。自叙伝にあるように、「ガンディ家は……私の祖父から三世代にわたって……カティアワドの諸土侯国の総理大臣であった」（Gandhi, 1948, p. 11）。かれの父のカバ・ガンディは、しばらく、ラージコートの首相であり、ついで、ヴァンカネールの首相となった。ガンディはロンドンで法律を学び、その後、法律関係の仕事で南アフリカに行っている。だが、まもなく、かれは富や地位を放棄して、南アフリカのインド人たちをより大いなる正義を求める闘争に導いた。この闘争が、非暴力と〝真実＝力〟という教義を強力な政治・経済的な手段にまで発展させたのである。

インドにおける国家独立運動の重要な指導者としてのガンディの後半生は、すべての人のよく知るところである。私は、ここでは、かれの自叙伝から、財産を投げうって裸になり、自らを万人と平等にする徳の力についてのかれの思想のいくつかを引用するだけにとどめる。ガンディはいつも、ヒンドゥー教の偉大な精神指導の書『バガヴァド・ギーター』に傾倒し、精神的な危機に際しては、〝この身の処しかたの辞引〟に、その内面的な問題の解決を求めたものである。

アパリグラハ *aparigraha*〔非所有〕とかサムバーヴァ *sambhava*〔平等〕ということばが私の心をとらえていた。その平等をどのように育成し、維持するかが問題であった。無礼で横柄(おうへい)で堕落した役人や、意味のない対立を惹き起こす昨日の仲間、また、いつも親切にしてくれた人たちを、みなおなじように扱うにはどうすればよいか。どうすれば、一切の所有から自分を離脱させられるか。肉体それ自体が、すでに、りっぱな所有ではないか。妻や子供たちは所有ではないか。私は、自分がもっている棚の本をすべて放棄すべきなのか。自分がもっている一切を棄てて、神に従うべきなのか。まっすぐにその答えはやってきた。すなわち、自分が所有する一切を棄てなければ、神に従うことはできないのだ、と (Gandhi, 1948, p. 323)。

ガンディは、イギリスの法律の研究（とくに、衡平法の準則にかんするスネルの論議の研究）をしたこともあって、最終的には、救済を願う人は「莫大な財産を管理していても、それを自分のものとはすこしも考えない財産管理人のように振る舞うべきだ」（p. 324）という意味内容の非所有の教えをいっそう深く理解するにいたった。こうして、ガンディは、フランシスコによって提起された清貧の問題についてカトリック教会が到達したものと同じ結論に、それとは別の道を経由して達したのである。カトリック教会では、ドミニウム（所有）とウースス（受託管理）とは法的に区別されたのである。ガンディは、自分の新しい確信に誠実で、それまでの保険契約のような方針にこだわらなかった。「神は、私をつくられたように私の妻子をつくられたのだから、かれらの面倒もみてくださるであろう」（p. 324）と確信するにいたったからである。

キリスト教の指導者たち

キリスト教の伝統においても、社会の中流以上の階層の出身で、しかも、人生の危機におけるリミナリティの様式を救いにいたる道であると説いた修道会や宗派（セクト）の創始者は枚挙にいとまがない。最小限にしぼったとしても、カトリックの関係では、聖ベネディクトゥス、聖フランシスコ、聖ドミニクス、聖女クララ、アヴィラの聖女テレサの名を挙げることができよう。さらにまた、プロテスタントの関係では、「質素な生活と高い思想」を説いたウェスレー兄弟、クェーカーの創始者のジョージ・フォックス、そして（アメリカの例としては）「キリストの弟子たち」の指導者で、原始キリスト教と、とくにキリスト教教団の原始的なあり方の復興に努めたアレクサンダー・カンベルの名が挙げられる。これらプロテスタントの指導者たちは、堅実な中流階級の出身であったが、しかもなお、自分の信奉者たちのあいだに、現世的な身分の区別などをもちこまない、単純で虚飾を排した生活様式をひろめようと努力した。かれらの運動が、つぎつぎに〝現世〟に屈服した――そして、ウェーバーが示しているように事実は、現世で栄えた――としても、そのことは、かれらが最初に抱いた意図とは関係がない。事実、すでにみたように、この種の運動がきまってたどるのは、コムニタスを、ひとつの状態から、たえず発展する構造における地位変動のひとつの段階に、還元してしまう道であるからだ。

トルストイ

ガンディは、ヒンドゥー教の諸要素からだけでなく、偉大なキリスト教の無政府主義者（アナーキスト）であり作家であったレオ・トルストイのことばや仕事からも、強く影響を受けている。『神の王国は汝のなかにあり』は、「私を圧倒し、そして、終生消えることのない感銘を私にのこした」（Gandhi, 1948, p. 172）とガンディは記している。著名な作家であると同時に富裕な貴族でもあったトルストイは、五十歳のころ、宗教的な危機に当面していた。そして、かれは、上流階級の知識人たちや耽美主義者たちのあいだにあって、人生の無意味さや浅薄さからの脱出方法として自殺さえも考えている。そのとき、かれの心には、つぎのような考えが浮かんだ。

人生を理解するためには、人生に寄生しているわれわれの生活のような例外的な生活ではなく、単純な働いている人々――生活をつくる人々――の生活と、かれらがその生活に与えている意味とを理解しなければならぬ。私のまわりにいるもっとも単純な働く人たちはロシアの民衆である。そこで、私はかれらのことやかれらが与えている生活の意味を調べ始めた。その意味は、ことばに表わすことができるとすれば、つぎのようになるものであった――「人はすべて、神の意志により、この世に生まれてきた。そして、神は、すべての人が自分の魂を破滅させたり救ったりできるように、人間を作ったのだ。人生における人間の目的は自分の魂を救うことである。そして、自分の魂を救うためには、人は〝神のように〟生きねばならぬ。そして、〝神のように〟生きるためには、人は、人生のあらゆる快楽を棄てねばならず、働かねばならず、おのれを低くし、耐え、そして、慈悲深くあらねばならぬ」(Tolstoy, 1940, p. 67)。

多くの人の知るように、トルストイは、自分の信念を自己の生活に二重写しにするためにたゆまぬ努力をし、その生の終わりまで、農民の生き方を生き抜いたのである。

身分の昇格と逆転に関するいくつかの問題

以上のように、一方では、身分昇格の儀礼のリミナリティと構造における優位者出身の予言者、聖人、教師たちの宗教的な教説とが密接な関係にあることを、また、他方では、身分逆転の年中行事的儀礼ないし自然的危機の儀礼のリミナリティと構造における劣位者が優勢を占めるいろいろな運動の宗教的信念や実践とが密接な関係にあることを、強調するために、私は十分に述べてきた。大まかな筋では、強者のリミナリティは弱さであり、弱者のリミナリティは強さである。また、富裕と高貴さのリミナリティは欠乏や貧窮であり、貧窮のリミナリティは誇示と擬似階級組織であるといえる。たしかに、そこには多くの問題がある。たとえば、当該文化が規定する社会経済的な地位や身分が変わる移行のときに、男たち、女たち、そして、子供たちが、かれらの標準化された行動様式とは反対の、あるいは、それとは異なるしかたで、行動したり感じたりすることを、ある場合には強制されたり、他の場合には選択したりするのはなぜであるか。かれらが、こういったすべての難行苦行や逆転を体験する理由は、ただ単に倦怠から、つまり、日常のきまりきった方式からの派手な変化を求めてのことにすぎないのか、あるいは、抑圧された性や攻撃の衝動の復活に対応するものなのか、あるいは、二元論的な識別に対するある種の知的欲求を満足させるためなのか、あるいは、なにかほかの複合した理由のためなのか。

すべての儀礼とおなじように、謙虚さの儀礼も階級組織の儀礼も、とてつもなく複雑で、多くの次元に影響を及ぼすものである。だが、おそらく、これらの儀礼を理解する重要な鍵のひとつは、コムニタスと構造という二つの様式に社会の相互関連性を識別することである。生まれや業績により構造における統制的な地位につくにいたったが、その役職を重荷と感じる人たちにとっては、構造における義理や責務からの離脱やその解消を強調する儀礼や信仰は、歴史上の宗教の多くが〝救い〟と称しているようなものを与えてくれるものである、と感じられても不思議ではない。この種の救いが、試練、贖罪、その他の苦行の代償として与えられるということも十分にありうることである。だが、それにもかかわらず、そのような肉体的重荷の方が、命令を与えたり受けたり、また、いつも役割や身分の仮面をかぶって行為する精神的負担よりはましであるともいえる。反面、その種のリミナリティはまた、通過儀礼における場合には、まさに、修練者はその行事の終わりには構造における身分を昇格させられるという理由で、修練者を謙虚にさせもする。それゆえ、試練や贖罪は一方では、リミナルな自由に恵まれていることを懲らし、そして、もう一方では、以前よりも大きな特権と同時にいっそう厳しい義務のともなう高い役職につくことに備えて、かれを鍛えるという対照的な諸機能を促進するものでもある。この種の多義的性格に、今では、われわれは驚く必要はない。それは、リミナルの状況を中心とするプロセスや慣習すべてに共通する特質であるからだ。だが、構造における特権者が救済を求めるのに対し、構造の底辺にあるものが、そのリミナリティにおいて、夢や幻にすぎないにしても、それでも、合法的にしばらくのあいだ、かれらに別の種類の〝運命〟から別の種類の〝救い〟を体験させることができるような、より深い構造とのかかわり合いを願うことも、十分にありうる。そこではかれらは君臨し、「肩で風を切って歩くことも、他者を見すえることも、何でもする」ことができるのである。そして、かれらがなぐったり罵ったりする相手は、ほとんどいつも、かれらが、ふだんは敬意を表わしたり、服従したりしなければならない当の人たちなのである。

このふたつの型の儀礼は、いずれも、構造を強化する。その理由の第一は、社会的地位の体系が問題にされていないということである。地位と地位とのあいだのギャップ、すきまは構造にとっては必要である。仮に、すきまがなかったとしたら、構造もありえなかっただろうし、この種のリミナリティで再確定されるのは、まさに、そのギャップなのである。構造を全体的に均分化することは、その肯定的徴候にも否定的徴候にも、おなじように、依存することなのである。だから、謙虚さは、まさに、地位における誇りを強化し、貧しさは豊かさを是認し、苦行は精力と健康の支えとなる。反面、第二の理由としては、すでにみてきたように、身分の逆転は〝無秩序（アノミー）〟を意味するものではなく、ただ、構造を保持するための新しい見通しを意味しているにすぎない、ということがある。上下があべこべになるということは、この儀礼をみるものに、ユーモラスな暖かみさえ感じさせるものである。人生の危機における儀礼のリミナリティを、おそらく大胆なことであろうが、悲劇（トラジェディ）にたとえるならば——両者ともに、謙虚さ、離脱、苦痛を意味するからだ——、身分逆転の儀礼のリミナリティは、喜劇（コメディ）にたとえることができるであろう。両者ともに、構造における諸規則やそれらに熱心にへばりつく者たちの、破滅ではないが、逆転や愚弄を含んでいるからである。また、精神病理学の観点からこの二つの型の儀礼をみると、初めのケースでは、修練者たちに一連の被虐性変態的（マゾヒスティック）な態度を、あとのケースでは、加虐性変態的（サディスティック）な要因を、みることもできるのである。

コムニタスの人間関係からみれば、日常的な権威の行使ということのためや、あるいは、構造における主要な集団の代表者であることのために、仲間の人たちを、具体的な個人として、また、同等な人間として、扱う機会にほとんど恵まれない人たちがいる。おそらくかれらは、人生の危機や身分逆転の儀礼のリミナリティにおいて、かれらの身分をしめす一切の外面的なしるしや内面的な感情をかなぐりすてて、大衆のなかに身を投じる機会を、ないしは、すくなくとも象徴的に、大衆の僕（しもべ）とさえみなされるような機会をみつけるであろう。ふだんは、上下の秩序の底辺にあって、下位の人間同士の仲間意識や平等を経験している人たちにとっては、身分逆転というリミナリティは、やむをえない（したがって本物ではない）コムニタスから、どんな法外な行動でもできる擬似的構造へと逃げ込むひとつの機会を、提供するものである。しかも、まことに奇妙なことだが、これら空いばりのコムニタスの担い手たちは、悪ふざけや愚弄というしかたで、全体社会の隅ずみまで、コムニタスの活力を吹き込むことになりうるのである。そこでもまた、過多な権利がともなう身分に昇格する者が過少な権利しかもたない者におどかされたりするという点で、単に、逆転だけでなく、水平化もおこなわれるからだ。あとに残るものは、一種の社会の平均化である。それは、自動車のギア・ボックスにおけるニュートラルの位置のようなもので、そこからは、新しい一連の運動を起こすに当たって、さまざまな方向に、いろいろな速度で前進することが可能になるのである。

われわれが考察をすすめてきたふたつの型の儀礼は、どちらも、複合した社会関係の周期的に反復される体系と結びついているように思われる。その場合は、制度化されていてただゆっくりと変化してゆく構造と、その特定の構造のなかに位置づけられることになるコムニタスのある特定の様式とのあいだには、その両者を密接に関係づけるある力が働いているように思われる。たしかに、専門化および分業化が高度に進んでおり、単一の利害を追求する多くの結社を内に含み、全体的に密接に結合しようとする力が全般に弱くなっているスケールの大きな複雑な社会では、状況は、まったく、さまざまであろう。コムニタスを体験しようとして、個人は、普遍的であるべきイデオロギー運動の同士を求めるであろう。その運動のモットーは、トム・ペインの「世界はわが村」であるかもしれない。あるいは、かれらは、サンフランシスコのヒッピーやディッガーズの共同体や、「(グリニッジその他の)この村こそわが世界」とするニューヨークのそれのような小規模な〝離脱型〟のグループに加入することもあろう。これらのグループが、現在までのところ解決しかねている問題は、部族社会のコムニタスが部族社会の構造の裏面であり、それを補うものであるということに関わるものである。そして、十八・十九世紀の新世界（ニュー・ワールド）のユートピアンたちとは異なり、これらグループは、時間という長期にわたる篩（ふるい）に耐えて社会的そして経済的秩序を維持できる構造を、いまだに発展させていないのである。だが、近代産業社会における社会関係の柔軟さと変動性こそ、実存的コムニタスを現出させるためには、たとえ、無数の一時的な出会いにすぎないとしても、従来のいかなる社会秩序の形態にもまして有利な条件を提供しうるのである。ウォルト・ホイットマンがつぎの詩句を書いたとき、かれが意味したことは、恐らく、このことであったようである。

　私の自我を、私はうたう、単純な、ひとりになった人間を、
　しかもなお、口に浮かべる、デモクラティックということばを、一団（アン・マッス）となってということばを。

終わりに、ひとこと、コメントをつけよう。社会(ソキエタス) *societas* とは、ひとつの事物というよりもひとつの過程(プロセス)——構造とコムニタスという継起する段階をともなう弁証法的過程(プロセス)——のように思われる。そこには、このふたつの様式の双方に関与したいという人間の〝欲求(ニード)〟——この論議をかもしそうな語を用いることができるならば——が働いているようにに思われさえもする。毎日毎日の機能的な行動のくり返しのうちに、その一方に渇望をもつにいたった人たちは、それを、儀礼におけるリミナリティに求めるのである。構造における劣位者は、構造における象徴的な優位性を儀礼において熱望し、構造における優位者は、象徴的なコムニタスを切望し、それを達成するために苦行を体験するのである。

University Press, for the Rhodes-Livingstone Institute.

1961. *Ndembu divination: its symbolism and techniques.* Manchester: Manchester University Press. Rhodes-Livingstone Paper no. 31.

1962. *Chihamba, the white spirit.* Manchester: Manchester University Press, Rhodes-Livingstone Paper no. 33.

1967. *The forest of symbols.* Ithaca, N.Y.: Cornell University Press.

1968. *The drums of affliction.* Oxford: Clarendon Press.

Warner, Lloyd.

1959. *The living and the dead.* New Haven, Conn.: Yale University Press.

Weinstock, Steven.

1968. The vagabond and his image in American society. Unpublished paper delivered at the Society for the Humanities Seminar, Cornell University.

Wilson, Godfrey, and Monica Wilson.

1939. *The study of African society.* Manchester: Manchester University Press. Rhodes-Livingstone Paper no. 2.

Wilson, Monica.

1954. Nyakyusa ritual and symbolism. *American Anthropologist,* vol. 56, no. 2.

1957. *Rituals of kinship among the Nyakyusa.* London: Oxford University Press.

RICHARDS, AUDREY I.

1956. *Chisungu*. London: Faber and Faber.

RIGBY, PETER

1968. Some Gogo rituals of purification: an essay on social and moral categories. In E. R. Leach (Ed.), *Dialectic in practical religion*. Cambridge: Cambridge University Press.

ROSCOE, JOHN.

1924. *The Bagesu and other tribes of the Uganda protectorate*. Cambridge: Cambridge University Press.

SABATIER, PAUL.

1905. *The life of St. Francis*. (Trans. by L. S. Houghton.) New York: Scribner's.

SCHLEGEL, GUSTAAV.

1866. *The Hung league*. Batavia: Lange.

SINGER, MILTON (Ed.).

1966. *Krishna: myths, rites, and attitudes*. Honolulu: East-West Center Press.

SPEIRS, ALLAN C., JR.

1966. Village in the desert: the Aaronite community of Eskdale. Unpublished B.A. thesis, University of Utah.

SUNDKLER, BENGT.

1961. *Bantu prophets in South Africa*. London: Oxford University Press.

THOMPSON, HUNTER S.

1966. *Hell's angels*. New York: Ballantine.（『ヘルズエンジェルズ』石丸元章訳、リトル・モア、2011年）

TOLSTOY, LEO.

1940. *A confession: the Gospel in brief, and what I believe*. (Trans. by Aylmer Maude.) London: Oxford University Press.（『懺悔』原久一郎訳、岩波文庫、1961年）

TURNER, TERENCE.

n.d. *The fire of the jaguar*. Chicago: University of Chicago Press. In press.

TURNER, VICTOR W.

1957. *Schism and continuity in an African society*. Manchester: Manchester

LAMBERT, MALCOLM D.

1961. *Franciscan poverty*. London : Allenson.

LAWRENCE, PETER.

1964. *Road belong Cargo*. Manchester : Manchester University Press.

LÉVI-STRAUSS, CLAUDE.

1964. *Le cru et le cuit*. Paris : Plon.（『神話論理Ⅰ　生のものと火を通したもの』早水洋太郎訳、みすず書房、2006年）

1967. *The savage mind*. Chicago : University of Chicago Press.（『野生の思考』大橋保夫訳、みすず書房、1976年）

LEWIS, IOWAN M.

1963. Dualism in Somali notions of power. *Journal of the Royal Anthropological Institute*, vol. 93, Part 1.

LITTLE, KENNETH.

1965. The political function of the Poro. *Africa*, vol. 25, No. 4.

MACCULLOCH, JOHN A.

1948. *The Celtic and Scandinavian religions*. London : Hutchinson's University Library.

MAIR, LUCY.

1960. The social sciences in Africa south of the Sahara : the British contribution. *Human Organization*, vol. 19, no. 3.

MARRIOTT, MCKIM.

1966. The feast of love. In Milton Singer (Ed.), *Krishna : myths, rites, and attitudes*. Honolulu : East-West Center Press.

MORGAN, LEWIS HENRY.

1877. *Ancient society*. Chicago : Charles H. Kerr.（『古代社会』上・下巻、青山道夫訳、岩波文庫、1958-1961年）

RATTRAY, R. S.

1923. *Ashanti*. Oxford : Clarendon Press.

1927. *Religion and art in Ashanti*. Oxford : Clarendon Press.

RESEK, CARL.

1960. *Lewis Henry Morgan, American scholar*. Chicago : University of Chicago Press.

GANDHI. MOHANDAS K.

1948. *Gandhi's autobiography: the story of my experiments with truth.*（Trans. by Mahadev Desai.）Washington, D.C.: Public Affairs Office.（『ガーンディー自叙伝――真理へと近づくさまざまな実験』1・2巻、田中敏雄訳、平凡社東洋文庫、2000年）

GENNEP, ARNOLD VAN.

1960. *The rites of passage.*（Trans. by Monika B. Vizedom and Gabrielle L. Caffee.）London: Routledge and Kegan Paul.（『通過儀礼』綾部恒雄・綾部裕子訳、岩波文庫、2012年）

GLUCKMAN, MAX.

1954. *Rituals of rebellion in South-East Africa.* Manchester: Manchester University Press.

1955. *Custom and conflict in Africa.* Oxford: Blackwell.

1965. *Politics, law and ritual in tribal society.* Chicago: Aldine Publishing Company.

GOFFMAN, ERVING.

1962. *Asylums.* Chicago: Aldine Publishing Company.（『アサイラム――施設被収容者の日常』石黒毅訳、誠信書房、1984年）

GOULD, J., and W. L. KOLB（Eds.）.

1964. *A Dictionary of the social sciences.* London: Tavistock.

HILLERY, G. A.

1955. Definitions of community: areas of agreement. *Rural Sociology,* vol. 20.

JUNOD, HENRI A.

1962. *The life of a South African tribe.* New Hyde Park, N.Y.: University Books. 2 vols.

KEISER, R. LINCOLN.

1966. Autobiography of the Vice Lord, "Teddy." Unpublished manuscript, Department of Anthropology, University of Rochester.

KRIGE, EILEEN.

1968. Nomkubulwana ceremonies of the Zulu. *Africa,* vol. 38, No. 2.

DIMOCK, EDWARD C., JR.

1966a. *The place of the hidden moon*. Chicago: University of Chicago Press.

1966b. Doctrine and practice among the Vaiṣṇavas of Bengal. In Milton Singer (Ed.), *Krishna: myths, rites, and attitudes*. Honolulu: East-West Center Press.

DOUGLAS, MARY.

1966. *Purity and danger*. London: Routledge and Kegan Paul.（『汚穢と禁忌』塚本利明訳、ちくま学芸文庫、2009 年）

DU CHAILLU, PAUL B.

1868. *Explorations and adventures in Equatorial Africa*. New York: Harper.

ELWIN, VERRIER.

1955. *The religion of an Indian tribe*. London: Oxford University Press.

EVANS-PRITCHARD, EDWARD E.

1956. *Nuer religion*. Oxford: Clarendon Press.（『ヌアー族の宗教』上・下巻、向井元子訳、平凡社ライブラリー、1995 年）

1965a. *The position of women in primitive society*. London: Faber and Faber.

1965b. *Theories of primitive religion*. Oxford: Clarendon Press.

FENTON, WILLIAM N.

1941. *Tonawanda longhouse ceremonies: ninety years after Lewis Henry Morgan*. Bureau of American Ethnology, Bulletin 128, Anthropology Paper No. 15.

FIRTH, RAYMOND.

1951. *Elements of social organization*. London: Watts.（『価値と組織化』正岡寛司監訳、早稲田大学出版部、1978 年）

FORTES, MEYER.

1949. *The web of kinship among the Tallensi*. London: Oxford University Press.

1950. Kinship and marriage among the Ashanti. In A. R. Radcliffe-Brown and C. D. Forde (Eds.), *African systems of kinship and marriage*. London: Oxford University Press.

1962. Ritual and office. In Max Gluckman (Ed.), *Essays on the ritual of social relations*. Manchester: Manchester University Press.

引用文献

Apthorpe, Raymond.

1961. Introduction to C. M. N. White, *Elements in Luvale beliefs and rituals.* Manchester: Manchester University Press. Rhodes-Livingstone Paper no. 32.

Attwater, Donald (Ed.).

1961. *A Catholic dictionary.* New York: Macmillan.

Baumann, H., and D. Westermann.

1962. *Les peuples et les civilisations de l'Afrique.* Paris: Payot.

Boehmer, Hans.

1904. *Analecten zur Geschichte des Franciscus von Assisi.* Leipzig: Tübingen.

Bosman, Willem.

1705. *Coast of Guiana.* London.

Buber, Martin.

1958. *I and Thou.* (Trans. by R. G. Smith.) Edinburgh: Clark.（『我と汝・対話』植田重雄訳、岩波文庫、1979 年）

1961. *Between man and man.* (Trans. by R. G. Smith.) London and Glasgow: Fontana Library.

1966. *Paths in Utopia.* (Trans, by R. F. C. Hull.) Boston: Beacon Press.（『ユートピアの途』改訳第 3 版、長谷川進訳、理想社、1988 年）

Cohn, Norman.

1961. *The pursuit of the millennium.* New York: Harper Torch Books.（『千年王国の追求』新装版、江河徹訳、紀伊國屋書店、2008 年）

De, Sushil Kumar.

1961. *The early history of the Vaiṣṇava faith and movement in Bengal.* Calcutta: General Printers and Publishers.

Deardorff, Merle H.

1951. Handsome Lake. In William N. Fenton (Ed.), *Symposium of local diversity in Iroquois.* Washington, D.C.: U.S. Government Printing Office.

訳者あとがき

I

本書は Victor W. Turner: *The Ritual Process——Structure and Anti-Structure*, Aldine Publishing Company, Chicago, 1969 の全訳である。翻訳は一九七三年の第三刷によった。

原著者ターナーは、一九二〇年、スコットランドのグラスゴーに生まれた。カレッジ時代は英文学を専攻した。のち、人類学に転じ、マンチェスター大学に入学、人類学科の開設（一九四九年）とともに同大学に赴任してきたマックス・グラックマンの指導を受けた。グラックマンとの出会いはターナーの理論形成に重大な意味があり、ターナーは「マンチェスター学派のひとり」と目されることになる。一九五五年、マンチェスター大学で研究員、講師などを歴任する。一九六四年にはアメリカのコーネル大学に招聘され、以後四年間、同大学の教授、アフリカ研究委員会の主任を務める。一九六八年からはシカゴ大学に移り、社会科学学部の人類学科、社会思想学科の教授となり、現在に至っている。

ターナーはイギリスの社会人類学の伝統のなかで育った人で、その現地調査（フィールド・ワーク）も一九五〇年から五二年、五三年から五四年の二回にわたって（通算二カ年半）ザンビア（旧・北ローデシア）のンデンブ族を対象におこなったことを皮切りに、ザンビアのランバ族、ウガンダのギス族に対してもおこない、また、師のグラックマンがかつて務めた北ローデシアのローズ＝リヴィングストン研究所の研究調査官を四年間務めたこともあり、さらに、ウガンダのマケレレ大学の客員教授でもあり（一九六九年現在）、現地の経験も十分である。一九六五年にはリヴァーズ Rivers, William Halse (1864-1922) を記念するリヴァーズ賞を受賞、一九六六年にはロチェスター大学でその年度のルイス・ヘンリー・モルガン講座を担当している。この講座の講演原稿が本書の基礎となっている。

II

原著のタイトルを直訳すれば『儀礼の過程――構造と反構造――』となる。このタイトルと原著者の経歴から、本書は、読者に、宗教儀礼を対象とした人類学の分野の専門書という印象を与えるであろう。本書の初めの二つの章は、中央アフリカのンデンブ族の二つの女性の儀礼の境界的な段階で顕示される象徴の問題に記述の重点があり、これはターナーの現地調査の直接の成果であって、さきの印象を裏打ちするものである。サブ・タイトルにある「構造」という語は、本文中にも頻出するが、「社会構造」social structure とも表記され、これは、イギリス社会人類学の伝統の中核をなす重要な概念である。「反構造」というのは構造のアンチ・テーゼで、この伝統のもつ静態的な社会・構造主義の社会観を超えようとする試みと関係ある概念である。この二つの語が一般読者には唐突の感がする専門的術語（テクニカル・ターム）であることは否めない。

だが、第三章以下の三つの章では、ンデンブ族その他の調査研究から、さらに調査研究の範囲を大きく超えて、ターナー自身が「一見雑多な諸現象の特質を説明する仮説」と称する論議、ターナーのコムニタス論とでもいうべき論議が展開される。ターナーはンデンブ族の諸儀礼に参加し、その境界的な段階に顕示される人間関係の特性に注目する。これがこの論議の原点である。儀礼の過程についてのかれの考え方は、儀礼過程の分析の父といわれるアーノルド・ヴァン・ジェネップの通過儀礼の三段階区分、儀礼過程を、分離―周辺―再統合、あるいは、境界以前―境界情況―境界以後の三つの段階に区分するしかたを踏まえている。この三段階の第二段階、つまり、周辺あるいは境界情況の段階（リミナリティ、ラテン語の *limen*＝敷居・境界＝が語源）にみられる人間の相互関係の様式に着目し、それをターナーはコムニタス（ラテン語 *communitas*）と称したのである。

コムニタスとは、かんたんにいえば、身分序列・地位・財産さらには男女の性別や階級組織の次元、すなわち、構造ないし社会構造の次元を超えた、あるいは、棄てた反構造の次元における自由で平等な実存的人間の相互関係のあり方である。マルティン・ブーバーの「我と汝」という思想、アンリ・ベルグソンの「開かれた道徳」、「閉ざされた道徳」という考え方が、コムニタスの説明に援用されている。ターナーは、このコムニタスという概念、さらに、構造とコムニタスとの関係という視点で、部族社会の宗教儀礼から、それを大きく超えて、広く、歴史・社会・文化の諸現象の理解を試みている。そして、「社会とは、ひとつの事物ではなくひとつのプロセス――構造とコムニタスという継起する段階をともなう弁証法的過程――である」という進化・発展を容認する社会観に到達し、伝統的なイギリス社会人類学の静態的社会観をそれなりに超克しているのである。

ターナーが本書で扱う「一見雑多な諸現象」のうち、いくつかを列挙してみる。部族社会の諸儀礼の境界的（リミナル）な段階における修練者、父系社会における傍系の母系、母系社会における傍系父系、征服された土着民、弱小民族、宮廷の道化師、千年王国論運動、修道院の戒律、また、中世のフランシスコ修道会、インド・ベンガル地方のサハジーヤー運動、さらには、仏陀、ガンディ、トルストイ、あるいは、現代アメリカのヒッピーや暴走族などの反文化（カウンター・カルチャー）の諸グループまで含まれている。また、シェイクスピアの晩年の作品『あらし』に出てくるユートピア、ゴンザーロの共和国など、文学作品にも論及されている。

本書は、現地調査から着想された仮説を、現地調査を超えて広く普遍化する試みともいえよう。このことがターナーに対する評価を二分する分かれ目になっている。ターナーは、ここで人類学を逸脱してしまったとする否定的評価と、そこに現代に生きる思想家の姿を認める肯定的な評価である。訳者は、社会人類学の流れのなかで育ち、現地調査のヴェテランでもある原著者の思想家としてのいとなみ、それが、専門用語が若干出てくるにしても、本書の面白さであるということができるように思う。経歴紹介のところで書き落としたが、ターナーがキリスト教のカトリックであることも、文学に対する趣好というかれの三つ児の魂と相俟って、このことと関係があるように思われる。さらにひとこと付け加えよう。本書の刊行は一九六九年で、アメリカではベトナム戦争末期の反戦運動の高まった時期である。情況こそ当時の、また、以後のアメリカとは異なるであろうが、曲がり角にきた日本社会で、現代をみつめ未来を思考する日本の読者にも、広く、本書は、ひとつの有益なる視点を与えてくれるように思われるのである。

Ⅲ

ターナーの著作で本書刊行以前のものは巻末の引用文献 Bibliography のうちに見ることができる。以下、そこにないものと本書刊行以後のものを補足しておく。

1969 Introduction to *Forms of Symbolic Action* (Proceedings of the 1969 Annual Spring Meeting), American Ethnological Society.

1971 *An Anthropological Approach to the Icelandic Saga*; Beidelman, T. O. (ed.): *The Translation of Culture*, Harper and Row 所収。

1974 *Dramas, Fields and Metaphors,* Cornell University Press.

1975 *Revelation and Divination in Ndembu Ritual,* Cornell University Press.（一九六九年と一九六二年の二論文の再録。著者自身の新しい Introduction あり。）

Ⅳ

本書の翻訳・刊行に際してはいろいろな方々にお力添えをいただいた。東京大学文学部宗教学科の柳川啓一教授には全般的に御教示をたまわり、さらに、体調をくずされてからもいろいろとお心配りをかたじけのうしてしまった。柳川教授の御支援がなければ訳者による本書の翻訳は生まれなかったであろう。大正大学の星野英紀講師はシカゴ大学に留学中、本書の原著者ターナー教授のゼミ、教授の自宅で夜七時から翌朝にまで及ぶまさにコムニタス的なゼミに出席されている。訳者は星野講師からそのゼミの体験談を聞かせて貰い、また、ターナー教授の学問、経歴などを御教示いただいた。なお星野講師のターナー紹介の文章「構造と反構造の弁証法」は、近く刊行される予定の『国際宗教ニューズ』（国際宗教研究所）の現代の宗教学者特集号に掲載される予定である。また、東洋大学の菊地弘毅助教授、埼玉県立衛生短期大学の神戸利喜夫助教授には英語・英文学の方面でいろいろとお力添えをいただいた。右の方々に心から謝意を表明する次第である。

さらに、思索社の副社長片山宣彦氏、本書担当の前編集者の坂口昌明氏、現編集者の片山布自伎氏にはビジネスの面でたいへん御苦労をおかけしたことをまずお詫びをしなければならない。この方々と時として仕事を離れて交わしえた対話は、そのときどきには励ましであったし、今となっては懐しい思い出になりつつある。最後に、この方々と出会えたことに心から感謝するしだいである。

一九七六年八月二十五日

冨倉光雄

重版の刊行に寄せて

思索社が新思索社となり、『儀礼の過程』の重版が刊行されることになった。初版の刊行以来ほぼ二十年、時の流れに感慨無量なものがある。ここに、いま思うことのいくつかをメモし、初版本の「訳者あとがき」の補足とする。

I

翻訳当時、この国の人類学はイギリス派、アメリカ派、(ヨーロッパ)大陸派……、ないし文化人類学、社会人類学、民族学、さらに民俗学と系統を異にする研究者たちによる百花斉放、百家争鳴、ないしは下剋上の状況にあった。外国語の専門用語(テクニカルターム)の日本語は必ずしも統一されず、系統によって訳語が異なる場合もあった。また、たとえば、joking-relation→冗談関係(冗談ジャナイ!?)とか、pre-literate societies→無文字社会(接頭語pre- を「無」と訳す粗雑さ)など、首をかしげたくなるような訳語もあった。よくいえば、若い活力のある学問分野の鼻息の荒さを感じたものである。結局、この訳書では、ほぼ定着していると思われた訳語は多少の不満はあってもそのまま使うことにしたが、自分で調べて訳出したものもある。

その後、この分野の初めての集大成ともいえる『文化人類学事典』(弘文堂、一九八二)が編纂・刊行され、また、たとえば『人類学と人類学者』(今福龍太訳、岩波書店、一九八八)や『文化人類学』(村武精一・佐々木宏幹編、有斐閣、一九九一)など、個性豊かな入門書や概説書も数多く出版されるようになった。今では人類学は(少なくとも人類学の方法は)文化の各分野に進出し、ネーミングも政治人類学、宗教人類学、象徴人類学、医療人類学など細分化された研究対象の名の冠がつくようになっている。また、その背景には、国際交流、地球人類の共生という新しい時代の要請もある。人類学は学問としての市民権を、広く一般社会にも認められるようになった。

人類学はこの国でも新しい学問として市民権を確立しつつある。それではその先駆的存在の一人であるターナーはこの分野でどのように位置づけられているか。右に挙げた事典や概説書の多くは十分にスペースを割いて、ターナーを「象徴人類学」の中心的存在として、またコムニタス論の唱出者として紹介し解説している。かれの評価もまた人類学とともに定まってきている。

Ⅱ

本書の内容は読んでもらえばよいので触れないことにする。ここではこの本に出てくる二つの言葉をとりあげ、エッセー風に少々長い訳注をつけようと思う。この二つはターナーの人類学の基盤を理解するキーワードと思われる。

その第一は、the human condition、である。

この言葉は『儀礼の過程』の「第三章　リミナリティとコムニタス」を締めくくる言葉として使われている（本訳書の二〇九頁）。それは『儀礼の過程』に限らずフランス語や英語の本を読んでいると時々お目にかかる言葉で、ここ一番というときに、「人間とは……」ということと関連して「それが the human condition というものだ」という具合に、切り札（エース）として使われる言葉である。その日本語を「人間の条件」としたのは、それまでの他の訳例を踏襲したからだが、少々ひっかかるのでコメントする。

「人間の条件（英語 the human condition、フランス語 la condition humaine）」という言葉はつぎのような文脈で使われる。

「人はみな、人間の条件の完全な形を身につけている」（私訳）

Chaque homme porte la forme entière de *l'humaine condition.*（原文）

Each person carries within him the entire form of *the human condition.*（英訳）

フランス・ルネッサンス期の思想家モンテーニュの『エッセー（随想録）』*Les essais* に出てくる文章で（第Ⅲ巻第二章）、私の知る一番古い用例である。l'humaine condition は現代フランス語では la condition humaine と語順がかわっている。このタイトルの文学作品が現代の作家アンドレ・マルローにある。その訳者もモンテーニュの訳者と同じく『人間の条件』と訳している。

ところで、「人間の条件」という日本語には「人間が人間らしく生きるための条件」とか「人間が幸せであるための条件」という語感がともなう。昭和三十年代の初めから長いことベスト・セラーであり、テレビ・ドラマや映画にもなった五味川純平作の長編小説『人間の條件』はその作品の内容からして日本語の「人間の条件」にぴったりはまる。人間が人間らしく生きるには、衣・食・住（水や空気も）……友情・人間愛・人類愛……それになにより平和といった諸条件（複数形）が必要だ、というのが五味川さんの小説のテーマと思われる。だが、これではモンテーニュの文章には坐りが悪い。マルローの作品にもぴったりしない。ひっかかるといったのはこのことである。こちらの「条件」はフランス語にしろ英語にしろ単数形、つまり抽象名詞である。「人間の条件」を「人間という条件」あるいは「人間のあり方」とすればぴったりである。（「人間性」としてもよいのだが、人間性というと少々曖昧な語感がともなうので、いまは適当でない。）ターナーの『儀礼の過程』の場合も、こちらの考え方（コンセプト）である。

この言葉の背景には「神 God—人間」という二分法、「有限なる人間—無限の神」という否定の論理がある。神（＝大いなるもの）を前にすれば人間はみな限界だらけの卑小な存在である、というのが一つ。個人差などは「目糞鼻糞を笑う」「ドングリの背くらべ」で問題にならない、「人間はみな同じ、人間の運命を生きるもの」という平等主義の感覚が一つ。この二つの響きが the human condition にはある。このように見てくれば、このコンセプトが西欧文化圏の人間観を要約するものであることがわかる——この人間観はとくにカトリック・キリスト教のそれに色濃くみられるものである。カトリックの国フランスに培われた文学、フランス文学はこの人間観を根底で踏まえている。この根底から「人間の自己省察＝自分を見つめることにより人間の条件を洞察する」という方法が確立され、モンテーニュ以来の文学の伝統、モラリスト moralistes の文学の伝統となっている——ターナーはイギリス生まれで若い頃は英文学を専攻したが、カトリックの信仰をもつ人である。当然のことながらフランス文学の造詣も深い。なお、シェイクスピアはモンテーニュのよい読者の一人であった。

「人間の条件」というコンセプトは、西欧近代に生まれた民族学や人類学の前提にもなっている。「民族学は、かつて未開民族ばかりを対象にするからとて未開民族学と悪口をいわれたが、実は、比較民族学というべきだ。未開部族相互の比較から文明社会やその文化をも比較の対象にする学問、人類全般を対象とする学問だからだ。人類学という名称もそこからくる。その意味で人類学は人間理解の学問なのだ」――これは私の学生時代、石田英一郎先生が文学部の『人類学』の講義の第一講のとき、教壇上で半ば上を向かれ、目を半ば閉じられて祈るように語られた言葉の要旨である。石田先生の「人類学の夢」と名付けて記憶しているが、私は先生のこの言葉を、いわゆる未開人も文明人なるものも、いずれも「人間の条件」を踏まえ、人間の運命を生きる人間なのだ、そういう人間観を踏まえなければ比較などナンセンスになると受け止めたものである。

Ⅲ

長い訳注の第二は'life-crisis'について。この言葉は第五章の初めの部分に、通過儀礼と関連して出てくる（本訳書の二七二頁以下）。三段階構造をなす通過儀礼の第二段階＝リミナリティ（境界・周辺）の段階にみられる人間関係ないし人間のあり方を、ターナーは「コムニタス」とよんでいる。

'life-crisis'という言葉はいろいろと含みがあって、実に面白い言葉である。まずは'crisis'。この語の訳が「危機」だが、もとはギリシャ語のkrisisで、「決定」ないし「決めること」、また「運の分かれ目」という意味をふくんでいる。この「危機」「決定」「運の分かれ目」の三語で三題噺（さんだいばなし）をつくると、crisisという言葉のもつ響きの面白さがはっきりする――危機とは運の分かれ目で、そこでは何かを決めなければならない。何かを決めなければならない時に逃げ出したり、下手に決めると大変なことになる。危機とは危険なことがおこる機会なのだ。だから'crisis'を危期とすると面白い部分が欠落した欠陥訳となる。近頃「おとなになりたくない症候群」といわれる人たちが目につくが、成人式儀礼が本来もっていた「おとなになることを決める」という意味が曖昧になってきたためだろう。今日の成人式は、肝心なところが欠落しているように思われる。

つぎは'life'。一見何でもない英語のようだが、日本語に訳すとなると一筋縄ではいかない少々面倒な言葉である。'life'には、日本語にすれば、①「生活」(every-day life 等)、②「人生」(モーパッサンの作品『女の一生』の原題は"Une vie"だが、英訳すれば"A Life")、③「生命」(生と死:death and life)の三つの意味領域、響き、あるいは、三つの焦点がある。'life'にはこの三つが交響しているから一つの日本語にするのが面倒なのである。私たちの言語感覚がそれだけデリケートだとも言えようが、下手に訳すと'life'という単語自体がもっているふくらみを削りとってしまいかねない。前後の文脈をしっかり把握しなければならない言葉である。

『儀礼の過程』第五章では'life-crisis'を「人生の危機」と訳出した。前後の文脈から考えてのことである。ターナー自身の用語法がそうであることもご本人に会ったときに確認した。だから、それはそれでよいのだが、このとき訳語に苦労したこと(ないし楽しんだこと!?)が、その後の私の考え方の展開から省みるとき一つの道標となっているように思われるので、少々蛇足をつけることにする。

前述のように、英語の‘life’には、日本語にすると①生活、②人生、③生命の三つの響き、ないし焦点がある。この三者に共通するのは「生」である。だから‘life’の日本語を「生」とすると一発で決まる。‘life-crisis’は「生の危機」となる。そして「生活の危機」「人生の危機」「生命の危機」というふうに視野を展開すると、具体的に人間の「生のいとなみ」の諸相が見えてくる。人間の生きる姿が具体的に見えてくる。「人間の問題」が、そして極論すれば、人間が文化を生み出す契機が見えてくるのである。

私は宗教学（比較宗教・一般宗教史）の分野の人間で、「宗教とは何か」を終生の課題とする。生活の危機、人生の危機、生命の危機は「人間にとって宗教とは何か」を考えるときの三つの焦点となる。日常生活を脅かす危機、生まれ成長しやがて老化して死んでいく人の一生における「人生の節目」の危機、日頃は強く意識しないが時として意識の前面に出てくる生と死の問題、私たちはその時々に「人間の問題」の解決ないしその見通しをえようとする。人間は誰しもそのような心をもっている。「宗教情操」という心の働きである。それが宗教の原点ないしは宗教の人間的基盤である。この心なしには宗教などこの世にありうべくもない。

ここでいう「宗教」は、むろん、特定の教理・信仰・行動の規範をもった特定の宗教団体や宗教法人のことではない。そのような組織化された宗教とは次元を異にする。日本の現状では宗教団体の側から「宗教とは何か」を問うても消極的で不毛な答えしかえられない。「日本は宗教の博物館であるが、それにもかかわらず日本人は宗教音痴である」といわれる状況があるからである。多くの日本人は、組織された宗教体系とはそれなりの関わりはもつが、それも一つではなく複数ではあるが、特定の宗教団体に帰属意識をもつものは少ない、という現実である。現代の平均的日本人にとって宗教とは何なのか、を問う時、宗教団体などに焦点を絞っても宗教はバラバラになるだけで一つには収斂しないのである。「生の危機 life-crisis＝生活の危機・人生の危機・生命の危機」という視点に立つとき初めて、日本人の生きた宗教が見えてくる。現代の日本人一般も人間であり「人間の条件」を担っているからである。

Ⅳ

ターナーは『儀礼の過程』（翻訳）の刊行の翌々年来日した。私はそのとき、一日、紅白の梅が美しい早春の鎌倉にかれを案内した。「原著者と翻訳者がインター・プリーター（通訳）を介して話をするとは奇妙なことで恐縮です……私はあなたの"The Ritual Process"をきちんと読むために日本語に翻訳したのです。英語で考えるよりも日本語で考える方が得意なので」と切り出したらターナーは妙に感心し面白がり「私も日本に来るのに日本語ができなくてすみません」と応じ、そこで大笑いとなった。その日、話題になったのは文学から宗教そして自分の信仰、前述の二つの言葉'the human condition'や'life-crisis'などである。案内先は東慶寺、鎌倉八幡、大仏、長谷観音、銭洗い弁天などだが、そちらの方はほとんど覚えていない。とにかく、話の途中で"Pardon!"をくりかえしたり、英語辞書を引いたり、ノートに書いてもらったりの対話だったが、話はたどたどしくも弾み!? 満ち足りた気持でお別れしたことを覚えている。

ターナーは一九八三年に病いのために亡くなった。六十歳をいくつも越えてはいなかった。あの日のターナーの温厚なイメージが懐かしく偲ばれる。だが、そのときすでに病いの兆しがあったのかもしれない。数年に及ぶアフリカの部族社会の現地調査、それも研究対象とした部族社会に住み込んでの「参加者の観察（パーティシパント・オブザーベイション）」は、その後の健康に影をなげかけているのかと、ふと、そのとき感じたものである。つぎの著書が亡くなってから出版された。ターナーの遺著である。

V. W. Turner, *On the Edge of the Bush: Anthropology as Experience*, The University of Arizona Press, 1985

一九九六年五月十日

冨倉光雄

解説

「象徴の森」の内と外――テクノサイエンス時代の『儀礼の過程』

福島真人

I

私は、十五年ほど東南アジアの政治と宗教の研究をした後、客員研究員として渡英した時に、何か別のことをしたくなり、認知科学や科学論に転向した。その際、文化人類学のコアになるような議論を個人的に集約してみたいと思い、それでまとめたのが「儀礼論」である。(1) 他の様々な学問分野に比しても、儀礼に関する人類学の知見の蓄積はまさに圧倒的であり、これを理解することで、次に進もうと思ったのである。

人類学が何故それ程儀礼に関心を向けてきたかは理解しやすい。人類学者が従来調査してきた多くの伝統社会にとって、儀礼はその社会的関心の中心であったからである。(2) 実際バリ島などへ行ってみると分かるが、彼らは文字通り膨大な時間と労力を様々な儀礼に費やしており、前に英国人学者から、バリ島民の「儀礼疲れ」という言葉すら聞いたことがある。儀礼についての人類学者の議論は実に多様で、その後内容がある方向に収束したという話は聞かない。また人類学固有の「用語の翻訳問題」、つまりわれわれが儀礼と呼ぶものと、対象社会のそれが同一かどうかで常にもめるという問題も解決がついていない。

こうした中、いわゆる象徴人類学や記号論全盛期の時に、儀礼へのアプローチとして影響力が強かったのは、そもそも儀礼の意味とは何か、あるいは儀礼に使われる様々な要素はどういう「象徴」なのか（つまり何を指し示しているのか）という問いである。実際、人が異国の儀礼を見て、「これは儀礼だ」と感じるのは、その所作や物品、あるいは音や匂いが日常労働と明らかに異なるからである。

当然、儀礼には意味がある、いやない、という議論になるが、象徴論全盛期において、本書の著者であるターナー（V. Turner）は、いわば象徴論者の筆頭格の一人とみなされていた。彼の処女作である *The Forest of Symbols*（『象徴の森』邦訳なし）(3) 等や、本書の第一章と第二章は、まさに彼が調査した中央アフリカのンデンブ（Ndembu）族儀礼の詳細な分析である。これらを読むと、その儀礼で用いられる様々な構成要素がもつ重層的な象徴的意味が見事に解読されているという印象をもつ。まさに「象徴の森」そのものである。

ターナー儀礼論のもう一つの特徴は、多少変な言い方だが、その「肉感的」とでもいえるアプローチにある。もともとゴフマン（E. Goffman）に代表される演劇論的な方法に関心があったターナーは、まさに儀礼を、五感を駆使した象徴的な意味溢れるパフォーマンスとして捉える。実際後に彼が展開する「社会劇」概念や、山口昌男らとの共編著『見世物の人類学』で彼が示す演劇的／パフォーマンス的行為への深い関心もその延長線上にある。(4) 彼はンデンブ族の儀礼を大学の研究室で実際に再演してみたりもしたらしい。この点で、例えば儀礼における様々な要素を構造論的、つまりレヴィ＝ストロース（C. Lévi-Strauss）風に二項対立の連鎖として分析する人びととは、同じ象徴派とはいえ、その力点の置きかたはだいぶ異なっていた。

だが、当時こうした象徴論的なアプローチに冷や水を浴びせかけたのは、今や完全に認知科学や語用論分野で名を馳せているスペルベル（D. Sperber）であった。(5) 彼もまたターナー同様、儀礼象徴の意味を求めて現地の人びとを訪ね、色々な質問をしたものの、その答えは芳しくなかったと語る。「知らない」「先祖は知っていたが……」といった否定的な答えが大半であったという。そこでもともと認知科学（特に古典的な情報処理理論）に関心が深かったスペルベルは、そもそも「象徴」とは何か、というかなり根底的な批判をはじめるのである。(6) その影響で私自身が本格的に認知科学に転身する程だったから、特に当時の日本の若手人類学者の間では、彼の議論にはすさまじい破壊力があった。

スペルベルは、象徴（表現）を、文化的に決められた約束事（例えば○は×を文化的に意味するといった）ではなく、むしろ曖昧に処理された情報の結果と考え、儀礼はまさにそうした曖昧な要素（その中には言語化が難しい音や匂い等もふくむ）によって構成される全体だ、と言い出したのである。この議論によって、本邦の若手の間では、儀礼の「象徴性」という議論は、一気に人気が無くなってしまった。実際スペルベルの指摘は、多くの研究者がそれまで密かに感じてきたこと、つまり儀礼についていくら調べても、普通詳細な解説など村人から聞けない、という不信感にうまくマッチしていたのである。(7)

レヴィ＝ストロースの底知れぬ知力を実感したのは、こうした文脈においてである。邦訳が遅れに遅れたため、結局余り読まれなかった『神話論理』連作、特にその最終巻である『裸の人』の結尾「フィナーレ」の章で、レヴィ＝ストロースはターナー的な意味論的、情動的アプローチへの反批判を展開している。その肝は、ターナーがやるような象徴解釈は儀礼そのものではなく、一種の小型版「神話」なのだという主張である。こうした象徴解釈は、一種の「釈義」として、研究者や現地の人びとが断片的に作り出す神話のようなものであり、儀礼そのものではないとレヴィ＝ストロースはいう。では儀礼とは何か、といえば、その核心は無限の反復行為であり、同じ行為を無限に繰り返すことで連続性を作り出す作業だと。(8)

確かに、多くの儀礼はしつこい程同じ動作を繰り返すことがあり、それはむしろ踊りといっていいものも少なくない。レヴィ＝ストロースはそうした無限の反復の中に「儀礼」の核を見出し、それを言説の体系である「神話」と鋭く対比させているのである。ではその言説はどこからくるのか。もちろんそれは当該社会に広く流布したいわゆる神話体系という場合もあるが、現地の人びとのアドホックな説明や、研究者達がまことしやかに語る儀礼の「意味」が現地に逆流したもの等、いろいろな可能性がありうる。[9] レヴィ＝ストロースにいわせれば、これら全てある種の神話なのである。実際ターナーの場合も、実はその儀礼解釈のルーツとして、ムチョナ（Muchona）という、独特の個性をもち、周辺部族の文化的慣習に興味をもつ現地の協力者がいたことは、ターナー本人が記している。[10]「象徴の森」は、まさにこうした共同作業による読解の結果だったのである。

少なくとも本邦では、スペルベルに端を発するこうした反象徴論的な議論は、その後、儀礼のもつ法的な側面（例えば行為を強制したり、あるいは内容を定義したり）といった観点からのアプローチへの関心につながった。[11] また海外では、この儀礼の反復性がもつ一種の訓練的な効果を、儀礼固有の身体（ハビトゥス）をつくり上げるシステムとしてみる議論、[12] あるいはマルクス主義的な観点から、儀礼を、可塑性をもつ土着のイデオロギー装置とみなすといった議論[13]が展開されるようになった。こうした議論の歴史的文脈でいうと、ターナー的アプローチは、その象徴論そのものよりも、むしろその肉感的な視点に独自性があると、いわざるを得ないのである。

Ⅱ

しかし本書『儀礼の過程』は、必ずしも儀礼の詳細な象徴分析に留まってはいない。本書を取り上げた意図として、多分当時の翻訳者は、専門性が高い個別儀礼論よりも、より一般的な社会問題に直結するターナーの議論、つまり象徴分析を利用した文化社会のマクロ分析のほうが読者にとってなじみやすいと思ったのであろう。反構造、リミナリティ、コミュニタスといった用語群がその分析枠組の中心に位置するが、これらは、通過儀礼論で有名なファン・ヘネップの理論の応用である。[14] 彼が主張する通過儀礼の基本図式、すなわち分離—移行—統合というプロセスのうち、特に移行の部分が、ターナーの分析枠組にとっては重要である。

通過儀礼というのは、基本的にある社会的ステータスの存在(例えば子供)を別のステータス(大人)に変形させる装置であり、文化的な入力—処理—出力のように理解することができる。この移行(処理)の過程において、多くの社会で様々な独自の工夫が見られるという事実は、人類学入門書でよく紹介されている。その内容はといえば、おどろおどろしい祖霊の姿で新参者を脅かしたり、彼らを高いところから突き落としたり(元祖バンジージャンプ)、歯を抜いたりと、かなりにぎやかである。ターナーが特に関心をもったのは、この移行過程で起こる様々な出来事、つまり従来の社会秩序を一時的にひっくり返す多様な文化的仕掛けであり、彼はそれらを反秩序性(「反構造」)、境界性(「リミナリティ」)そして平等性(「コミュニタス」)という形で一般化し、色々な文化社会現象の解読に最大限応用しようとしたのである。

実際こうした議論は、当時の文化記号論、象徴人類学全盛期にはよく見られたもので、中心と周縁、祝祭空間、象徴的逆転等々、類似した概念が様々に議論された。[15][16] ターナーの議論はその代表例の一つだが、実は彼の議論の影響力は思わぬ分野に及んでいる。例えば、後に「想像の共同体」という概念でナショナリズム論に新風を巻き起こしたアンダーソン(B. Anderson)は、自分が影響を受けた論者の一人にターナーを挙げている。[17] 本書を見ても分かるが、ターナーのこのタイプの議論は、ンデンブ族を離れて、中世ヨーロッパから現代インドにいたるまで、様々な地域の政治宗教的現象を勢いよく横断しており、その射程の広さを感じさせる。

他方、彼の詳細な儀礼研究に比べて、この議論のスタイルには何か古めかしい感じが否めないのも事実である。私はこの部分を読むと、社会学者ブルデュー(P. Bourdieu)の協力者でありながら、後にブルデューと決別して独自の立場を築き上げたボルタンスキー(L. Boltanski)のブルデュー批判を思い出す。ブルデューにはミクロの社会的行為をあつかった、どちらかというと人類学寄りのプラクティス系理論と、マクロの社会構造をあつかった、階級社会学系の議論があるが、ボルタンスキーは前者のライブ感覚を高く評価する一方で、後者をかなり辛辣に批判している。後者はかなり決定論的で、社会状況を理解する社会学者の優位性を全面に押し出しており、前者に見られるような躍動感が乏しいからである。[18]

ボルタンスキーのブルデュー批判とは力点の置き方が違うが、私も、その象徴分析が時代の制約内にあるとしても、ライブ感覚溢れるターナーの肉感的、パフォーマンス中心の儀礼論の詳細さに比べると、彼の記号論的なマクロ社会分析は、概念枠組が大雑把で、そこに当てはまる現象が余りに多すぎると感じる。その後記号論や構造主義に対して批判された多くの論点と同じような問題をそこに感じざるを得ないのである。

Ⅲ

さて、舞台を中央アフリカの部族儀礼から、今私が研究している現代のテクノサイエンスの現場に移してみよう。ここはこうしたおどろおどろしい宗教儀礼とは、全く無縁の世界のように見える。もちろん病院や研究室にも儀礼風の行為は残っている。例えば私が調査した救命救急センターでは、初年度の新人看護師の最初の訓練の一つは、霊安室でのお辞儀の仕方であった。また病院やラボには様々なマニュアルやプロトコルがある。しかし特に後者を儀礼と呼ぶのは難しい。

現代でも残る様々な伝統的な宗教行事をのぞくと、テクノサイエンス時代には、ターナーが分析した複雑な儀礼的行為はあまり目立たないようにみえる。実際、現代社会の儀礼的秩序に深い関心を寄せたゴフマンは、かつてのデュルケーム（E. Durkheim）風の共同体的な儀礼（これがまさに本書で詳述されているが）は、現代社会においては、その範囲が縮小してしまい、個人レベルのそれ、つまり挨拶行為といった個人間のインターラクションになってしまっているという。[19]

だがよく目を凝らしてみると、テクノサイエンスの拠点である科学実験室の中にすら、そうした儀礼的行為がないとはいえない、という興味深い研究を、ジョーダン（K. Jordan）とリンチ（M. Lynch）が行なっている。舞台は八〇年代後半のバイオ系ラボ、テーマは遺伝子操作技術の基礎であるプラスミド（核外に存在するDNAで、遺伝子組み換え技術では必須）の精製キットの利用の話で、この準備作業を論文中では plasmid prep と呼んでいる。

彼らが注目するのは、この技術が当時急速に進化しており、複数の種類が存在するため、研究者はどのやり方でおこなうか選択を迫られる一方で、キットがブラックボックス化されていて、その成功、失敗の原因がそれを使う科学者にも厳密には分からないという点である。実際、同じ方法で作業をしていてもある時はうまくいくが、たまに失敗することもある。だがその原因を正確に理解することができないので、科学者達は、成功したやり方に固執せざるを得ない。ジョーダンらはこれを儀礼（ritual）と迷信（superstition）と呼んで、研究者達にその内実を問いかける。すると科学者達は、迷信はいざしらず、儀礼については確かにそれに近い事例は色々ある、と雄弁に語り出すのである。[20]筆者の調査した微生物系のラボでも、同じ菌なのに、日によって何故か反応が違うことがあり、これをある研究者は「菌の機嫌」[21]と呼んでいた。ちょっと気まぐれな祖霊を思い出させるような言い方である。

しかし考えてみれば、これは儀礼の生成過程そのものではないであろうか。この世に存在する事物の因果連関は余りに複雑で、ある行為と成功、失敗の関係は実はよく分からない面もある。特にそれがブラックボックス化されていれば尚更のことである。しかし一度成功しているなら、何故失敗するか分からなくても、それをやり抜くしかない。ちょうどゴフマンが現代の儀礼を人びとの挨拶行為の中に見出したように、ジョーダンらはそれを実験室の中の、ちょっとした準備過程の中に見ているのである。

しかし同じ儀礼と呼んでも、一方は「象徴の森」、他方はちょっとした挨拶行為や実験の日常的な準備である。この大きな違いは、まさに前者が、現地共同体の生活のパターン全体を構成する、いわば「元祖」社会構造のような対象なのに対して、後者はそれをささえるメカニズムのかなりの部分が近代的な法や市場経済の中に代替されてしまっており、儀礼的な過程は、いわばそのシステムの狭間で息をひそめているからである。だがそれは、儀礼の不在を意味しない。むしろそこかしこに儀礼的な要素の何がしかが遍在しており、ただそれは目を凝らしてみなければ、なかなか分かりにくいのである。[22]

温和だが、いたずら好きそうなターナーの写真をみると、筆者は長年の友人である、英国の科学社会学者を思い出す。マイケル（M. Michael、苗字である）は人びとが未来を作り出す仕方に特に興味があり、最近ではホワイトヘッド（A. Whitehead）のプロセス哲学を社会学に応用するという努力を続けている。[23]この議論のポイントは、全てが変化するプロセス（過程）の中にあるという基本信念、そして心理的（主観的）世界と客観的世界は同じ自然の一部とみなし、それを統合する枠組として独自の語彙体系（心理風の起源をもつ）で全てを一括して説明しようとするといった点である。後にターナーが展開するようになったパフォーマンス研究をみると、[24]このマイケルらの方向性とターナーのそれはどこか深いところで繋がっているのではないかという印象を受ける。

もちろん違いも少なくない。従来の人間中心的な社会科学からの新奇性を強調するため、科学社会学などで強調されるのはモノ（あるいは nonhuman）世界の独自性であり、これらが社会を構成する能力（エージェンシー）についての議論である。他方、ターナーは時代の背景からも基本的に象徴論から出発しており、彼のパフォーマンス概念がゴフマンのそれと同様、人間中心なのも明らかである。

しかしある意味、全ての古典はみな時代遅れである。それをわざわざ今読みなおすという行為の核心は、当時の読み方で十分拾いだせなかった可能性を、現代の文脈で拾い直すという努力にある。[25]それで何も出てこなければ、その古典はすでに生命力を失っているのだ。

ターナーは不思議とそうした読み直しを誘う研究者である。ターナーが影響を受けたゴフマンが、今読んでも実に刺激的なのと同様に、ターナーの著作の中には、いわゆるなんとか学入門の様な、学説のまとめ本では収まりきれない、何かが潜んでいる「気配」がある。[26]その気配が本物なのか、幻想なのかはよく分からない。だがまさにその著作群そのものが「象徴の森」であり、そこから何を読み取るかは、現代の読者の力量にかかっているのである。

（ふくしま・まさと　東京大学大学院／科学社会学（ＳＴＳ））

注

（1）福島真人（1993）「儀礼とその釈義――形式的行動と解釈の生成」第一民俗芸能学会編『課題としての民俗芸能研究』ひつじ書房。(https://ssu-ast.weebly.com/uploads/5/5/6/4/55647405/

ritual.pdf)

(2) あまり儀礼的な行為に専心しない民族もいるのも事実である。この点が以下の本のテーマでもある。ダグラス、M (1983)『象徴としての身体――コスモロジーの探究』紀伊國屋書店。

(3) Turner, V. (1967) *The Forest of Symbols: Aspects of Ndembu Ritual*, Ithaca, Cornell University Press.

(4) ターナー、V+山口昌男編 (1983)『見世物の人類学』三省堂。結局英語版出版はならなかったようであるが。

(5) スペルベル、D (1979)『象徴表現とはなにか――一般象徴表現論の試み』紀伊國屋書店。スペルベル、D+ウイルソン、D (1993)『関連性理論――伝達と認知』研究社出版。

(6) スペルベル (1979) 前掲書。

(7) 福島 (1993) 前掲論文。

(8) レヴィ=ストロース、C (2008-10)『裸の人 (神話論理Ⅳ)』みすず書房、および福島 (1993) 前掲論文。

(9) 語れないことを語ろうとすると起こる問題一般としては、福島真人 (2001)『暗黙知の解剖――認知と社会のインターフェイス』金子書房、福島真人 (2010)「野生の知識工学――暗黙知の民族誌についての試論」『学習の生態学――リスク・実験・高信頼性』東京大学出版会。

(10) ムチョナについては Turner (1967) 前掲書 chap 6 にその記述がある。

(11) こうした法 (規則) としての儀礼という議論の要約は福島 (1993) 前掲論文。

(12) ブルデュー、P (1988/90)『実践感覚』みすず書房。一九九〇年代、ブルデューは英国での講演会で、儀礼は体操のようなものだと強調していた。

(13) ブロック、M (1994)『祝福から暴力へ——儀礼における歴史とイデオロギー』法政大学出版局。

(14) ファン・ヘネップ、A (1977)『通過儀礼』弘文堂。

(15) 例えば、山口昌男 (1975)『文化と両義性』岩波書店、バブコック、B (1984)『さかさまの世界——芸術と社会における象徴的逆転』岩波書店、山口昌男 (1984)『祝祭都市——象徴人類学的アプローチ』岩波書店等。

(16) ファン・ヘネップ理論の応用は、大抵はこの移行に関するものだが、以下の本はやや例外的に、最後の統合段階において、ある種の暴力が見られるという指摘をして、そこに着目している。Bloch, M. (1992) *Prey into Hunter: The Politics of Religious Experience*, Cambridge: Cambridge University Press.

(17) アンダーソン、B (1987)『想像の共同体——ナショナリズムの起源と流行』リブロポート。その他アンダーソンが影響を受けたのはベンヤミン (W. Benjamin) とアウエルバッハ (E. Auerbach) だと記している。同 (2009)『ヤシガラ椀の外へ』NTT出版。またアンダーソンの日本人弟子の一人は、自分のインドネシア初期ナショナリズム研究は、コミュニタス生成過程に着目したものだ、と当時語っていたのを覚えている。

(18) Boltanski, L. (2011) *On Critique: A Sociology of Emancipation*, London: Polity. ボルタンスキーらはむしろ行為者が自分の状況をよく理解した上で、それをどう正当化するのか、そのロジックの方に興味をもつ。ボルタンスキー、L+テヴノー、L (2007)『正当化の理論——偉大さのエコノミー』新曜社。

(19) Goffman, E. (1967) *Interaction Ritual: Essays on Face-to-face Behavior* New York: Double-

day Anchor.

(20) Jordan, K., & Lynch, M.（1992）The Sociology of a Genetic Engineering Technique: Ritual and Rationality in the Performance of the "Plasmid Prep". in Clarke, A. & Fujimura, J.（eds）*The Right Tools for the Job: At Work in 20th Century Life Sciences*, Princeton: Princeton University Press.

(21) 福島真人（2017）「第2章、組織としてのラボラトリー――意味と調整のダイナミズム」『真理の工場――科学技術の社会的研究』東京大学出版会。ラボラトリー（実験室）の民族誌的研究の古典は、Latour, B., & Woolgar, S.（1986）*Laboratory Life: The Construction of Scientific Facts*, Princeton: Princeton University Press. 邦文では、鈴木舞（2017）『科学鑑定のエスノグラフィ――ニュージーランドにおける法科学ラボラトリーの実践』東京大学出版会、が最も本格的なモノグラフである。

(22) 福島真人（1995）「儀礼から芸能へ――あるいは見られる身体の構築」福島真人編『身体の構築学――社会的学習過程としての身体技法』ひつじ書房。（https://ssu-ast.weebly.com/uploads/5/5/6/4/55647405/body1.pdf）ここら辺の事情が、近年の科学論、例えばアクターネットワーク論者らが正確に理解していない点でもある。

(23) Halewood, M., & Michael, M.（2008）Being a Sociologist and Becoming a Whiteheadian: Toward a Concrescent Methodology, *Theory, Culture & Society*, 25（4）: 31-56. 吉田航太（予定）「過程としての存在」、日比野愛子、鈴木舞、福島真人（編）『科学技術社会学（ＳＴＳ）ワードマップ』新曜社。

(24) Turner, V.（1986）*The Anthropology of Performance*, New York: PAJ Publications.

（25）例えば、ターナーと同世代のダグラス（M. Douglas）の一連の象徴論的議論は、後に科学社会学者のブルア（D. Bloor）のいわゆるストロングプログラムに大きな影響を与え、それがアクターネットワーク理論の誕生にも大きく貢献することになる。福島真人（2017）前掲書。

（26）「気配」については、福島真人（2020）「Laboratorium Phantasmatum（亡霊たちの実験室）」アピチャッポン・ウィーラセタクン＋久門剛史『MAM Project 025』森美術館。

本書は、一九七六年十月十日、思索社より刊行された。文庫化に際しては、一九九六年七月二十日、新思索社より刊行された新装版を底本とした。なお、本書中には今日の観点では差別的表現とされる語句があるが、著者・訳者ともに故人であること、また底本刊行時の時代背景を考え、原文どおりとした。

増補 死者の救済史　池上良正

未練を残しこの世を去った者に、日本人はどう向き合ってきたか。民衆宗教史の視点からその宗教観・死生観を問い直す。「靖国信仰の個人性」を増補。

神話学入門　大林太良

神話研究の系譜を辿りつつ、民族・文化との関係を解明し、解釈に関する幾つもの視点、神話の分類、類話の分布などについても詳述する。（山田仁史）

アイヌ歳時記　萱野茂

アイヌ文化とはどのようなものか。その四季の暮らしをたどりながら、食文化、習俗、神話・伝承、世界観などを幅広く紹介する。（北原次郎太）

異人論　小松和彦

「異人殺し」のフォークロアの解析を通し、隠蔽され続けてきた日本文化の「闇」の領野を透視する。新しい民俗学誕生を告げる書。（中沢新一）

聴耳草紙　佐々木喜善

昔話発掘の先駆者として「日本のグリム」とも呼ばれる著者の代表作。故郷・遠野の昔話を語り口を生かして綴った一八三篇。（益田勝実／石井正己）

民間信仰　桜井徳太郎

民衆の日常生活に息づく信仰現象や怪異の正体とは？　柳田門下最後の民俗学者が、日本人の暮らしの奥に潜むものを生き生きと活写。（岩本通弥）

差別語からはいる言語学入門　田中克彦

サベツと呼ばれる現象をきっかけに、ことばというものの本質をするどく追究。誰もが生きやすい社会を構築するための、言語学入門！（礫川全次）

汚穢と禁忌　メアリ・ダグラス　塚本利明訳

穢れや不浄を通し、秩序や無秩序、存在と非存在、生と死などの構造を解明。その文化のもつ体系的宇宙観に丹念に迫る古典的名著。（中沢新一）

宗教以前　高取正男　橋本峰雄

日本人の魂の救済はいかにして実現されうるのか。民俗の古層を訪ね、今日的な宗教のあり方を指し示す、幻の名著。（阿満利麿）

日本伝説集　高木敏雄

全国から集められた伝説より二五〇篇を精選。民話のほぼ全ての形式と種類を備えた決定版。日本人の原風景がここにある。（香月洋一郎）

人身御供論　高木敏雄

人身供犠は、史実として日本に存在したのか。民俗学草創期に先駆的業績を残した著者の、表題作他全13篇を収録した比較神話・伝説論集。（山田仁史）

日本の神話　筑紫申真

八百万の神はもとは一つだった⁉ 天皇家統治のために創り上げられた記紀神話を、元の地方神話に解体すると、本当の神の姿が見えてくる。（金沢英之）

河童の日本史　中村禎里

ぬめり、水かき、悪戯にキュウリ。異色の生物学者が、時代ごと地域ごとの民間伝承や古典文献を精査。〈実証分析的〉妖怪学。（小松和彦）

初版 金枝篇（上）　J・G・フレイザー　吉川信訳

人類の多様な宗教的想像力が生み出した多様な事例を収集し、その普遍的説明を試みた社会人類学最大の古典。膨大な註を含む初版の本邦初訳。

初版 金枝篇（下）　J・G・フレイザー　吉川信訳

なぜ祭司は前任者を殺さねばならないのか？ そして、殺す前になぜ〈黄金の枝〉を折り取るのか？ 事例の博捜の末、探索行は謎の核心に迫る。

火の起原の神話　J・G・フレイザー　青江舜二郎訳

人類はいかにして火を手に入れたのか。世界各地より夥しい神話や伝説を渉猟し、文明初期の人類の精神世界を探った名著。（前田耕作）

未開社会における性と抑圧　B・マリノフスキー　阿部年晴／真崎義博訳

人類における性は、内なる自然と文化的力との相互作用のドラマである。この人間存在の深淵に到るテーマを比較文化的視点から問い直した古典的名著。

ケガレの民俗誌　宮田登

被差別部落、性差別、非常民の世界など、日本民俗の深層に根づいている不浄なる観念と差別の問題を考察した先駆的名著。（赤坂憲雄）

はじめての民俗学　宮田登

現代社会に生きる人々が抱く不安や畏れ、怖さの源はどこにあるのか。民俗学の入門的知識をやさしく説きつつ、現代社会に潜むフォークロアに迫る。

南方熊楠随筆集　益田勝実編

博覧強記にして奔放不羈、稀代の天才にして孤高の自由人・南方熊楠。この猥雑なまでに豊饒な不世出の頭脳のエッセンス。（益田勝実）

奇談雑史　宮負定雄　佐藤正英／武田由紀子校訂・注

霊異、怨霊、幽明界など、さまざまな奇異な話の集大成。柳田国男は、本書より名論文「山の神とヲコゼ」を生み出す。日本民俗学、説話文学の幻の名著。

贈与論　マルセル・モース　吉田禎吾／江川純一訳

「贈与と交換こそが根源的人類社会を創出した」。人類学、宗教学、経済学ほか諸学に多大の影響を与えた不朽の名著、待望の新訳決定版。

山口昌男コレクション　山口昌男　今福龍太編

20世紀後半の思想界を疾走した著者の代表的論考をほぼ刊行編年順に収録。この独創的な人類学者＝思想家の知の世界を一冊で総覧する。（今福龍太）

身ぶりと言葉　アンドレ・ルロワ＝グーラン　荒木亨訳

先史学・社会文化人類学の泰斗の代表作。人の生物学的進化、人類学的発展、大脳の発達、言語の文化的機能を壮大なスケールで描いた大著。（松岡正剛）

世界の根源　アンドレ・ルロワ＝グーラン　蔵持不三也訳

人間の進化に迫った人類学者ルロワ＝グーラン。半生を回顧しつつ、人類学・歴史学・博物館の方向性、言語・記号論・身体技法等を縦横無尽に論じる。

日本の歴史をよみなおす（全）　網野善彦

中世日本に新しい光をあて、その真実と多彩な横顔を平明に語り、日本社会のイメージを根本から問い直す。超ロングセラーを続編と併せ文庫化。

米・百姓・天皇　網野善彦　石井進

日本とはどんな国なのか、なぜ米が日本史を解く鍵なのか、通史を書く意味は何なのか。これまでの日本史理解に根本的転回を迫る衝撃の書。（伊藤正敏）

風姿花伝　世阿弥　佐藤正英校注・訳

秘すれば花なり――。神・仏に出会う「花」(感動)をもたらすべく能を論じ、日本文化史上稀有な、奥行きの深い幽玄な思想を展開。世阿弥畢生の書。

万葉の秀歌　中西進

万葉研究の第一人者が、珠玉の名歌を精選。宮廷の貴族から防人まで、あらゆる地域・階層の万葉人の心に寄り添いながら、味わい深く解説する。

日本神話の世界　中西進

記紀や風土記から出色の逸話をとりあげ、かつて息づいていた世界の捉え方、それを語る言葉を縦横に考察。神話を通して日本人の心の源にわけいる。

解説 徒然草　橋本武

『銀の匙』の授業で知られる伝説の国語教師が、「徒然草」より珠玉の断章を精選して解説。その授業実践が凝縮された大定番の古文入門書。(齋藤孝)

解説 百人一首　橋本武

灘校を東大合格者数一に導いた橋本武メソッドの源流と実践がすべてわかる! 名文を味わいつつ、語彙や歴史も学べる名参考書文庫化の第二弾!

江戸料理読本　松下幸子

江戸時代に刊行された二百余冊の料理書の内容と特徴、レシピを紹介。素材を生かし小技をきかせた江戸料理の世界をこの一冊で味わい尽くす。(福田浩)

萬葉集に歴史を読む　森浩一

古の人びとの愛や憎しみ、執念や悲哀。萬葉集には、数々の人間ドラマと歴史の激動が刻まれている。考古学者が大胆に読む、躍動感あふれる萬葉の世界。

ヴェニスの商人の資本論　岩井克人

〈資本主義〉のシステムやその根底にある〈貨幣〉の逆説とは何か。その怪物めいた謎をめぐって、明晰な論理と軽妙な洒脱さで展開する諸考察。

現代思想の教科書　石田英敬

今日我々を取りまく〈知〉は、4つの「ポスト状況」から発生した。言語、メディア、国家等、最重要論点のすべてを一から読む! 決定版入門書。

20世紀思想を読み解く　塚原史

「自由な個人」から「全体主義的な群衆」へ。人間という存在が劇的に変質した世紀の思想を、無意味・未開・狂気等キーワードごとに解読する。

緑の資本論　中沢新一

『資本論』の核心である価値形態論を一神教的に再構築することで、自壊する資本主義からの脱出の道を考察した、画期的論考。　（矢田部和彦）

反＝日本語論　蓮實重彥

仏文学者の著者、フランス語を母国語とする夫人、日仏両語で育つ令息。三人が遭う言語的葛藤から見えてくるものとは？　（シャンタル蓮實）

橋爪大三郎の政治・経済学講義　橋爪大三郎

政治は、経済は、どう動くのか。この時代を生きるために、日本と世界の現実を見定める目を養い、考える材料を蓄え、構想する力を培う基礎講座！

フラジャイル　松岡正剛

なぜ、弱さは強さよりも深いのか？　薄弱・断片・あやうさ・境界・異端……といった感覚に光をあて、「弱さ」のもつ新しい意味を探る。　（高橋睦郎）

言葉とは何か　丸山圭三郎

言語学・記号学についての優れた入門書。ソシュール研究の泰斗が、平易な語り口で言葉の謎に迫る。術語・人物解説、図書案内付き。　（中尾浩）

〈ひと〉の現象学　鷲田清一

知覚、理性、道徳等。ひとをめぐる出来事は、哲学の主題と常に伴走する。ヘーゲル的綜合を目指すのでなく、問いに向きあいゆるやかにトレースする。

ありえないことが現実になるとき　ジャン＝ピエール・デュピュイ　桑田光平／本田貴久訳

なぜ最悪の事態を想定せず、大惨事は繰り返すのか。経済か予防かの不毛な対立はいかに退けられるか。認識の根源を問い、抜本的転換を迫る警世の書。

空間の詩学　ガストン・バシュラール　岩村行雄訳

家、宇宙、貝殻など、さまざまな空間が喚起する詩的イメージ。新たなる想像力の現象学を提唱し、人間の夢想に迫るバシュラール詩学の頂点。

リキッド・モダニティを読みとく　ジグムント・バウマン　酒井邦秀訳

変わらぬ確かなものなどもはや何一つない現代世界。社会学の泰斗が身近な出来事や世相から〈液状化〉の具体相に迫る真摯で痛切な論考。文庫オリジナル。

社会学の考え方〔第2版〕　ジグムント・バウマン／ティム・メイ　奥井智之訳

日常世界はどのように構成されているのか。日々変化する現代社会をどう読み解くべきか。読者を〈社会学的思考〉の実践へと導く最高の入門書。新訳。

コミュニティ　ジグムント・バウマン　奥井智之訳

グローバル化し個別化する世界のなかで、コミュニティはいかなる様相を呈しているか。安全をとるか、自由をとるか。代表的社会学者が根源から問う。

ウンコな議論　ハリー・G・フランクファート　山形浩生訳／解説

ごまかし、でまかせ、いいのがれ。なぜ世の中、こんなものがみちるのか。道徳哲学の泰斗がその正体とカラクリを解く。爆笑必至の訳者解説を付す。

世界リスク社会論　ウルリッヒ・ベック　島村賢一訳

迫りくるリスクは我々から何を奪い、何をもたらすのか。『危険社会』の著者が、近代社会の根本原理をくつがえすリスクの本質と可能性に迫る。

民主主義の革命　エルネスト・ラクラウ／シャンタル・ムフ　西永亮／千葉眞訳

グラムシ、デリダらの思想を摂取し、根源的で複数的なデモクラシーへ向けて、新たなヘゲモニー概念を提示した、ポスト・マルクス主義の代表作。

鏡の背面　コンラート・ローレンツ　谷口茂訳

人間の認識システムはどのように進化してきたのか、そしてその特徴とは。ノーベル賞受賞の動物行動学者が試みた抱括的知識による壮大な総合人間哲学。

人間の条件　ハンナ・アレント　志水速雄訳

人間の活動的生活を《労働》《仕事》《活動》の三側面から考察し、《労働》優位の近代世界を思想史的に批判したアレントの主著。（阿部齊）

革命について　ハンナ・アレント　志水速雄訳

《自由の創設》をキイ概念としてアメリカとヨーロッパの二つの革命を比較・考察し、その最良の精神を二〇世紀の惨状から救い出す。（川崎修）

ちくま学芸文庫

儀礼（ぎれい）の過程（かてい）

二〇二〇年十二月十日　第一刷発行

著　者　ヴィクター・W・ターナー

訳　者　冨倉光雄（とみくら・みつお）

発行者　喜入冬子

発行所　株式会社　筑摩書房
東京都台東区蔵前二―五―三　〒一一一―八七五五
電話番号　〇三―五六八七―二六〇一（代表）

装幀者　安野光雅

印刷所　株式会社精興社

製本所　株式会社積信堂

ISBN978-4-480-51013-6 C0139